国際法から見た

イラク戦争

ウィーラマントリー元判事の提言

C.G.ウィーラマントリー 著
浦田賢治 編訳

勁草書房

Armageddon or Brave New World?
Reflections on the Hostilities in Iraq
By
C. G. Weeramantry © 2003

Published in Japan in 2005
Under contract between
C. G. Weeramantry and Keisoshobo Publishing Co.

著者近影

目　次

凡例
日本語版への序文
日本語版への謝辞

序　言……………………………………………………………………………3

第Ⅰ部　国際法の枠組
 第1章　歴史的概観……………………………………………………11
 第2章　国連憲章………………………………………………………21
 第3章　関連する法的規則の適用における人道的背景……………25
 第4章　国際法違反……………………………………………………33
 第5章　安保理決議……………………………………………………45
 第6章　安全保障理事会―権限と責務―……………………………54
 第7章　他にとりえた手段……………………………………………58

第Ⅱ部　現実の展望
 第8章　イラクにおける敵対行為の明白な実際的結果……………67
 第9章　占領国の義務…………………………………………………78
 第10章　世界的文化遺産の破壊………………………………………85
 第11章　告発する者とされる者………………………………………90
 第12章　尊敬されている指導者たちは武力行使をどう考えたか…95
 第13章　道徳的・宗教的側面…………………………………………99
 第14章　制度としての戦争を維持するいくつかの理由……………104

第Ⅲ部　国際法の新時代
 第15章　国際法の歴史の転換点………………………………………117
 第16章　意識の向上……………………………………………………122
 第17章　姿勢の変更……………………………………………………132
 第18章　ネットワーク化………………………………………………139
 第19章　軍縮……………………………………………………………148

第20章　国連改革 …………………………………………………154
第21章　発展のための協力 ………………………………………162
付録　世界の青年たちによる平和の訴え ………………………173

資料編

A　法律家・法学者の見解 ……………………………………177
　資料1　イラクに対する将来の武力行使の帰結：ブッシュ宛て公開書簡
　資料2　予防的武力行使に反対する法律家の国際アピール
　資料3　日本の国際法学者の見解「イラク問題に関する国際法研究者の声明」
B　イラク世界法廷 …………………………………………190
　資料4　ニューヨーク法廷におけるピーター・ワイズの陳述
　資料5　ニューヨーク法廷における「良心の陪審員による最終声明」
C　米英首脳と国連安保理 ……………………………………201
　資料6−1　ブッシュ米大統領の演説
　資料6−2　ブレア英首相の演説
　資料6−3　ネグロポンテ米国連大使の安保理議長宛書簡
　資料7　国連安保理決議678号、687号、1441号
D　ウィーラマントリー元判事の早稲田大学での講演 ………219
　資料8　「核兵器の廃絶に向けての法と法律家の役割」

解題
編訳者のあとがき
文献目録
年表
索引

凡例

原注は算用数字（1，2，3…）で示し、脚注として掲げた。
訳注は○付数字（①、②、③…）で示し、各章の後にまとめて掲げた。
　（　）は原文
　〔　〕は訳者が付した
著者が日本語版につけた多数の原注は、既存の原注に組み入れ、番号を付け直した。また、訳出に際して、URL の確認を行い、未確認のものについては、〔　〕内にその旨を示した。

日本語版への序文

　戦争放棄を定める日本国憲法9条の改正が、日本国民の注目の的となっているときだけに、この書物のテーマは、日本国民の特別な関心を集めることになるだろう。戦争というものが、国内的なそして国際的なその様々な側面及び含意のすべてにおいて、この重要な議論にかかわっており、従って、本書を再びここに出版することは、日本国民の特別な関心を更に集めることになるだろうと思う。

　侵攻開始後数週間もたたない2003年4月上旬に、本書は、この侵攻が国際法に基づき完全に違法であったことをきっぱりと断言し、10以上にものぼる国際法の基本原則の違反を列挙した。これは侵攻直後の余波のさなかに、軍事行動の全面的な違法性に注目した最初の出版物の一つとなった。その主張が、現在国連の上層部において支持されているのは重要なことである。2004年9月25日、コフィ・アナン国連事務総長は、国連総会での演説において、イラク侵攻は国際法に基づき違法であると述べている。

　イラク戦争は武力に訴えることがいかに容易であるか、しかし武力行使の状況から抜け出すことがいかに困難であるか、その顕著な実例を示している。更に、それは、戦争のまったく予測不可能な成り行きと結果として起こる複雑な状況を描きだしている。長期にわたる和平交渉に伴うあらゆる不便さと比べてみても、資金、資材そして人命の点でどれほど高くつくものか、このことをイラク戦争は証明している。更に、戦争が紛争当事者双方の感情を悪化させるばかりでなく、当事者が和解できる日を一層遠くに追いやっていることも実証してもいる。

　戦争の名目上の勝利は、勝利とは言えない。それは多数の敵対勢力を残し、おまけにテロリストまでも新たに作り出すからである。これに反して、紛争解決の手段として戦争を放棄すること、また平和的な手段に訴えることは、しばしば軍事的な勝利がもたらすいかなる結果よりも、はるかに勝る結果を生み出

すのである。

　戦争と平和の問題に注目する場合、現代戦争の含意について教訓に富んでいるイラク戦争の経験を見落とすことは、一般国民の側の怠慢行為となるだろう。

　更に戦争と平和の問題は、国際法の基礎、国際法の尊重、国連憲章の尊重そして何世紀にもわたる犠牲を経て発展してきたすべての人道的行動の原則の尊重についての考察を伴うものである。

　イラク戦争は、現代の戦争とその含意についての特に優れた事例だと言える。ここでの検討は、比較的限られた紙面の中で、このような数多くの含意を精査しようとするものである。

　本書の主張は、イラク侵攻の開始と同時に新紀元を画するような国際法違反が生じていることが、現状を観察する者になら誰にでもはっきりしているということである。これは、地上最強の国家が、国連システム全体の基盤となっている国際法の最も基本的な信条のいくつかを公然と無視したからである。国家意思を主張するための一方的な手段としての戦争を放棄することは、２度にわたる世界大戦で払われた膨大な犠牲の上に築かれた原則であった。この原則は、現在生じているように傷つけるのではなく、できるかぎりあらゆる方法で維持し、保護しなければならない。現在の出来事は、人間の進歩の時計を何世紀も巻戻し、生じた損害は計り知れない程度にまで達したのである。

　本書を深刻な切迫感を持って出版したのは、ほかでもないこのような理由があったからである。本書の著述は、この不吉な動きの法的含意についての研究の中でも最も早いものの一つであった。しかし、本書が予定していた読者の手元に届くまでには相当の時間を要し、西側諸国で最初に論評されたのは、１年以上も後の、2004年５月になってからのことであった。日本語版の出版は、初版以降に起きたことを再検討し、初版に予示されていた結末がどのように実現したかを考察する機会を与えてくれた。

　自衛という主張は、アメリカまたはイギリスに対する攻撃の威嚇が行われなかったことから考えても、ほとんど説得力がなく、大量破壊兵器の証拠も、まったくはっきりしていなかった。クウェート戦争というまったく異なる文脈で採択された12年前の安保理決議を解釈して、これと完全に異なる文脈で武力行使の権限を与えようとするのは、同様に実質的根拠のない試みだった。

更に、一方的な攻撃と先制攻撃は、特に中東の不安定な状況の中では、予測できない結果をもたらし、そのため攻撃を仕掛けた諸国が、すぐにコントロールできなくなる勢力を相手にすることになるだろうことは極めて明らかだった。

更に、いったん戦争を始めると、侵攻してきた占領軍に対する継続的な抵抗運動を伴うという、そしてまた侵攻を受けた市民の側に当然沸き起こってくる反感を慢性化するという最も恐れていた結果を招くであろう事も明らかなことであった。法と秩序を維持する体制は崩壊するであろうし、文民の保護という果たすことのできない責任が侵攻国に負わされつつあった。このような責任は、客観的観察者なら誰でもはっきり看破できたであろうように、侵攻国の能力を明らかに超えるものであった。

私は、この日本語版の刊行を歓迎している。そして本書の出版から1年半以上の歳月が経過する中での出来事により、本書で述べた懸念が補強され確認されたと自覚している。

侵攻が、攻撃から3ヶ月も経たないうちに大成功だったと賞賛されてから間もなく、占領国あるいは占領国が名目上の支配を移譲した当局の手に負えない事態へと発展する兆候が見え始めている。

違法な攻撃を受けた国家なら必ず存在するはずである抵抗勢力が、侵攻に対する抵抗運動を弱めるどころかむしろ強めているという兆候が現れている。追放された政権の反対派でさえ、彼等が支持しなかった政権を追放してくれた軍隊に反対しており、占領の違法性と招かれざる侵攻軍が引き続き自国の領土にとどまっていることに対する憤りをあらわにしている。彼等の抵抗活動が占領当局からのより強硬で激しい攻撃にさらされるにつれ、その抵抗力は強くなり、決意は高まる。例えば、多数の文民の死者を伴った一連の攻撃が一層の抵抗運動を誘発したナジャフ市では、アメリカ軍は、「テロリスト」と呼んでいるものを抑圧するために、より激しい行為に脅かされてきている。更に注目に値することは、このようなアメリカ軍の発表が、独立した新しい国家当局に権限が理論上は移譲された後になされたことである。この事実は、当然のことだが、主権の名目上の移譲が行われたが実質的権限は依然侵攻軍に握られているという論評を招くことになる。

文民の死傷者数は、日ごとに増加している。そしてその多くが、占領に関す

る人道法に明らかに違反する状況の中で起きている。国際的な注目を大いに集めた一つの例は、結婚式のパーティを完全に破壊したことである。そして「悪いやつでもパーティは開くものだ」という司令官の発言が報道された。

悲しいことだが、敵対行為が始まってからのアメリカ軍の戦死者数も今では千人を超えている。更に何千人もの兵士が重傷を負い、おそらく手足あるいは視覚や聴覚を失って、苦しみの中でその残りの人生を送る運命にさらされることは疑いの余地がない。彼等の中には、複合切断術を受けた兵士もいただろうし、精神的な廃人になる兵士も出てくるかもしれない。多くの兵士が自殺している。長引く紛争と死の危険に直面したときの彼等の惨めさはこのような有様である。死別と生涯続く苦難に追い込まれるアメリカの家庭も何千もの数にのぼるにちがいない。

このような出来事から結果的に生れる両方の側の苦難と憤りの規模は、明らかに拡大し続けており、侵攻軍が居座り、抵抗活動を強圧的に鎮圧しようとする限り、拡大の一途をだどり続けるだろう。攻撃による他の予測可能な結果については、その大半が攻撃の時点で一目瞭然であり、本書で予測していたことだが、それは次の通りである。

- ひとたび戦争が始まると、そこから抜け出すことが困難であること
- もたらされる結果は予測不可能であること
- 占領軍に対する抵抗運動が強まること
- 占領国に対する被占領地側の団結
- 「有志連合」の結束を維持することの難しさ
- 大量破壊兵器が発見されなかった場合、次に起こるだろう信頼性の喪失
- アメリカ軍及び連合軍の死傷者
- 戦争に伴う精神的苦痛
- 連合国の非軍事要員の死傷者
- イラク軍の死傷者
- イラク文民の死傷者
- 不適切な情報に基づく世論
- 電力、水道及び食料備蓄といった市民生活の基盤に与える損害
- 占領軍側の規律正しい行為を確保する責任

- 新しい民主的な政府を樹立することの難しさ
- 世界文明の揺籃の地にある極めて貴重な考古学上の財産であって、事実上全人類の遺産に与える損害
- 石油埋蔵とその他の侵攻に結びつく動機
- 捕らえられた指導者達の戦争犯罪裁判の可能性
- 引き続き行われるアメリカによる復仇の激しさ

撤退の難しさ

　戦争の開始と同時に、本書は、戦争は始めるのは簡単だが、抜け出すのは容易でないことを指摘した。アメリカは、現在はまり込んでいる泥沼から抜け出す道を見出そうとして必死にもがいている状況に陥っている。

　イラクの法と秩序の回復は、戦争が始まったときよりも更に遠い存在になったように思われる。利用可能な選択としては、叛徒と考えられている人達の拠点に対する集中的な攻撃、部隊配備を増強すること、地元の民兵へ支配権を移譲すること、部隊を派遣するよう友好国を説得すること、政府を受け入れ平和裏に共存するよう住民を説得すること、指導者達を追跡し撲滅することなどが挙げられる。しかし、これらの選択肢のどれ一つとして、現時点では実現の可能性はないように思われる。アメリカ兵士への重圧は、計り知れないほどであり、イラク駐留の兵士の従軍期間を延長する試みは強い抵抗に直面しており、この問題を法廷にもちこむ兵士が出るほどである。

　占領により設立された政府は、抵抗勢力を抑えるだけの力を結集することができないように思われる。外国国民は、一方的にアメリカにより煽られた火中の栗を拾うために、自国の兵士を危険な状態に追いやることにはまったく乗り気がない。すべての逃げ道は閉ざされ、抵抗運動は、何年とまではいかないが、何ヶ月も続くように思われる。

　引き続き存在するアメリカ軍とその活動は、イラクは既にイラク人の手に戻されたというその主張を否定する。駐留が長引けば長引くほど、益々多くの問題を自ら引き起こすことになる。撤退の遅延は、抵抗勢力が益々組織化されることも意味する。そしてアメリカの攻撃の継続は、喜んで死ぬ覚悟ができている潜在的な抵抗者の数が増加し続けることを意味する。もう一つの要因は、ア

メリカ軍が戦闘のための部隊であって、平和維持活動と警察活動の訓練を受けた部隊ではないことである。なかには本国への帰還を3回以上も延期された兵士もいるし、今後延期回数がもっと増やされることになりそうである。

実際、アメリカ軍の駐留が長引けば長引くほど、イラクだけでなく湾岸地域全域でも反米感情が益々募ることになるだろう。親米的な感情を持ってイラク戦争を迎えた、カタール、クウェート、オマーン、バーレーン、サウジアラビアといった諸国でも同じことが当てはまる。

もう一つの選択肢である完全撤退も不可能である。それは侵攻した領土の法と秩序を遵守させる義務があるからである。これは、アメリカが逃れることが難しいと考えるであろう国際法上の義務である。

撤退することの難しさが上記のように明らかに予測可能でありながら、アメリカがその渦中に踏み込んでしまっただけに、ことさら残念でならない。

もたらされる結果は予測不可能であること

本書では、ひとたび武力が行使されると、その結果はまったく予測できないと予言していた。政治情勢の最も鋭い観察者でさえ予想することができないような状況の複雑な相互作用によって、諸勢力のグループ化と再グループ化とが決まる中東においては、とりわけそうであると。

2004年9月20日、ブレア首相が侵攻軍は「イラクでの新しい戦争に直面している」と述べ、この考察は説得力を得ることとなった。サダム・フセインと今のところ見つかっていない大量破壊兵器を排除する目的であった紛争は変容し、外国の反政府勢力とあらゆる分野のイラクの民衆からなる民族主義者、例えばサダムの支持者と反対者、スンニ派とシーア派、文民と軍人、金持ちと貧乏人からなる民族主義者と戦うことになった。

このようにブレア首相が認めたことは一層大きな意味を持つ。アメリカ主導の侵攻1年前に、首相は、戦後のイラクは大きな問題の種となり、何が起こるかを誰も明確にはわからないとの警告を受けていたという、9月18日（土）付のデイリー・テレグラフ紙の暴露記事に続いて、この発言がなされたからである。

新たな紛争の拡大が始まっていると認めたことは、首相の当初の立場、つま

り事態は好転しており、問題はわずかの紛争地点にとどまっているという立場の明らかな転換である。

2004年9月22日、ブッシュ大統領が国連総会で演説したとき、今後一層の破壊活動が予想されると述べている。

占領軍に対する抵抗運動が強まること

合衆国に本拠を置くブルッキングス研究所によれば、イラクの武装反乱勢力の数は、2004年4月から7月の間に、5千人から2万人に跳ね上がっている[1]。議会調査局の調査員であるケネス・カッツマン（Kenneth Katzman）の言葉を借りれば、「最後の攻撃など決して起こり得ない。なぜなら、民兵は消え失せたと思うと、ある日突然現れて再び戦いを始めるからだ。我々は、少数の一部の勢力と戦っているのではなく、全住民と戦っているのだ。一つの戦闘でこの問題を解決することは不可能である」。

反米民兵の一人であるアーメド・アイサ（Ahmed Eisa）は、次のように述べている。「私は、アメリカ軍が優れた武器を持っていることを知っている。彼らには優れた作戦計画がある。彼らは3千ドルもする軍服を着ているが、我々には今着ている服しかない。しかし、我々には信条がある。守るべき国土がある。私には守るべき家族もいる。だから私は彼らより強いという気持ちになれる」。

時折、ナジャフでのような、侵攻軍には悪夢のように思える難局が訪れる。これらのいくつかは、おそらく軍隊を大規模投入して解決できるかもしれないが、次の難局が引き続き起こることだろう。

侵攻が開始されたとき、イラクの群衆がアメリカ軍を歓呼の声をあげて迎えてくれるだろうと言われていた。この戦争に対するこのような非現実的で幸福な期待は、全体的な状況に基づいて問題に対処しないまま、問題を非常に単純化して評価する良い見本となった。これほどの認識の甘さが、世界を指導する国の国務省の情報通の顧問たちや軍事機関にあるとは、誰も考えなかっただろう。植民地支配の長い歴史、国土が分割され、恣意的に決められた国境線を押

---

1 'The battle for Najaf and the US crisis in Iraq' by Peter Symonds, 23 August 2004.

し付けられてきた経緯、そして、何千人もの退却する兵士が航空攻撃を受けた湾岸戦争自体の歴史に加えて、アメリカの中東政策が何十年にもわたり反発を招いてきた経緯から、このような企ての立案者が、歓呼の声をあげて迎える群衆が侵攻された民衆の示す姿であるはずがないと予感すべきであったことは、史観を持つすべての観察者には明らかなことだったのである。

　アメリカの多くの新聞の論説は、損害抑制対策とアメリカ軍がはまり込んでいる絶望的な状況からの脱出に関するアメリカの現在の計画に、次々と幻滅感を表明している。

　６月のイラク政権への権限の移譲も、この問題をその場で取り繕う手段でしかない。なぜなら新しい政権は、名目上はイラクの政権であるが、ナジャフにおけるように、集中的な軍事活動に引き続き従事するアメリカ部隊が支えているからである。

　法と秩序の問題は、新政権の問題である。しかし、この新政権は法と秩序を支配しておらず、この目的のために、アメリカの軍事力に依存し続けている。

占領軍に対する被占領地側の団結

　侵略軍に対するスンニ派とシーア派との団結が、占領の一つの特徴になっている。例えば、2004年４月、バグダットで、アメリカの占領を非難する20万人の抗議集会が催された。抗議者の中には、スンニ派もシーア派も参加していた。この抗議集会は、侵攻の１年後に起こったもので、この大集会は連帯して侵攻者に対抗することを宣言したのである。

　この抗議集会の精神的な拠所を一層強固なものにしたのは、この戦争が国際法の当たり前の原則により正統性をもたないとみなされる戦争だったという事実である。この戦争はサダム・フセインを退陣させ、民主主義を確立するための戦争だったかもしれない。しかし、その目的がどのようなものだったにしろ、この戦争が国際法の一般に認められている規範に基づく正統性に欠けているとき、これに対して抵抗することに正統性がある。

　このような抵抗勢力の団結との関連から通常予想されるのは、占領が終わるか、あるいは抵抗運動が弾圧されるまで、抵抗運動は強まる一方だろうということである。この問題に関する記事の中でマーティン・ウールコット（Martin

Woolkot）が、2004年4月9日付のガーディアン紙で述べているように、「露骨な軍事力の限界がイラクでわかってきている。今救出される必要があるのはアメリカである」。

アメリカの占領に対する抗議運動のなかで、当初の対立を越えて人民の団結が実現している事例は数限りなくある。ほんの一例として、2004年4月のウム・アルコーラ・モスク（Umm Al-Qura Mosque）での20万人の大規模な抗議行進が挙げられる。訴えた問題の一つが、アメリカのつくったどんな政府も受け入れることはまったくできないということだった。「我々は、このようないかなる政府も排斥し、拒否する。我々の求める政府は、人民のものであって、占領軍のものではない」（The Guardian, Saturday, April 10, 2004）。

2004年4月10日付のガーディアン紙は、様々なグループの連帯は、抗議行進の段階を過ぎて、武装民兵が互いを助け合う段階にまで達していると指摘した。住民は、ウム・アルコーラ・モスクとその付属の建物のある広大な境内が、これほどまでに人で埋め尽くされた光景を、これまで一度も目にしたことはなかったと話している。

連合軍が望んでいた自由を祝賀するどころか、占領に対する大規模な抵抗が存在した。提起されている問題の中には、ファルージャの苦しみがあり、これには占領軍が住民に対するテロ攻撃を行っているという非難が寄せられた。宗教上の集会の後に、明らかに数千人が残り、公然たる政治集会に参加した。

「有志連合」の結束を維持することの難しさ

イラクに対する企てにおいてアメリカを支持してきた諸国は、次のとおりである。すなわち、イギリス、ポーランド、イタリア、シンガポール、チェコ共和国、デンマーク、ポルトガル、リトアニア、ノルウェー、オランダ、ニュージーランド、オーストラリア、日本、ウクライナ、スペイン、タイ、ルーマニア、ブルガリア、韓国、スロベニア、ホンジュラス、ドミニカ共和国、ラトビア、ニカラグア、モンゴル、スロバキア及びカザフスタンである。アメリカの戦力と比較すると、諸国の貢献度（イギリスを除く）は、取るに足らないもので、形ばかりの支持と見なされてもしかたのないものであり、このことは上記の構成から見て取れるであろう。このようなパートナーの中でも、活動を継続

する決意を固めている国は減少傾向にある。例えば、ニュージーランドは、60名の工兵を引き上げると公表した。シンガポールも200名の軍事要員を帰還させたと発表している。6月と予想されていたスペイン軍撤退の後に中南部イラクに駐留するポーランド主体の大隊を補うようにという要請を、ブルガリアは拒否した。

このような事実はすべて、アメリカの行動に対する全体的な支持が欠けていることを示している。

日本についていえば、日本人が人質に取られたことが、参加することが賢明か否かについて真剣に考えるきっかけになった。日本の参加が、一般国民から多くの支持を得ていないことは明らかである。

信頼性の喪失

戦争の、そして侵略と一方的行為を禁止する基本原則の蹂躙の主な理由は、大量破壊兵器保有の疑惑であって、この大量破壊兵器をイラクが西側諸国に対してまさに使おうとしているという主張であった。

連合軍が侵攻に踏み切ったとき、ある意味で、その信頼性は境界線上にあった。というのは、主にこれを根拠にして、国際法と国連憲章を無視するという実に由々しい措置を講じつつあったからである。

従って、侵攻を決定した指導者たちは、大量破壊兵器が発見されなかった場合、彼らの信頼性と彼らの国家の信頼性とが損なわれるという危険を冒していた。

侵攻軍が領土を占領してから1年半が経つが、この占領にあったかもしれない法的正当化のいかなる外見も消滅してしまったにもかかわらず、占領は依然続いている。

昔だったら、抗しがたい国家決定についての正当化根拠がこれほど破滅的なほどに欠けていることについて、このような根拠のない理由で戦争に踏み切った指導者たちは、選挙民に公に説明する必要がないのだろうかと思われるだろう。少なくとも主要な連合国に関する限り、近代の民主主義過程が、上記のようには、まるで機能していないかのように思われる。

アメリカ軍及び連合軍の死傷者

　アメリカ軍の死傷者は、毎週増加しており、今後も増え続ける気配が濃厚であるように思われる。国防総省によれば、2004年8月までに、戦闘中に負傷した兵士の数は6,497人に達している。2003年3月1日から5月30日までの合計は129人だったが、6月1日後に更に853人増え、結局約千人が戦死そして6千人以上が負傷している[2]。9月末までに、戦死者の数は千百人を超えた。アメリカ大統領が敵対行為の終結を式典を行い宣言した時点での合計150人というごく少数の戦死者を千人程度超える数になる。空母艦上で仰々しく華やかになされたこの宣言は、奇怪な出来事であったことが分かってきた。というのは、アメリカが無分別な侵攻を開始したときイラクで煮えたぎらせ始めた大釜の特性を、この宣言の時点においてすら、アメリカの指導部がまったく理解していなかったことを思い出させるからである。

　このような戦死者、負傷者、寡婦、孤児そして数千にも達する悲嘆にくれる家族という負の遺産は、平時に国家が払うにしてはあまりにも大きな代償である。苦しみは、戦死あるいは負傷した本人だけでなく、その家族にも背負わされるものである。彼等の中のある者が味わってきたひどい苦しみ、それが手足の喪失、体内に金属片が残ったままの生活、放射能あるいは他の傷を抱えての生活のいずれの苦しみであれ、単なる負傷者の数だけではその苦しみをまず鮮明に伝えることができないことを肝に銘じておくべきである。負傷者にとっては苦しみの生活であり、彼等の家族にとっては悲しみの生活である。負傷した者たちを悲しむ者が、平均して少なくとも3名いるとすれば、国際法の規範に違反する侵略に訴えたこの一つの行為のために、計2万人以上の悲嘆にくれるアメリカ国民が、死ぬまで犠牲を払い続けることになる。これに関連して、本書にも再録されているが、ドルトン・トランボ①が生き生きと描き出した、負傷兵の苦しみとその苦しみについて国民には知らせようとしない国防総省の姿についての記述が注目される。何万もの兵士が受けている精神的外傷、不安と恐怖そして幻滅は、これらの数値では汲み取れない問題である。

---

[2] 戦死者数は、早くも2004年9月には千名を超えた。その増加の止む見通しもない。

アメリカ政府がイラク戦争から母国に戻される遺体袋の写真を、メディアからうまく締め出してきたのには、もっともな理由があったわけである。

4月7日水曜日の連合軍と現地の抵抗勢力との戦闘では、その前の3日間で100名のイラク人と30名の連合軍兵士が殺害されたと報道されている。十数名の海兵隊員が戦死、20名以上が負傷した。イラク人は、100名以上が殺害され、100名が負傷した。海兵隊員を含む、約30名の連合軍兵士が、その前の数日間で、戦死した。別の攻撃で、5名のアメリカ海兵隊員が戦死、8名が負傷した。死傷者数の点で12名の戦死者が出るという、合衆国にとり最悪の日であったにもかかわらず、大統領は、「我々の決意は固い。我々の決意は揺らぐことはない。そして我々は勝利する。自由の名の下に、任務を遂行し、犠牲を払っている兵士達のおかげで、わが部隊は世界を安全に、アメリカをより安全にしている」と述べたと報じられている。殺戮が行われている最中に、このように自由の大義に訴えることは、自由を達成するため適切な方法が講じられているのか否か、このことに疑問を当然投げかけることになる、というのは、戦争の結果生ずる怨恨という負の遺産が、日ごとに増大していることが明らかだからである。

2002年から2003年の紛争での戦死者数は、1990年から1991年に及ぶ湾岸戦争の戦死者数、すなわち連合軍約370名の戦死という数の、3倍以上に達しているが、このことは、この紛争がどれほど悪化しているかを気づかせる、背筋の寒くなるような事実である。イラク軍の戦死者数は、湾岸戦争では数千人規模だったが、この数値は現在の敵対行為では、連合軍同様、増加しているものと推定される。

2004年4月3日の報道によれば、イラクとアフガニスタンで戦った1万5千人の兵士が、就業不能の請求を申立て、そのうち約4千6百人が精神的カウンセリングを求めた（ガーディアン紙）。新聞報道によれば、治療とリハビリの経費が、軍事計画立案者にとり兵站上の悪夢ともいえる額に達しているという。家族の中には、「軍事計画立案者たちは私たちに何を送りかえそうとしているのか？　身体障害を抱えて余生を暮らす人間なのか？」という不満の声もあがっている。

報道によれば、余剰人員になったとき、仕えた軍に怒りを募らせて、軍は彼

等の境遇に対する責任を回避していると非難する兵士も出ている。

兵士の精神的苦痛

　死傷者の統計においてしばしば等閑視される要素は、軍隊の構成員が被る情緒的そして精神的苦痛である。軍事活動開始の時点では、兵士たちは全員元気一杯で、熱意にあふれているかもしれない。しかし活動が続くにつれて、帰還したいという願望、死の恐怖、二度と愛する人達に会えないかもしれない可能性、これらすべてが戦争に従事している兵士達にとって大きな負担となってくる。彼等の中には、幼い子供達と別れてきた若い父親、結婚して間もなく離れ離れにされた夫もいる。数カ月なら、このようなこともすべて我慢できるだろう。しかし、現在イラクで起きているように、月日が経過して、1年以上になり、更に延びるかもしれないとなると、その打撃は計り知れないものとなる。このことを示す一番良い証拠が、自殺者の増加である。自殺は、精神的苦痛という「やかん」が沸騰してこぼれ出し、もはや抑えることができなくなったとき発生する。しかし沸騰してこぼれ出した「やかん」の背後には、失意のどん底にあり、決して実現されることがないかもしれない心のカウンセリングを必要としている今にも沸騰しそうな、更に多くの「やかん」が存在している。2004年3月29日の時点で、戦争開始以来、29名のアメリカ軍兵士が自殺している[3]。このような死亡は、戦死の中には含まれないし、また事故といった非戦闘状態での傷害に起因する死亡も、戦死の数には含まれない。

　この戦争に起因する精神的障害者の数が、あまりにも憂慮すべき状態だったので、当局は3ヶ月もこの件に関する報告の発表を遅らせたほどだった。国防総省の調査では、部隊の52%が、きわめて士気の低い状態にあると報道されたが、当局は兵士の心の痛みについてはなんの懸念も示していないと、一般的に信じられている。

　精神的ストレス障害は数限りなくある。国家が明かさない、そして大衆が無視しがちな戦争の隠されたコストがここにある。

　米国ベトナム戦争退役軍人会（the Vietnam Veterans of America）のある

---

[3] See '24 US Soldier Suicides In Iraq Since Start of War' by Suzanne Goldenberg, *The Guardian —UK*, March 29. 2004.

顧問は、アフガニスタンから帰還した4,500にものぼる兵士が、センターからのカウンセリングを求めていると述べている。更に、陸軍の精神分析医は、次のような意見を述べていた。「たえず敵により脅迫状態に追い込まれている場合、これは精神的障害発症の一大原因となる。」実際、イラクから帰還した負傷者のうち10％にも及ぶ者たちが、精神的な健康障害で送還されていたのである。

陸軍病院へ送られた兵士の中で10％もの兵士が、精神的な問題でそこに送られていること、またドイツのラントシュツール地域医療センター（the Landstuhl Regional Medical Center）で治療を受けた１万２千人のうち８％から10％の兵士が、この病院の司令官によると、「精神又は行動健康障害」[4]を抱えていたと、このように報道されていることも注目されるべきである。

兵士の精神的な安定を乱しているもう一つの要素は、十分戦闘に適するまで回復しないうちに、負傷兵士を再起用することである。2004年４月３日付ガーディアン紙は、再び任務を果すだけの体調が整う前に、負傷した兵士がどのようにイラクに送り返されているか、詳細に報道している。

場合によっては、負傷兵は憂慮すべき速さで再起用されている。昨年の６月、車両が自爆バスに直撃されて脳傷害を受けたある技術兵は、視力障害と記憶喪失と報告されていたが、それにもかかわらず、10月にイラクに送り返された。診断書には、頭部傷害に起因する慢性出血と書かれていた。

同じ記事によると、ある特務曹長は、軍医から６ヶ月の安静を命じられていたのに、首の手術から２ヶ月後に、船で送り返された。

この記事が取り上げたもう一つの傷害事例は、11月に、体の左側全部が傷だらけで、肘が粉々になって、すんでのところで戦死を免れたある兵士に関するものだった。３月彼は、上官がイラクに戻るよう圧力をかけているが、まさかイラク行きの飛行機に乗せられることはないだろう、と母親に話していた。その数時間後、彼は飛行機に乗せられた。彼がなぜ送り返されたのか知りたいと要求したところ、これに対する公式の返事を、母親は始めて受取った。その内容は「彼の症状を検討した結果、恐怖に直面することで恐怖を克服するために

---

[4] 'Casualties in Iraq: The Human Cost of Occupation' by Michael Ewens.

は、こうすることが、彼にとって精神的に一番ためになるかもしれないと決定した。従って、彼の再配置が許可されたのである」というものであった。

連合国の非軍事要員の死傷者

新聞報道ではしばしば見過ごされてしまうが、しかし現実に起きている、別の種類の死傷者がいる。それらは非軍事要員の死傷者である。戦争の結果、入国する外国人の集団の中には、軍関係者とかかわりを持つ非軍事要員が必ずいるものである。このような人達の中には、国連要員、医療要員及び記者が含まれている。この人達全員が、メディアからほとんど注目されない損害を被っている。

2004年9月15日時点で、少なくとも151名の請負業者と保安要員、150名以上の国連要員と請負業者、そして30名以上の記者が殺害されたと推定されている。これらの要員の大半は、通常の業務を行う目的で現地に滞在していた。

こうした殺害もまた、人間の苦しみという形で払われる重大な代償である。そしてこれは、敵対行為の開始から直接に予測可能だった結果である。

敵対行為開始の決定になんの役割も果たさなかった国連が、このような形で被害を受けなければならなかったこと、また役立つことを熱望していた多くの聡明で献身的な人々の経歴が、不意に幕を閉ざされざるを得なかったことは、皮肉なことである[5]。

イラク軍の死傷者

イラク軍の死傷者に関する明確な推定値はない。2003年3月と4月の6週間に渡る「大規模な戦闘」期間中の死傷者に関するトミー・フランクス（Tommy Franks）将軍の推定値は3万人となっていた。記者たちによる推定値は、1万3,500人から4万5千人に渡っている。4,895人から6,370人という低い推定値も出されている[6]。

このとき以降、イラク側の死傷者が増加していることは言うまでもない。バ

---

5 For all these facts and figures see <http://en.wikipedia.org/wiki/Casualties_of_the_conflict_in_Iraq_since_2003>.

6 See〔ibid.〕

グダットへの電撃的猛攻の期間中1日だけで、2千人から3千人のイラク兵士が戦死したと当局者は推定していた。

ガーディアン紙は、6週間に渡る主要な戦闘で、1万3,500人から4万5千人のイラク兵士が戦死したものと5月に推定した[7]。

どのような数であれ、この戦死が敵対行為開始の決定時に予測可能な結果であり、人命の膨大な犠牲であることにはかわりがない。

イラクの文民の死傷者

イラク戦争の犠牲は、イラク人の死傷者数ではなく、アメリカ軍の死傷者数という観点から考えられがちだが、イラク人死傷者のほとんどはなんの罪もない文民であり、その数はアメリカ軍の戦死者数を数倍も上回っている。

イラクの文民の死傷者数の確定的な推定値はない。「人民のキファあるいは反覇権闘争」(People's Kifa or Struggle Against Hegemony) というあるイラクの団体は、2003年10月の詳細な調査後に、その日までに36,533人の文民が殺害されたという集計結果を出した。一方、イラク・ボディ・カウント計画 (the Iraq Body Count project) という西側の団体は、2004年9月14日の時点で、最低12,721人、最高14,751人という推定値を示している。ニュー・イングランド医学ジャーナル (the New England Journal of Medicine) に掲載された研究報告は、陸軍兵士の14％及び海兵隊員の18％が文民の死に責任があると述べたとしている。18万人の陸軍兵士と5万8千人の海兵隊員がイラクでその任についていたので、計算上は、2003年末までにイラクから帰還した少なくとも4万1千人の兵士が、1人あるいはそれ以上の文民の死に責任があると信じていることになる。これらの数値はすべて確実性を欠いているが、「イラク・ボディ・カウント計画」は、最低1万2千人をゆうに超えるという数値を示している。

これより更にはっきりしているのは、バグダッドにおける暴力で死亡した者の割合である。ブッシュ大統領が大規模な戦闘活動の終結を宣言した後、バグダッドと周辺の州の死体安置所の調査では、560万人の都市における死体数は、

---

[7] See <http://://www.guardian.co.uk/usa/story/0,12271,965235,00.html>.

4,279人にのぼっていた。即ち、戦争が始まる前の2002年のバグダッドでは、人口10万人当たり3人が殺害されていたが、これは対照的に、2003年には人口10万人当たり76人が殺害されたことになる（国際的な平均値は、10万人当たり5.5人と算定されている）[8]。

　以上が、敵からの攻撃であろうと侵攻以降の国内的無秩序であろうと、バグダッドを襲った暴力を査定するもう一つの方法である。

　イラク人の死傷者数を、突然命を奪われた生身の人間としてでなく、抽象的な統計として処理するという誘惑に、強く抵抗する必要がある。死傷者数には人間の顔を与えられる必要がある。2004年3月17日付ニューヨーク・タイムズ紙で報道された一つの良い事例がある。アリ・カデム・ハシェム（Ali Kadem Hashem）は、アメリカのミサイルで自分の家が直撃されたとき、自分の妻が焼け死に、自分の子供達が死んでいくのを、ただ見守っていた。先週、彼は、合衆国政府から5千ドルと、若い大尉からの「申し訳ない」という言葉を受取った。ハシェム氏は、手の切れるような百ドル紙幣の束を見つめながらしばらく座っていた。「私の一部は、それを受取ることを拒否していた。それは侮辱的な行為だったからだ」と彼は語った。しかし、ジョナサン・トレイシー（Jonathan Tracy）大尉は、受取るようにしつこく勧めた。彼は、「数千ドルで亡くなった人を取り戻せるわけではないが、現状では、これが我々のできる精一杯のことだ」と後で説明している。

　同じ記事は、次のように述べている。「イラクでの戦争が始まって既に1年近く経つが、アメリカ軍の司令官達は、助けを求めて殺到する膨大な文民の被害者の対応に追われている。1週間に2度、バグダッドのセンターで、悲しみに打ちひしがれた多数のイラクの人々が並ぶ。松葉杖をついた人、醜い傷跡の残った人、めちゃめちゃにされた家と物言わぬ子供の写真をわし掴みにしている人、この人達のだれもが、現金あるいは治療を請求しようとしている。これが、この戦争のため用意された補償方法の一部なのである。」

　「大尉が申し訳ないと言っている部屋の外には、人々が長い列を作り待っていた。その一人が、クラスター爆弾で火傷した12歳のアーヤッド・ブレセム

---

[8] For all these facts and figures see <http://en.wikipedia.org/wiki/Casualties_of_the_conflict_in_Iraq_since_2003>.

(Ayad Bressem)であった。彼の顔は醜い青の斑点で覆われていた。子供達は彼のことを『ミスター火薬』と呼んでいた。『僕はただ何かほしいだけなんだ』とその火傷した子供は言った。『後から戻っておいで。すこしは金がもらえるよ。今は忙しいから駄目だ』と警備兵は言った。」

　イラクの文民は、十字砲火に巻き込まれ、検問所での発砲で撃ち倒され、大規模な「衝撃と畏怖」(shock and awe)と命名された攻撃、そして戦争状況に起因する、多種多様な事故で殺されてきた。例えば、何千発もの子爆弾をばら撒くクラスター爆弾の継続的な使用がそれであり、不発のまま残される子爆弾も一つの原因となっている。

　劣化ウラン(DU)に起因する放射線その他の傷害も危険要因となっている。占領軍当局は、これらの多くは、戦闘活動に起因する傷害ではないことを認めており、損害及び不法な死亡を対象とする外国人請求法に基づき金銭を支払う試みが時折なされている。しかし、受けた傷害が非戦闘状況でのものだということを立証する責任は請求者側にある。次に請求者の長いリストが作られる。それらの多くは厳しく審査されている。お見舞金の最高額は、傷害については約千ドル、死亡については２千５百ドルに固定されている。アメリカのミサイルで彼の兄弟、姉妹及び６人の子供達を殺害された後、なんとか６千ドルをもらった受領者の一人である、サイド・アッバス・アーメッド（Said Abbas Ahmed）は、「あなたがたはこの戦争に何十億ドルも使った。我々はわずか数千ドルの値打ちしかないのか」と言ったと報道されている。

　補償を求める人達の中に、幼い男の子の母親がいた。その子の顔は、子爆弾で入れ墨されたようになっていた。顔に突き刺さった金属片で実際見分けがつかない状態で、片目を失明していた。彼が昏睡状態から蘇ったとき、彼の顔はほとんど原形をとどめないほど傷だらけになっており、母親が、ほとんどもとの面影を残していない顔を見て、「彼はとてもハンサムだったのに」と言ったとき、この彼女の言葉には悲痛な響きがあった。

　この原始的な補償制度は少なくとも名目上は存在しているが、意図的な致傷や兵士の過失によってもたらされた死亡に対処するいかなる方針もないことは明らかである。

　カナダのグローブ・アンド・メール紙によれば、2004年2月18日水曜日に発表

された統計では、およそ200万ドルが死亡、傷害及び財産的損害に対する補償としてこれまでに支払われてきた。この金額は、戦争中に発射された800発のトマホーク巡航ミサイルの、たった二つ分に満たない金額である。

不適切な情報に基づく世論

　敵対行為によってもたされる死傷者と危険を扱うとき、メディアは、極めて重要な役割を果たす。それは、マスメディアがアメリカの世論の方向付けをする中心的な存在だからである。戦争を続行させ、最終的にはそれを終わらせる力を持っているのが世論である。更に、メディアは世界の世論の方向付けをするという意味でも重要である。

　世界のメディアは西側諸国のメディアに大きく支配されており、一般的にイラク側の損害と死傷者を控えめに扱う傾向がある。メディアが損害と死傷者を報道し、時にはある特に感動的な出来事や場面を浮き彫りにしていることは確かである。しかし、一般的には、報道されるのは死傷者数であって、それに巻き込まれた人間の悲劇ではない。

　メディアの重要性に気づいているので、国防総省は、アメリカ部隊に記者を「埋め込む」という異例の決定を下し、1991年の湾岸戦争では見られなかった長さの戦争記録を生み出したのである。

　アメリカのマスコミ報道の最も手厳しい批評者の一人が、ハーパー誌のジョン・マッカーサー（John MacArthur）である。彼は、このことに関して「我々が入手する90％の記事はがらくたで……5％から10％がかなり良い記事だ」[9]と述べている。ハーパー誌は、150年の歴史を持ち、今日の文学と政治に関する、派閥にとらわれない論評を特色とする文学と政治関連の雑誌である。

　問題は、身の毛もよだつような詳細な事柄を報道することなく、ただ死傷者を統計的に処理している報道のあり方である。例えば、2004年9月11日、タル・アファル（Tall Afar）とファルージャに対するアメリカ主導の攻撃で57名のイラク人が殺害された。ヘリコプターと軍用機から13時間にもわたる激しい爆撃が行われた。この他に80人以上の人が負傷した。しかしこれらの傷害は、

---

[9] Reuter Report from Philadelphia, May 7, 2004.

その中には悲惨なものもあったが（犠牲者の中には女性や子供も含まれていた）、ほとんど報道されなかった。9月12日には、アメリカ合衆国のヘリコプターがバグダッドの群集に向けて発砲し、13名が死亡、61名が負傷したとされる。

このことすべてが、あまりにも日常的な出来事になっているので、アメリカの一般の人々はそれについてじっくり考えることなどまずしなくなっている。もし同じ攻撃がアメリカの国土で起こったとしたら、背筋が寒くなるような法外な出来事だと見なされることだろう。犠牲者の中には子供も含まれているが、このことさえも日常的なニュース項目になってしまっている。

このことが、どれほど大きな憤りをイラクの人々の間に必然的に巻き起こしているか、このことを理解するのにさしたる想像力はいらない。しかし、このような情報が、侵略者と見なされている国の国民に波紋を投げかけることさえないのである。

基本的な生活基盤に与える損害

イラクの人々は、国民が自国の政府から当然期待できるはずの生命と財産の安全に関する通常の保護を、およそ受けていない。ほんのわずかな保護であっても、それを保証するのが、占領国の義務である。

更に、病院と学校の破壊がある。このことが、大半の住民が、通常の保険と教育のサービスを正常な形で受けられない状態にしている。時には病院は激しい爆撃の死傷者であふれる。薬品と最低限度の食糧の供給は、電力や水道の供給と同じように阻害されている。

4月9日にウム・アルコーラ・モスクに20万の大群衆が集まったが、その訴えの一つが、「20万の人間を水も薬もないまま放置しておくのは人道に対する罪だ」ということであった[10]。

このことすべてが、他国に侵攻し、占領軍に支配させるという、重大な決定がなされるときに予測され、そのための計画が立案されるべき義務なのである。実際、他国を占領するという決定がなされるとき、軍事計画と共に、侵攻国が

---

[10] See *The Guardian*, April 10, 2004.

占領期間中に必要な民生計画を用意する必要のあることは、国際法の基本原則であると言ってよいだろう。

これもまた、侵攻を開始するという新紀元を画する決定がなされる前に、考慮されるべきであった予測可能な結果と責任である。

占領軍側の規律正しい行為を確保する責任

占領の最も心配な点の一つは、解放者として入った軍隊が迫害者か拷問者になってしまったことである。

バグダッドの西20マイルにあるアブ・グレイブ（Abu Graib）は、サダム・フセイン時代には悪名高い刑務所だった。拷問と毎週の死刑執行が、ひどい生活条件とあいまって、この刑務所を実に忌まわしい場所にしていた。

2003年12月、この同じ場所が、再びアメリカ占領軍による拷問の場所になっている、こういう疑惑が浮上してきた。第372陸軍連隊の兵士とアメリカの情報機関の職員が、アブ・グレイブで「サディスト的で、露骨でかつ非人道的な」虐待の罪を犯した疑惑が出てきた。ニューヨーカー紙が入手した57ページの秘密報告書には、これらの行為がリスト化されており、そこには虐待の際に撮られた写真とビデオへの言及がなされていた。このすべての詳細が、国際的にでかでかと報道され、アラブ世界に大っぴらに流布された。

これら拷問の報道は、最もどぎつい読み物となり、そのいくつかはあまりにも下品なもので、ここではとうてい繰り返すことはできない代物である。これらは、性的虐待、宗教的な侮辱そしてサディズムの疑惑の形をとっており、もし報道されれば、ただ感情を煽る一方であろう。それでも、実際は、それらが占領下にある地域中に喧伝され、出版されそして話題になってきており、特に、占領は人民の利益と人権及び道徳の回復のために行われるものであるという考えとの関連では、占領下の住民の感情に影響を及ぼす要因となっている。

これらの拷問に関する報告書は、実際には、2002年5月という早い時点で赤十字国際委員会と米政権により作成されており、従って公に明らかにされる前から政権は知っていたことになる。

この種の行為についての一つの見方は、これらの行為が、「軍隊生活の一部」としてほとんど日常的に行われていたとするものである。それ以来、このよう

な行為の疑惑が次々と明るみに出て、軍当局による調査の対象となっている。

　更に悪いのは、これらの拷問と殺害が、事実上、軍指揮官と上級官僚に知られており、指揮系統の上層部にまで達していたと思われることである。

　このことすべてが、占領過程に対する国際的な反感を増大させてきた。というのは、暴露された行為が、ばらばらの行為ではなく、全体的に繋がっている行為の一部であることがかなり明確になってきたからである。

　他国に武力攻撃が仕掛けられたとき、侵攻軍の基本的な義務の一つは、法と秩序の維持とは別に、自軍の士官と兵士の適切な行為を確保することである。時おり間違いがあるのは常かもしれないが、大規模な間違いは、許容の限界を超えることになるだろう。

　ある国家が、国連の是認を受けずに、しかも特に民主主義と人権回復の名の下に他国の攻撃開始に踏み切った場合、少なくとも基本的な行動規範が遵守されるよう気を付けるという特に厄介な責任が占領軍の肩にかかってくる。

　アメリカが自国の兵士を国際刑事裁判所（ICC）の管轄下に置くことを拒絶したことを考えると、このことは、なおさら批判の対象となる。合衆国の兵士は、現在140ヶ国以上に駐留しており、ブッシュ政権は、米国要員をその行為について訴追することを求めるいかなる裁判所の管轄権にも同意しないことを明確に打ち出している。

　国際刑事裁判所を設立する条約の支持を拒否することだけでなく、更にアメリカは、同国の兵士や職員をICCに引き渡さないという約束を、個々の国家から取り付ける活動に取り掛かっている。二国間条約によってこのような約束を行ってきているのである。

　イラクにおけるアメリカの拷問に関するニュースは、イラクを除く世界各地に大きく伝えられている。イラクでは、アメリカ占領軍が、いかなるメディアの活動も遮断することが可能である。アメリカ本土では、このニュースは限定された形で報道されているだけで、多くのテレビ番組はこのニュースを外す傾向にある。

　これは、注目に値するイラク戦争のもう一つの側面である。イラク戦争を扱う際の偏った報道、すなわち一般の人々が現実を十分に理解できないようにしているという側面である。

アメリカのメディアは、このような驚くべき新事実の人々への衝撃を和らげる取組を進めている。アムネスティ・インターナショナルは、報道された行為は氷山の一角であると述べており、抑留者が拷問や殴打で殺害された数多くの事例の証拠書類を示している。

アムネスティ・インターナショナルは、全体的な情勢を再検討する中で、次のように述べている。「多国籍部隊は、文民を保護するために必要な予防措置を講じ、必要性と均衡性の原則を尊重しなければならない」[11]。アムネスティ・インターナショナルは、多国籍軍による国際法に基づく義務の完全な履行を確保するために、彼等が現在講じている措置を明らかにするよう求めている。アムネスティ・インターナショナルは、このような措置を講ずる際に、多国籍軍は日々攻撃に直面しているため、多国籍部隊として自らの兵士の生命を保護しなければならないことは認めている。しかし、国際法に基づく彼等の義務を果たすためには、同時に彼等がイラクの文民も保護する責任を負っていることを強調している。

責任を回避するために採用された方法の一つが、捕虜を非合法戦闘員と表現することである。この根拠に基づき、ジュネーヴ諸条約は捕虜のみに権利を与える条約なので、ジュネーヴ条約は適用されないと主張されてきた。彼等が抵抗している占領そのものが違法な占領であるときには、彼らを「非合法戦闘員」と表現することには問題がある。違法な占領に抵抗することは違法なのであろうか？　これは国連による是認のない侵攻の計画者が直面しなければならない最も重要な問題である。

新しい民主的な政府を樹立することの難しさ

侵攻軍の占領に対する主要な正当化の根拠は、当時のイラク政府が大量破壊兵器を貯蔵して国際法の義務を完全に無視していることであった。侵攻のために提示された正当化の根拠の中で重要な位置を占めていた二つ目の正当化の根拠は、自国民に対する人権保護義務をサダム・フセインの政府が完全に無視していることだった。

11　See＜http://www.amnesty.org＞.

大量破壊兵器が発見されなかったとき、当時のイラク政府による人権侵害を是正する義務に重点が移された。こうして民主的な政府の樹立を確保する義務が生じた。

明らかなことだが、民主的な政府とは、その存立と日々の職務を行うために、外国の占領軍の軍事力に頼る政府のことではない。もし外国占領軍に頼る政府であれば、権力は国民に由来するという民主主義の原則を反映した民主的に選ばれた政府ではなくなってしまう。これでは、政府の権力が外国の占領軍に由来するという、古典的な事例となるだろう。

自らの権力に依存することのできる政府を樹立することが重要であることは、一目瞭然であった。これには当然ある程度の時間を要するだろうが、この目的を実現するために必要な道筋を考える際には、侵攻者に対する抵抗と国内諸勢力間の紛争の可能性も考慮に入れておく必要があった。

イラクは、サダムの支持派と反対派、スンニ派とシーア派、穏健派と過激派の間の分裂、更に他のいくつかの系列の分裂もあり、これらが複雑に絡み合っていることで知られていた。イラクは、その5千年あまりの歴史を通して、いかなる占領軍も支配下に置くことのできなかった国として知られてきた。20世紀までのイラクの歴史と、イギリスによる占領の歴史の観察者であれば誰でも、この事実に気付き、歴史の記録が如実に示している複雑さを十分に考慮したことであろう。更に、真の意味での自主的な外交政策を持つ真の意味での選ばれた政府が、例えばイランとの同盟政策といった、アメリカの政策とは真っ向から対立する外交政策を採用するという可能性もあった。

真の意味での民主主義への態度表明であれば、上記のような政府であっても、その手に権力を委ね、侵攻軍は撤退に甘んじたであろう。アメリカにその用意があるかどうかは疑わしい。

現状では、占領軍はイラクにおける法と秩序を確立することがいまだできず、また樹立された政府はその日々の職務の継続と国を統治する権力をアメリカ軍に依存している。

イラクにおける民主主義を回復させるためと宣言された侵攻の場合には、これらすべてが、将来に大きく影響する重要な問題である。武力侵攻を決定した責任を負う者の前に大きく立ちはだかるであろう問題であったのである。

世界文明の揺籃の地にある極めて貴重な考古学上の財産に与える損害

　法と秩序の崩壊の結果、イラクの極めて貴重な芸術品、記念碑及び記録の遺産が、回復できないほどの損害を受けているという報道がなされている。5千年前のシュメール人支配者と一緒に埋められた極めて貴重な美術品が、侵入者と寺院の盗掘者により組織的に荒らされているという報道もなされている。報道によれば、古代の寺院と宮殿は、損害を受け破壊されており、何がなくなっているのか誰にも正確には分からない状態になっている。イラク古代遺跡管理所長（Director of Antiquities in Iraq's）であるアブドル・アミル氏（Abdul Amir）は、ダヒル（Dhahir）村近くの古代の再定住地であったドゥブラム（Dubrum）での新しい盗掘を調査したとき「これは人道に対する罪だ」と述べたと報道されている（Reuter 6404）。報道によれば、この所長は、盗掘者によって捨てられていた紀元前1500にまで遡る土器を拾い上げながら、「我々は我々の遺産を失いつつある。我々は我々の文明の産物を失いつつある」と述べたという。

　このことに関連して触れるべきは、2004年9月、国連総会でのコフィ・アナン事務総長の演説である。その演説の中で、彼はイラクが被った損害とイラクが文明の揺籃の地であったという事実に言及した。更に、記録に残る世界最初の法典であるハムラビ法典のことにも触れた。これらはイラクに沢山ある歴史的かつ文化的な財産、人類すべての共通の遺産である。イラク戦争は、これまでの戦争、イラクがその長く波乱に富んだ歴史の中で経験してきた最も残忍で野蛮な戦争でさえ、破壊することのなかったこの遺産を破壊しうるのである。

石油埋蔵と侵攻に結びつくその他の動機

　イラク攻撃の動機の信頼性につけられた一つの大きな傷は、世界が十分納得できるような形で反論されていない疑惑、つまり、イラクの他に並ぶもののないほどの石油埋蔵の確保を狙うアメリカの欲望が、何はともあれ動機の一部となっているという疑惑である。もしイラクが石油ではなく玉ねぎの産地であったなら、アメリカ軍の侵攻を招くことはなかったであろうし、アメリカも兵士をそのために犠牲にする覚悟はしなかったであろう、という皮肉な言葉が攻撃

の時点でよく聞かれた。

　このような主張には、明白な言葉ではっきり示すことのできる反論が必要である。これへの反論がすばやくなされているわけではない

　イラクの膨大な石油埋蔵量は、金銭的な面から見ると、侵攻のために要したであろう何十億ドルもの出費を穴埋めできる十分な量であった。これもまた大いに憶測の対象となっているが、考えられる利益のなかには、損害をうけた油田の修復と再建設についてのアメリカ企業との契約、石油開発と産油のための契約、戦争による荒廃からの復興のための何十億ドルにものぼる大規模な建設契約を結ぶことがある。結局、これらの出費は、アメリカの資源というよりはむしろイラクの資源から捻出されることになり、損得を計算しても、総計何十億ドルにものぼるかなりの経済利益をもたらすことになるだろう。

　いずれにしても、これが攻撃の動機に関して世界中で広く信じられていることである。更にこのことは、侵攻軍が、提示された根拠、つまり大量破壊兵器の存在を、まったく実証できないでいるということにも悪い影響を与えている。

　このような事態においては、もしこの考えが実際に間違っているのなら、このような世界的に広まった間違った考えを捨てさせるような事実と数字を提示することが最も重要である。

　これが実行されるどころか、これに反して、数十億ドルの金になる契約が、政権内の指導的な人物となんらかの関係を持っていることが知られている企業との間で進展していることが報道されている。これは世界経済一般にとっても、また結果的に巨額の借方記入となるイラク戦争のバランスシートという特殊な事情にとっても、よい前兆とはならない状況である。

　中東の石油埋蔵量の全体的な支配を確保するという計画は、侵攻が招いた抵抗によりことごとく不可能にされている。

捕らえられた指導者達の戦争犯罪裁判の可能性

　サダム・フセイン、タリク・アジズそして他の指導者が裁判にかけられるとき、おそらく関連してくるだろうイラク戦争のもう一つの側面は、現在の戦争前、即ち第１次イラク戦争の時代及びそれ以前まで遡るイラクと米英の関係の若干不透明な歴史である。

バグダッドが化学兵器の使用で激しい批判を浴びていたとき、アメリカはイラクに「二国間の関係を改善すること」を申し入れ、1980年代に現国防長官であるドナルド・ラムズフェルドが、タリク・アジズと会談するために派遣された。サダムがイランと戦争しており、敵の部隊やイラク北部のクルド人に対して化学兵器を使っていたとき、ラムズフェルドは、アメリカとの外交関係の再開についてイラクを説得するよう指示されていた。更に、なんらかの説明を必要とするであろうイラクへの武器の売却が、イギリス、アメリカ、フランス及びロシアにより過去に行われていた。

　イラク人たちは、サダムはイラク人により裁かれるべきだと主張している。サダムとアジズの弁護団は、西側諸国の指導者たちが証言台に立つことを要求している。禁止兵器の購入に関する問題が提起され、裁判は延々と続くことになるだろう。更に、このような裁判は、人権と大量破壊兵器に対する西側諸国の指導層と政策の一貫性のなさを公表する世界的な演壇を被告人に与えることになるだろう。

　このような国際法の基本原則の軽視を伴う戦争の後では、戦争犯罪法廷は様々な込み入った問題と行動形態を明るみに出すだろう。勝者も敗者も同様に、市民監視の的になることであろう。

　これは、アメリカ国家の建国の父たちが掲げた高い理想からの完全な逸脱があったのかどうか、平等、自由そして平和という彼らの夢が支配、従属そして侵略という現実へ変わったのかどうか、こういった極めて根本的な問題に、国際社会の注目を集めることになる状況である。アメリカ民主主義は、アメリカ帝国主義へと大変貌を遂げたのであろうか？これらの問題は、裁判が進行するにつれて、だれもの関心を集めることになるだろう。

　否定できないもう一つの可能性は、サダムの裁判がアメリカの選挙における得点源になるという可能性である。2004年9月20日のバグダッドからのテレグラフ・グループ（Telegraph Group）の記事は、サダム裁判の日程が、アメリカとイラクの選挙に先立つよう急に早められていることを示唆している。

引き続き行われるアメリカによる復仇の激しさ

　また、抵抗があれば、占領軍が力には力で対抗するという、そういう可能性

があることも予期しておくべきだった。このやり方ではもちろん敵対行為を終結させられないが、占領軍がとりがちな行動である。

実際に起きたのは——これは予測可能であり、対応を考慮しておくべきことだったが——アメリカの復仇が厳しく残酷なものだったことである。アメリカのヘリコプター、対地攻撃機、ジェット戦闘機そして戦車が、ファルージャや聖都ナジャフに猛攻撃を加えている。これらの攻撃により、何百人ものイラクの女性や子供が殺害されている。工場やモスクが破壊されている。結婚式のパーティも攻撃された。イラクの都市や人口密集地に対する猛攻撃が継続しており、弱まる気配はまったくない。

侵攻をうけた国の抵抗的な住民に対するこの種の攻撃は、このような侵攻の論理必然的な帰結の一部である。植民地支配の歴史にもこのような例がいくつか見られる。例えば、1957年から1962年のアルジェリアの歴史が一つの例である。植民地支配の歴史において、占領政策は、昔から恐怖には恐怖を持って対応すべしという論理に基づいてきた。アメリカはこのような行動様式に陥ることをなんとしても回避しなければならない。

女性と子どもは意図的に攻撃目標になることはないが、開始されたこの種の軍事行動では明らかに被害者となっている。文民と戦闘員を区別できない軍事行動は、戦争法規と占領地の行政に関する法規により禁止されている。

占領軍は、文民に対してこの種の損害を与えることを止める必要があるだろう。このようなことを際限なく続けることは、軍事行動全体の根本的な論理的根拠と理念を必ず損なうことになる。これは占領軍が引き続き直面している問題である。それは、占領の行方、住民の態度、そして住民と占領国との関係に暗い影を落とし続けることになる。これは占領が招いた問題であり、外国の軍隊がイラク国土に駐留している限り、占領が引き続き直面しなければならない数え切れないほどの問題のなかの一つにしかすぎないのである。

＊　　　＊　　　＊

以上が、イラク戦争で実際に行われていることを１年半以上にわたりみた結果得られたいくつかの展望である。

これらすべては、侵攻の時点で認知できることだった。これらすべては、本

書で検討され、予示されたことだった。これら一見して明白な結果がどのように無視され、どのようにして、予測可能な出来事にかかわる必然的な論理を介して具体化されたのか、これを検討することは、非常に興味深い課題である。

　アメリカは今、その同盟国とともに、困難な状況にある。つまり、自らが作り出した泥沼から抜け出すことができず、イラクの法と秩序を回復することができず、真の意味の民主的な政府を樹立することができず、十分に認められた国際法の原則に基づく占領国の基本的な義務を履行することができない状況にある。イラクには、法と秩序もなく、基本的な生活必需品の供給もなく、なくてはならない保健施設や教育施設もない。イラクの至る所で、人々は苦難にあえいでいる。国際法の基本的な規則は何百万もの生命の犠牲の上に築かれたものだが、まるでそれが存在していないかのように無視されたときには何が起こるであろうか。イラクでの出来事が示しているのはこのようなことなのである。

　これから皆さんが読まれるのは、アメリカの侵攻開始直後に出版された版と全く同じ内容のものである。同書では、認められている法原則、そして一般的に知られている普通の経験と事実に照らして予想される結果についての評価以外には何も記さなかった。特別な識見も含まれておらず、また特別な情報に基づくものでもなかった。単に分かりきったことを説明し、予示しただけであった。

　本書に目を通される読者の方々には、どうして、我々よりはるかに豊富な情報を持ち、専門家集団の助言に支えられた最高の地位にある者たちが、我々と別の考え方に至ったのか、このことについて、あれこれ思いを巡らしてくだされば幸いである。

日本語版への序文　訳注
① Dalton Trumbo　1905-1976　米国の映画批評家、社会批評家でもあり、映画台本も手がけた。トランボ作品の翻訳書については第8章原注2参照。

日本語版への謝辞

　当時の出来事を評価した本書の初版を、それから1年以上が経過した時点で、その評価の正当性が最近の出来事を通して立証されている有様も加味しながら、改めて日本で出版するのは有益ではないかと考える。そのようなわけで、日本の読者の最近の関心事との関連性を考慮した序文を付け加えて、日本で出版するに至ったのである。日本は、史上唯一の被爆国という不幸な運命を背負っているが、同時に、戦争と平和の問題にかかわる日本国憲法9条に含まれる極めて重要な憲法条項の将来について熟慮を重ねているところである。

　この機会を借りて、このような構想に着手し、その達成のために努力して頂いた日本の友人たちに、是非とも感謝の意を表明したい。特に、国際反核法律家協会（IALANA）副会長である、浦田賢治教授は、日本語版に着手するよう私を励まして下さり、またこの企画の実現のためにお力添えを頂いた。そのすべてについて、深甚なる謝意を捧げるものである。

　日本国憲法9条は、世界で最も先進的な憲法条項の一つであり、また本書の出版が、最も現在の状況を踏まえて戦争の過酷な結果を描き出すことにより、憲法問題に関する議論に少しでも貢献できればと心から願うものである。

献　辞

戦争のない世界を享受する生来の権利を確保するために
子どもたちがそれぞれの役割を果たすことを希望して、
すべての国の子どもたちに贈る

序　言

　　イラクへの武力行使は、国際規模での法の支配を目指した人類の進歩という時計の針を、数世紀逆戻りさせるおそれのある出来事である。サダム・フセインの政治体制は禁止された兵器を保有しているという嫌疑をかけられてきたし、また実際甚大な人権侵害を犯してきた、ということができるかもしれない。しかし、国際的な法規範と法制度の発展はそれらに合致する国際的な対応を要請している。その対応とは国際的な法規範と法制度を蝕み破壊するのでなく、活用するものでなければならない。

　　数千年におよぶ過酷な紛争と闘争を経験した結果、国際規模での法の支配を達成し、あらゆる国家で構成される世界機構の総会を構築することが求められたのである。確かにこれらの法と制度は不十分であったが、これらの制度は、数千万の人々の命を犠牲にしてもたらされたものだったのに、これまでひどく無視されかつ侵害されてきた。しかしこれらの制度は、少なくとも普遍的な合意の基礎を提供したのであって、それに基づいて武力ではなく法に基づく世界秩序を構築する事業が続いてきた。これらの制度と並んで、侵略の禁止、単独行動の禁止、先制攻撃の禁止および広範な領域におよぶ全ての人道原則といった基本原則は、その確立に何世紀もかかったにもかかわらず、武力が支配する世界では、もはや生き延びることができないという危機に直面している。

　　武力の行使、単独行動、侵略、先制攻撃そして国際紛争の平和的解決の拒絶が、いまや時代の秩序となる可能性がある。その秩序は世界共同体の中の最も力の強い列強の行動によって正統化され、したがって共同体の他の構成国も可能なら、その列強と同じことをするよう促すのである。かくして武力というものは、なにが正か不正かの判定者である法を凌駕し、そして数千年もの間ジャングルの掟から法の支配に向けて闘ってきた人類を、最初に闘争を始めた地点へとわれわれを引き戻すことになるかもしれない。

　　したがって、2003年3月の事態〔米英の武力侵攻〕がもつ法的意味を広く理

解することが重要である。なるほど、この戦争の残虐性はすべての人に知られており、また全世界のテレビのスクリーンに映しだされたが、しかし国際的な法の体制に及ぼした破壊の様子は、映像にならずじまいである。国連と国際法というツイン・タワー（双子の塔）が正面から攻撃を受けたが、このことはほとんど注目を集めておらず、この損害を回復するなんらの手立てもなされていない。

国際法はその役割を果たせなかったという意識がいくらか生まれてはいるが、国際法の基本原則に向けてなされた損害の規模については、ほとんど認識されていない。さらにまた、この損害が地球の将来に及ぼす巨大な危険性も、また国際社会での法の支配の構造に対するその損傷が、国内での法の支配の観念に固執した二つの列強によって主として引き起こされたという事実も、いずれもほとんど認識されていない。国内では法の支配を擁護し、国際的には法の支配を廃棄するという、この矛盾は実に深刻であって、いまという時代の主要な政治的異常現象の一つである。

十分な情報にもとづいた人道的見解が、現在の悲劇的事態の中から世界規模で怒濤のように巻き起こることが期待できる。こうした世論の蜂起は国際法を、諸国家の相互関係の最終判定者であり、かつ制御者であるものとして、その正しい位置に据えなおすことになろう。現在の事態は、次の相対する厳しい二者択一を世界に迫っている。一つはそこに存在する違法性に眼をつぶり、国際法をさらに無視する道を進むことであり、その一、二歩先には、核〔兵器〕地獄と世界終末決戦が待つかもしれない道である。これに代わる選択は、この唐突で未曾有の国際法無視の衝撃を活用して、国際法の意義を取り戻し、かつ国際法を遵守し強化する方向へと新たな道を切り開くことであり、これに依拠して将来の平和な世界秩序は形成されるのである。世界終末決戦が始まってからこの選択をするのでは、もう遅すぎる。われわれは、まさに今この選択をしなければならない。核兵器と文明破壊を回避するわずか一歩であっても、人類が団結して戦争を非合法化することは至上命題であって、このことは核時代において歴史上最も適切にあてはまるのである。国際連合がその歴史上初めて、あたかも存在しないかのごとく無視されている今日ほど、核時代においてわれわれがこうした団結をする必要があった時代は存在しなかった。国際連合を正当に

扱うすべての国家がほんの一歩踏み出せばいいのだ。歴史上いまほど、意識的かつ協調的努力を積み重ねる必要が高まった時はない。それは

　　夥しい数の古い戦争を歴史から退場させる
　　幾千年も続く平和を歴史にもたらす

努力である。

　いまわれわれが熟慮せず、そうした努力もしなければ、極めて速やかに、国際法の無法状態に滑り落ちてしまう危険性がある。次の無法な行為を待っていては、遅すぎる。核の無法状態になりうるし、またその基盤はすでにできている。

　この小冊子は、全世界の圧倒的多数の人々がより関心をもち、かつ理解を深めるなら、国際法は大いに強化されうるという確信をもって出版される。しかしこれらの人々は、国際法が自分たちと子孫に与える影響の全体像を認識しないかもしれないし、したがって、いま生じている事態の否定的効果を排除する方向にむけて貢献していないかもしれない。

　これは、国際法を扱う法律家や政治家だけが関わる問題ではない。本書に含まれている基礎的な原則は、小学校のこどもたちさえ理解できるような容易な言葉で説明することができる。本書で扱われているのは国際法だが、そこで作用している基礎原則は、すべての人が理解可能なものである。

　本書に含まれている諸原則に民衆の意識を向けるべきだというこの警告は、学術的な意味での知識を広めればいいのだという見解によっては、十分に受け止められないものである。われわれがここで直面している課題は、ひとりひとりの意見が価値を有するのであり、かつこれらの意見は生起している事態に対して重要な影響力を与えるのだということである。まさしくわれわれは、人類史上幾つかの分岐点の一つをなす時代に生きているのかもしれない。いまという時代において、国際法は次のように自己主張し始めている、すなわち、諸国家および超大国の力がいかに強くても、またいかに強く自らの意志を主張しようとも、国際法は諸国家および超大国の力に対抗する、諸人民および世界の人民の意志として、自己主張し始めている。

　国内法については、ひとたび民衆の意見が湧き起これば、「人民の力」あるいは「大衆の意志」として記述されるものとして、われわれはその強さをしば

しば目の当たりにしてきた。重要な状況に直面したとき、こうした人民の力あるいは意志は、暴君や独裁者の力に対抗して自己主張することによって、あらゆる強敵に挑戦した。地球規模の諸問題の領域でも、その〔人民の〕数だけからしても、また当該道徳原則の力からしても、〔この力あるいは意志は、〕国内法の場合と同様の影響力を持つことができる。列強および超大国の力は、実定法を凌駕しようとし、自分たちにとって有利な一組のルールだけを尊重し、他方もう一組のルールのほうはこれを遵守せず、自分たち以外の者がこれに従うべきだとするのである。

　また私はこれまで、アメリカの道徳的かつ知的成果によって深く鼓舞されてきたこと、それゆえに現在生じている事件にとりわけ懸念をいだいていることを述べなければならない。アメリカ合衆国は、高次の正義の諸原則とすべての国家を支配する高次の法の概念とに貢献する平等と自由の象徴として1776年に出現した。アメリカ合衆国は非常に高い理想主義を掲げて生誕したのであって、その創立者たちが標榜したものは全世界にとって輝かしい指標だった。この高い理想とは、自国の事柄を処理する場合においても国際法の高次の諸原則を承認するひとつの共和国の例を、現在にいたるまで自己中心的で圧制的な列強の手に握られている世界に提供することだった。

　1976年、合衆国はこの理想を目指した２世紀にわたる進歩をまさしく誇り、また自由と平等という基調すなわちその憲法の諸原則と理想主義に依拠してきた200年を祝った。これを祝賀する公式行事のひとつが、ミズーリ州セントルイスで開催された自由と平等に関する世界会議だった。これは当時の三つの世界——「第１」世界、「第２」世界および「第３」世界はみなそれぞれ、このテーマについて基調演説をおこなった。私〔Ｃ・Ｇ・ウィーラマントリー〕は、第三世界を代表して発表する機会にめぐまれた。〔私は〕発展途上諸国にとっての特別な窮乏あるいは必需であるもの（needs）を強調するとともに、合衆国の歴史的成果が国際社会での法の支配に役立つあらたな基軸を、過去２世紀の間世界に与えてきたことに謝意を表明した。

　われわれがいま目のあたりにしている行動は、世界がこれまで表明してきたこの高い期待——発展途上世界の他の代表たちも共有したもの——を否定するものであり、悲しみにたえない。国際社会での法の支配への配慮がそこから外

に向かって発揮される拠点である代わりに、合衆国はまさにこの理想に対する侮辱の淵源になろうとしている。こうした役割の逆転は、アメリカのあらゆる友人たちに深刻な影響を与えるにちがいない。

　合衆国建国の時代に行き渡ったこの高い理想主義と国際法への深い尊重心はいまなお、アメリカ合衆国の人民の魂に依然として生きている。1968年に、主要な大学での講演旅行で知ったアメリカとその国民、学者たちや学生たちとの35年に及ぶ長年の、友好的な、持続的な付き合いを通じて、私はこのことを知っている。国内と国際の両領域における正義への彼らひとりひとりの関心を、私は大いに評価してきた。だが、いま現実に起きている事態が将来国際秩序に及ぼす影響について、また一方的な武力の行使という合衆国が行った先例にもし他の諸国が自由に従ってよいと感じる場合に、それがもたらす世界秩序への危険性について、彼らは充分かつ直接的な自覚を持っていない。

　合衆国の全政治構造は、武力の支配に対する法の支配に依拠している。この構造は、いかに強力な団体といえども、その上に存在する法に依拠しており、したがってこの構造は、拒絶することのできない権威をこの構造に付与する法への直感的な尊重に依拠している。アメリカ市民は、彼らの自由と平等を確保する法の力を確信しているので、互いに恐れるところがない。このことはアメリカが、自由な国土だとみなされるべきだと要求する際の伝統的基礎であり続けた。アメリカ合衆国憲法が依拠する自明の真理は、ひとりアメリカ人だけでなく、人類共同体にとっての自明の真理である。これこそ、憲法起草者たちが自明の真理なるものを、いかに捉えたかを示しており、またこの将来展望はこれまで変化していない。自国では法の支配を、海外では法の支配の廃棄を、ということは文字通り矛盾である。世界の指導者であると主張をする国は決して、こうした矛盾した行動をしてはならない。

　したがってこの小冊子は合衆国人民への一つの呼びかけでもあるが、その呼びかけとは、富と力を持つだけでなく、偉大な国を生んだ国際法の高次の諸原則を堅持することを通じて、アメリカが世界で名声ある指導性を発揮するように、合衆国人民がより大きく活発な役割を果たすようもとめるものである。

謝　辞

　わたしの秘書であるスジャタ・ブラスシンハラの働きに対して、またウィーラマントリー平和教育・平和研究国際センターの献身的な研究員たちが緊急の必要に応えるため数週間という短い期間内に本書を書き上げるために払った、その助力に対して、わたしは深甚の謝意を表する。

第 I 部

国際法の枠組

第 1 章
歴史的概観

　有史以来三千年にわたって、戦争は人間の正常なあり方の一部と考えられてきた。戦争は、紛争解決の当然の一手段として、また、外交の当然の延長として広く認知されていた。たしかに、宗教指導者や哲学者たちは長年にわたって世界の平和と正義を夢み、著述をものしてきたが、理想主義者の描く世界と現実政治の世界には大きな溝があった。そうした理想主義者の考え方は、現実世界の現状を反映しないものとして退けられていた。

　主要な宗教[1]が戦争を非難したにしても、宗教上の異議申立てはどこかないがしろにされた。宗教指導者たち自身、戦争の不可避性に身を委ね、自らの役目は、そうした不可避的な戦争という枠の中で為し得る善行を行うという限定的なものであると認識しているように見えた。彼らは、自らの役目を軍隊のために神の加護を祈ることと傷病者の宗教的求めを満たすことに限定したのである。実際、歴史上の多くの主要な戦闘においては、戦線の両側で、まさに激突しようとしている軍隊に対してその前に宗教上の祝福を与えることが行われたのである。

　哲学の分野でも同様に、理想主義者の世界と現実主義者の世界とはかけ離れたものであった。実際、クラウゼヴィッツ[2]のような哲学者たちがいた。クラウゼヴィッツはドイツの戦争哲学者であるが、彼は戦争は外交の自然な延長であると説き、精巧な論理で戦争を哲学的かつ現実的に正当化した。人が受ける苦しみは度外視して、支配者の利益というものがすべての国家行動の基準にな

1　Robert Ginsberg (ed.), *The Critique of War: Contemporary Philosophical Explorations*, Henry Regnery Company, 1969, p.166.
2　See further Michael B. Foster, *Masters of Political Thought — Vol I Plato — Machiavelli*, Harp Students Edition, 1976.

ったのである¹。西洋のマキアヴェリ²③や、東洋では彼に数世紀も先立ってカウティリヤ³④のような哲学者たちが、同じ考え方を示している。より高尚な哲学に対する口先の称賛はあったものの、権力の回廊でもてはやされるのは彼等だった。そうして戦争はすべての国やすべての首都において、すべての為政者たちによって、必要悪であるとみなされたのである。そして、一般大衆は戦争の最も哀れな犠牲者であるにもかかわらず、大衆もそのように考えるようになっていった。

　たしかに、文民と捕虜の保護、傷病者と難船者の保護、ダムダム弾や窒息性ガスのように不必要な苦痛を与える兵器の使用の制限、文民を目標とした攻撃の禁止、正当な軍事目標の確定そして均衡性原則の確保によって、戦争の残酷さを和らげるための試みがなされた。しかし、紛争解決の手段から戦争を排除するという試みは現実からあまりにもかけ離れたものであり、達成するにはあまりにも理想主義的な目標であった。ヒンズー教やキリスト教、イスラム教、その他の宗教の教義から生じた多くの法制度は、精巧な人道的規則を作り出すことによって戦争の厳しさを緩和することを試みた。ハーグ諸条約やジュネーヴ諸条約のような多くの条約が、これらの問題すべてについていくぶん詳細に規定した。これらの人道的諸条約はまた、戦争犠牲者の苦痛を除去する実践的行動によって補完されていた。その主要な例が、1859年のソルフェリーノの戦い⑤の悲惨さを目撃したアンリ・デュナン⑥によって始められた赤十字運動である⁴。

　しかし、国際法はまだ、戦争における行為を規律し（jus in bello）⑦かつ戦争を正当化する（jus ad bellum）⑧ことに甘んじているのみであって、戦争を完全に禁止することを希求せず、人間の営みの一つの事象として考えていた。

　1815年のナポレオン戦争が終結すると、それがもたらした大虐殺と被害の記憶は、世界中で、戦争の廃絶と紛争の平和的解決を主たる目的とした平和団体の出現を促す要因となった。それまでにもさまざまな国々に色々な平和運動が

3　See further U.N. Goshal, *A History of Indian Political Ideas: The Ancient Period and the Period of Transition to the Middle ages,* London: Oxford University Press 1959.

4　Henry Dunant, *A Memory of Solferino,* International Committee of the Red Cross, 1986.〔邦訳として、アンリー・デュナン著（木内利三郎訳）『ソルフェリーノの思い出』日赤出版普及会、1969年〕

あったが、それは理想主義者たちや夢想家たちの孤立したイニシアティヴであった。これらの戦争のもたらした殺戮、徴兵そして社会変動こそが、国際的組織における協力した試みを促したのである。

19世紀の終わりまでに、こうした団体は世界中に400ほど誕生した。彼等は、クエーカー教徒⑨のようなグループの宗教的信念と、ヴィクトル・ユゴー⑩やトルストイ⑪のような文筆家の理想、アメリカ平和運動のパイオニアであるウィリアム・ラッドのような平和運動家のもつ推進力、ジェレミー・ベンサム⑫のような社会改革者の鋭い分析、そしてこれらの問題に関わった優れた社会学者やヒューマニスト、経済学者の業績を結び付けた。しかし、彼等の技量や影響力の蓄積にもかかわらず、彼等と政治権力の世界とを結ぶ有効な架け橋は存在しなかった。1899年にロシア皇帝ニコライ２世⑬がハーグ平和会議として知られる大規模な平和会議を召集して突然二つの世界の間に掛け橋が掛けられるまでは、彼等は別々の世界で活動していたようにみえる。この会議の目的は紛争の平和的解決であり、戦争の廃絶に結びつく希望もあった。

新世紀の夜明けは、世界を平和の世紀と人類史の新しい時代の夜明けに導くには絶好の機会であると思われた。ロシア皇帝のイニシアティブは、当時の評価では、無条件な熱狂をもって歓迎され、理想主義の世界と権力の世界の間に予期せずに敷かれた信じられないような意思疎通経路であると考えられた[5]。平和運動家、ヒューマニストそして哲学者たちは、これは彼らがずっと待ち望んでいた画期的な進歩であると考えた。この平和会議は、紛争の平和的解決に向けた前進であったが、世界中の賢者たちがこのようにすばらしく一同に会したにもかかわらず、また、啓蒙的思想と平和運動からの圧力があったにもかかわらず、国家の自律性へのこだわり、特に大国のこだわりによって、戦争違法化⑭という目標の達成は妨げられてしまった。

世界はそのために多大な犠牲を払い、平和と希望の世紀となるべきであった世紀は、人類史上最も血塗られた世紀となってしまったのだ。ハーグ会議での偉大な前進にもかかわらず、世界の国々が戦争の廃絶に向けて一見超えがたい

---

[5] On the Peace Conference of 1899, see Arthur Eyffinger, *The 1899 Hague Peace Conference ; The Parliament of Man, the Federation of the World,* The Hague: KluwerLaw International, 2000.

ハードルを乗り越えることができるようになるには、なおも二つの世界大戦という空前の大虐殺を世界が体験することを必要としていた。これらの大戦は、現代戦の規模、激烈さ、そして残酷さを見せつけることによって、文明が生き残ろうとするなら、戦争は法的に許される国家行為の領域から永遠に排除されねばならないということを、いやおうなく国際社会に気づかせた。

　国家が自衛行動を行う場合という、きわめて注意深く規定された例外があるものの、人類の歴史上初めて戦争は違法であることが宣言された。それは、国際社会のすべての構成員の厳粛なる文書、つまり国際連合憲章[15]〔以下、国連憲章と略す〕によりもたらされた。この憲章は、国際法システムの基本文書である。この憲章は国際社会のすべての構成員による条約上のコミットメント（約束）である。フーゴ・グロチウス[16]が1625年に著した『戦争と平和の法』という著作によって国際法の近代的発展が触発されて以来、すべての国々により疑いもなく受け入れられている国際法の原初的原則が、条約は守られなければならない、つまり「合意は拘束する」（pacta sunt servanda）であることは、ほとんど強調する必要もない。この原則は、世界の最も基本的な条約ともいえる国連憲章、とりわけ、この基本的な条約に導入された重要な義務の一つに適用されるのである。

　かつてまったく存在していなかった戦争の違法性という基本原則は、このように3000年に亘る闘争、試練そして犠牲の後に、ようやく確立された。もしこれを汚し、破壊してしまったなら、再び世界大戦という犠牲を払いでもしなければ、再び達成できないような成果である。この原則は、アメリカとイギリスが自己の責任で戦争をすることによって、また国連憲章に挑戦する行動をとることによって、今まさに危機に瀕している。

　まさに建造に幾世紀もかかった偉大な神殿が、ある時、一つの行動で破壊されるのと同じように、その確立に幾世代にも亘る時間をかけ、多大の犠牲をはらって形成されたこの傑出した原則も破壊される可能性がある。世界の国々が戦争違法化の原則の保護に結集しない限り、我々は今、そうした危険を目の当たりにしていることになる。この原則はすでに深く損傷されており、世界中の啓発された世論によって支援されて、再建のための行動がとられなければ、次の一撃で粉砕されてしまうだろう。この原則があやういとすれば、我々は世界

史における危機的瞬間にいることになる。

　第１次世界大戦の後、ヴェルサイユに集った諸国が常設国際司法裁判所⑰を設立するために努力していたとき、ベルギーの代表は世界の小国を代表して、新らしい世界秩序を求めた心を打つアピールを行った。彼は、彼等がつくろうとしているより良き世界は、そのために幾百万もの若者がその生命を犠牲にしたものであり、その目的に必要な原則と実行を生み出す義務がそこに集う代表たちにあるということを、聴衆に気づかせたのだった。それが達成されなければ、それら幾百万もの死は無駄になるという訴えだった。それにもかかわらず、紛争解決の手段としての戦争を違法化するには、再度の世界大戦が必要とされたのだった。

　制度についても同じことがいえる。第１次世界大戦という痛ましい経験の後でさえ、国際連盟は、すべての国々が対等な立場で集い、国家として世界の諸問題を討議することのできる世界議会という地位を確立し得なかった。先見の明のあるアメリカ大統領ウッドロー・ウィルソン⑱の想像力の所産である国際連盟は、第１次世界大戦の後に確かに設立されたが、世界会議は形成されず、その実現には更なる世界大戦と、新たに数百万もの生命を犠牲にすることが必要とされた。第２次世界大戦の末期に採択された国連憲章は、3000年の努力と犠牲を経て世界の歴史上初めて代表制の世界会議⑲を作り出した。この制度もまた危機にさらされているのである。

　従って、こうしたことは、世界市民としての我々に、何が現在進行中であるかを考え、巨大な悲劇となりうる事態を避けるために各自がささやかなやり方でできることをする、このことを義務づけている要素なのである。

　また他にも、3000年の世界の歴史上初めて現出している要素が他にもある。それは一つの国が、誰からも世界の卓越したリーダーだとみなされるという、未だかつてなかったことである。エジプト人もペルシャ人もギリシャ人もローマ人も、ポルトガル人もスペイン人もオランダ人も、ドイツ人も、イギリス人もフランス人も、インド人あるいは中国人もしくは日本人、その他どんな国の人々も、そのような承認を世界から受けたことはない。歴史上いかなる国も、世界の超大国として突然出現したことも全世界から認められた地位を獲得したことも、このことが人類史上初めて起きた以上、その国には、すべての諸国民

の夢である平和と正義と繁栄へと世界を導くすさまじく重い責任が課されている。その基盤は国際法の尊重であり、いかなる理由であれ大国が一方的に武力に訴えることができる可能性を国際社会から取り除くことにある。超大国が自らがそうした権利を持つと主張するならば、他の全ての国も同一の行動を取ってよいこととなり、力が支配するジャングルの掟の世界に国際的規模で後退することになる。各国がそれぞれ自らの大義の正当性を自らが決める権利をもつと主張するだろうし、全ての国が自分は何らかのより高尚な原則の実現のために行動していると主張するだろう。国際法はもはや存在しなくなり、我々は野放しの現実政治の時代へと後戻りすることとなってしまうのである。

また、アメリカに特に関係するもう一つの哲学的視点にも注意しておかなければならない。これは、大きな影響力を持った17世紀の政治哲学者、トマス・ホッブズ[20]とジョン・ロック[21]の対立であり、当時の思想家達を大いに惹きつけた論争である。ホッブズとロックは、国家に対する個人の地位およびより高次の法に対する国家の地位について真っ向から対立する見解を表明していた。ホッブズは、国家は最高の存在であり、自らの法であると述べた。国家は臣民が完全かつ無条件に服従する怪獣レヴァイアサンである。ロックは、ホッブズのこうした絶対主義の理論に反対する考え方を主張した。国家絶対主義に対して、彼は、個人の不可譲の権利の理論をもって反論した。国家は自らの法であるとの理論に対して、彼は、すべての国家がより高次の法に服するものだと主張した。

この二つの考え方の対立は、きわめて基本的なものであったから、「彼等の対立する政治理念―権利と自由―の闘争は、それ以後、政治史理論の中心的なテーマとなった」のである[6]。

アメリカ共和国の建国の父たちは熟慮した上で、ホッブズの哲学に対立するロックの哲学を選択したから、アメリカという国家はロックの原則[22]をもとに建設された。このような国であるアメリカが、その建国から約3世紀を経たところで、国際社会の構成員に対する統治がホッブズの原則に服しているかのような行動をとり、一方で、自らの国民に対する統治はロック理論の原則に厳格

---

6 W. Friedman, *Legal Theory*, UK London: Stevens and Son Limited, 1947, p.40.

第1章　歴史的概観　17

に基づいてなされるべきだというなら、それは大いなる矛盾である。それでは、ロックの主張した原則とは逆に、人生が「悪意に満ちて残忍で短かい」ことが人間の自然状態だと見るホッブズが考えた、ジャングルの掟の中に国際社会を解き放してしまう。ロックは、そのようなシナリオを完全に拒否し、より高次の法に従うことをすべての国に課したのである。要するに、現在の敵対行動は、アメリカ人が世界に対して次のような声明を発していることに等しい。つまり、自分たちにはロック流の自由を志向する哲学を求めるが、世界中の他の人々には、法の支配とは反対の、残忍な力とジャングルの掟の支配という力を志向するホッブズ流の哲学に喜んで委ねるという声明である。

　これをベンジャミン・フランクリン㉓が1785年に述べたような、アメリカ共和国の素朴な哲学と対比してみよう。彼は「正義は、近隣の市民の間で厳格に保たれなければならないのと同様に、近隣国家間でも厳格に守られるべきものである」と考えた。さらに、追い剝ぎは単独でやろうが集団（ギャング）でやろうが同じように犯罪であるという例を挙げ、「不正義な戦争を行う国は立派なギャングと同じだ」と述べた[7]。2世紀を経る間に国際的な視野がいかに狭くなったかが分かる。

　世界の人民には、世界の超大国が多くの苦労と闘争を経て確立されてきた基準を傷つけたり破壊したりせずに、むしろこの点に関して世界に模範を示すことを期待する権利がある。本書で以下に示されてゆくように、アメリカの行動はこの義務を公然と無視するものである。だが、もしアメリカが、その物理的な力に当然伴う道徳的権威を振るうことになれば、アメリカはすでになされた進歩を途絶えさせる奈落へではなく、国際規模の法の支配の一般的な尊重への高みへと世界を導いていくといえるだろう。

第1章　訳注
① 本書では、世界の主要な宗教として、ヒンズー教、仏教、キリスト教、イスラム教、ユダヤ教をとりあげ、そのいずれにおいても平和が中心的なテーマであることを示している。第13章参照。
② Karl von Clausewitz 1780-1831　プロイセンの将軍・軍事思想家。未完の著書『戦争論』によって世界中の軍事関係者に影響を与えた。この著書は現代まで読み継がれており、名著とされる。

---

[7] See Jeanne Larson and Madge Micheels-Cyrus, *Seeds of Peace: A Catalogue of Quotations*, New Society Publishers, 1986, p.3.

戦争論については、さらに第14章訳注⑥参照。

③ Niccolo Bernardo Machiavelli 1469-1527　ルネッサンス期イタリアの政治思想家・歴史家。当時のイタリアの政治的混乱・腐敗を改善するため、プラグマティックな理論をその主著『君主論』で展開した。政治を神学から解放し、近代政治学の先駆者としての地位を確立した。

④ Kautiliya　前4-3世紀　マウリヤ朝インドの創始者チャンドラグプタの宰相。一種の功利主義的政治・外交論の立場に立った『アルタシャーストラ（実利論）』を執筆し、帝王学的理論を提唱した。

⑤ 1859年6月24日未明、北イタリアのソルフェリーノにおいて、フランス軍とサルジニア軍の連合軍とオーストリア軍との間で戦われた戦闘。ソルフェリーノはイタリア統一戦争における戦略上の要衝であった。激戦の結果、オーストリア軍が撤退して連合軍の勝利となった。翌25日、デュナンはソルフェリーノの近くのカスティリオーネという小さな村に着いて、負傷者の手当てを行った。この戦いでの負傷者は、オーストリア軍2万3千人、フランス軍1万2千人、サルジニア軍5千5百人といわれる。

⑥ Jean Henri Dunant 1828-1910　スイスの銀行家、赤十字の創始者。1859年のソルフェリーノの戦いに際し、負傷者の惨状を目撃しその救助に従事する。その後『ソルフェリーノの思い出』を執筆し、敵味方の分け隔てなく負傷者を救済するための赤十字の設立を提唱した。1901年に最初のノーベル平和賞を受賞している。

⑦ ラテン語で「戦争における法」を意味する jus in bello は、戦争における敵対行為を規律する規則を定める法体系の呼称であり、交戦法規とも訳される。19世紀後半から法典化が進み、戦闘の手段・方法を規制するハーグ法と戦争犠牲者の保護を規定するジュネーヴ法とに分かれる。前者は、1899年と1907年のハーグ平和会議において成立した諸条約を中心とし、代表的な条約に1907年の「陸戦ノ法規慣例ニ関スル条約」がある。後者は1864年以来ジュネーヴで採択されてきた赤十字諸条約からなり、代表的な条約としては、1949年の四つのジュネーヴ諸条約とこれを補完する1977年の二つの追加議定書がある。

⑧ ラテン語で「戦争に対する権利（法）」を意味する jus ad bellum は、戦争に訴えること自体を規律する法体系の呼称である。19世紀においては、正戦と不正戦とは区別し得ないとする「無差別戦争観」が支配しており、戦争に訴えること自体は違法とされていなかった。戦争の違法化が進展するのは20世紀に入ってからのことである。

⑨ Quaker　イギリスのジョージ・フォックスが創始したキリスト教の一派で、正式名称はフレンド派（Society of Friends）という。クエーカー教徒は「内的光明」の説を旨とし、心にキリストを受け入れてこれと神秘的に結合することを重んじて、その教会には洗礼も聖餐もない。戦争に絶対に反対して兵役を拒否し、奴隷解放や男女同権、世界平和などの面で活発な活動を行っている。See F. H. Hinsley, *Power and the Pursuit of Peace - Theory and Practice in the History of Relations Between States,* Cambridge: Cambridge University Press 1980 and Howard P. Kainz (ed.), *Philosophical Perspective on Peace - An Anthology of Classical and Modern Sources,* Ohio Univeristy Press, 1987.

⑩ Hugo, Victor Marie 1802～1885　フランスの詩人・小説家・劇作家。当初ロマン主義的傾向の作風がみられたが、後に自由主義的・共和主義的作風へ変遷してゆく。ルイ・ナポレオンのクーデターに反対し国外追放。19年間の亡命生活を経て1871年に帰国。代議士・上院議員となり国民的文学者として尊敬され、死後は国葬された。See Hinsley, *op. cit.,* p.104.

⑪ Lev Nikolyevich Tolstoy 1828-1901　ロシアの作家、思想家。代表作に、『戦争と平和』、『アンナ・カレーニナ』、『復活』がある。悪に対する無抵抗主義、善と愛による世界の救済、人格の自己完成による人間の救済を信条とする新宗教観（トルストイ主義）を説き、国内外に多数の信奉者を

第 1 章　歴史的概観

⑫　Jeremy Bentham 1748-1832　イギリスの哲学者・法学者。人間は本性的に快楽を追求し、苦痛を避ける功利的存在であるとする功利主義を説いた。道徳や立法は快楽計算に基づいて決定され、最大多数の最大幸福が社会の目標となる。こうした功利主義の原理によって現実社会の民主主義的改革に理論的基礎付けを与えた。See *Plans for an Universal and Perpetual Peace with an Introduction by C. John Colombus;* Grotius Society Publication; Robert Ginsberg, *op. cit.*, p. 4; and Hinsley, *op. cit.*, pp. 4, 81-87, 92-95, 116.

⑬　the Czar of Russia, Nicholas the Second　ハーグ平和会議とは、1899年と1907年にオランダのハーグで開かれた2回の国際会議を指す。第1回会議は、ロシア皇帝ニコライ2世の呼びかけで始まるが、その背景には、19世紀後半以降、軍事費が急増し、国家財政への負担となっていることへの懸念があった。この会議の結果、「国際紛争平和的処理条約」、「陸戦ノ法規慣例ニ関スル条約」などが採択され、戦争法規の法典化が促進された。

⑭　国際法上、戦争が違法化されたのは20世紀に入ってからのことである。1907年のハーグ平和会議で成立した「契約上ノ債務回収ノ為ニスル兵力使用ノ制限ニ関スル条約」で契約上の債務回収のためにする武力行使を禁止した。1919年の国際連盟規約では一般的な範囲で戦争を制限したが、戦争のモラトリアムを規定したにとどまっていた。1928年の不戦条約では戦争の禁止が約定されたが、自衛戦争については留保が付された。1945年の国際連合憲章では、武力の行使のみならず武力による威嚇も禁止され、今日ではこの内容は国際慣習法化しているとされる（1986年ニカラグア事件ICJ判決）。

⑮　第1章訳注⑭参照。

⑯　Hugo Grotius 1583-1645　オランダの法律学者。「国際法の父」とも呼ばれる。オランダのデルフト生まれ。若くして学者・弁護士・政治家として活躍するが、1618年に政争に巻き込まれて逮捕され、ローフェスタイン城に幽閉された。その後幽閉状態から辛うじて脱出し、パリに亡命。10年間のパリ滞在中に主著『戦争と平和の法』を完成させた。この著書は、国際法の体系化に初めて成功し、また、正当戦争の理論を用いて、戦争の禁止・制限を説いたものであり、国際法学史上最も重要な著作であると評される。国際法に関する他の著述として『捕獲法論』、『自由海論』、『自由海論第5章の弁明』がある。

⑰　Permanent Court of International Justice（PCIJ）　第1次大戦後に創設された常設的司法機関である。PCIJの任務・権限は、国際的性質を有するいっさいの紛争で、裁判所の当事国の付託にかかるものを裁判すること及び連盟の理事会又は総会が諮問するいっさいの紛争又は問題に関して意見を提出することであった。1921年の設立以降、第2次大戦によって活動停止に追い込まれるまでに23の判決と27の勧告的意見を出している。皆川洸「常設国際司法裁判所」国際法学会編『国際関係法辞典』所収、有斐閣、1995年参照。

⑱　Woodrow Wilson 1856-1924　アメリカ第28代大統領。民主党の大統領候補から大統領となる。ニュー・フリーダムを掲げ多くの革新的政策を行う。第1次大戦では当初、中立を維持したが、ドイツの無制限潜水艦作戦がアメリカに被害を及ぼすに至り、参戦。1918年には平和のための14箇条を提唱、国際連盟設立のために尽力したが、上院の反対に遭い、自国の参加に失敗した。

⑲　国連総会をさす。国連の六つの主要機関の一つであり、すべての国連加盟国からなる。現在では国際社会のほとんどの国が加盟しており（191ヶ国）、原著者の述べるように、世界議会といいうるかもしれない。表決においては、各加盟国は1個の投票権をもち、憲章が列挙する重要問題の決定については、出席しかつ投票する加盟国の3分の2の多数によって、その他の問題の決定については、出席しかつ投票する加盟国の過半数によって行われる（国連憲章18条）。総会の決議の効力は、内部運営と予算に関わるものは法的拘束力を有するが、その他は原則として勧告的効力にとどまる。

⑳　Thomas Hobbes 1588-1679　イギリスの哲学者・政治学者。主著『リヴァイアサン』に代表される彼の政治哲学は、個人の平等な生存権から出発しつつも、人間の自然状態はこの生存権をめぐる「万人の万人に対する闘い」であり、これを克服するためには「契約による絶対主権」を備えた国家が必要であると説いた。

㉑　John Locke 1632-1704　イギリスの哲学者・政治哲学者。彼の政治思想は、専制政治や家父長主義に反対し、近代の個人的自由を基本的人権として擁護し、その立場から国家論を説き、立憲政治の理論を提唱した。

㉒　1776年7月4日のアメリカ独立宣言では、独立の理論的基礎として天賦人権の理論が説かれており、その要点は、第1に自然法と神の法、第2に社会契約説、第3にその結論としての国民主権説、君主放伐・抵抗権・革命権の肯定、である。ここに、清教徒の政治思想とロックの社会契約説が独立宣言の理論的基礎をなしていることが読みとれる。

㉓　Benjamin Franklin 1706-1790　米国の政治家・科学者。大陸会議の代表、独立宣言起草委員を経て1776年植民地代表として渡仏。フランスから借款及び軍事援助を獲得。独立後ペンシルバニア州知事、憲法制定会議委員を歴任。

第 2 章
国連憲章

　国際連合憲章は現行の国際法の基本文書である。すべての条項は、諸国家の共同体である国連のすべての加盟国を拘束する基本的な条約上の義務を具体化しており、それは憲章の文言のみならずその精神にも従うことを要求している。国際社会は、諸国が、憲章の文言に従うことは勿論のこと、努力して更なる一歩を踏み出し、その精神も遵守することを期待していたのである。残念ながら、本書の分析で以下に示されるように、米英が取った行動は、憲章の文言に真っ向から違反するだけでなく、その根本精神を公然と無視したものである。

　憲章の前文は、憲章の射程を述べるとともに、各条文規定の理解のしかたを我々に示している。前文は次のようにして始まる。「われら連合国の人民は、われらの一生のうちに二度まで言語に絶する悲哀を人類に与えた戦争の惨害から将来の世代を救うことを決意した」。これは、憲章全体の枠組みと精神を規定するキーワードである。いかなる憲章条文の解釈といえども、国連の目的と高く掲げられたこの原則のもつ導きの光に従わなければならないし、国連憲章の真の精神に反する文言至上主義（リテラリズム）や法律至上主義（リーガリズム）に陥ってはならない。

　憲章前文は、第2段で、基本的人権と、本書にとって重要なことであるが、<u>大小にかかわらずすべての国の同権</u>とに関する信念をあらためて確認している。国連でイラク問題が取り扱われた経緯は、これから検討するように、こうした原則の否定に相当するものである。

　侵害されたその他の根本原則は、前文の第3段に規定されている。すなわち、条約その他の国際法の法源から生ずる義務の尊重である。現代国際法における主要な条約といえば国連憲章であるが、これはすべての国々にその文言と条項に従うという厳粛な義務を課すものである。この義務は条約の尊厳の原則から生じているもので、1625年に近代国際法の父となったグロチウスの時代から、

この原則は国際法の基本原則と考えられてきた。もし国連憲章が侵害され、しかもそれが横暴なやり方で、その上、世界最強の国によってなされたものであるならば、国際法が蒙る損害は計り知れないものがある。

では、国連の目的と原則とは何か？最初にそれについて規定している1条1項を読んでみることとしよう。

「国際の平和及び安全を維持すること。そのために、平和に対する脅威の防止及び除去と侵略行為その他の平和の破壊の鎮圧とのため有効な集団的措置をとること並びに国際的の紛争の調整又は解決を平和的手段によって且つ<u>正義及び国際法の原則に従って</u>実現すること」。〔下線は原著者による〕

前文が規定する、まさに第1の目的は国際の平和と安全の維持であり、これは平和に対する脅威を防止し、除去するための<u>集団的措置</u>によって有効になされるものなのである。我々がさっそくここで注意を促されていることは、<u>個別的行為</u>が除外されていることであり、平和に対する脅威に対抗するには<u>集団的措置</u>によるということである。

我々はまた、とられる行為がいかなるものであってもそれが正義と国際法の原則に従わなければならないということに注目させられる。一方的行為が禁止されているように、国際法の原則に違反する行為も禁止されているのである。現在の行動によってこのように多くの原則が侵害されていることは後述する。

この問題に深く関わる他の条項で論じておくべきものには、自衛権に関する条項（51条）と、紛争の平和的解決の手続に関する条項（33条）がある。これらについては後により詳細に検討することとする。

国連憲章は、第2次世界大戦後のサンフランシスコで行われた集中的な審議の結果生まれたものである。憲章は、第1次世界大戦後の国際連盟を創設した文書①の欠陥をいくぶん是正することを探求したものであり、第2次世界大戦につながった国際連盟の失敗を考慮したものであった。国連憲章は、こうして時代遅れで野蛮なこの紛争解決手段の残酷さに疲弊した世界に対して、戦争を禁じる保証として立案された。こうした決意の精神は憲章全体に息づいている。こうした憲章の中心的目的を考慮せずに憲章を読むことは、その精神を否定す

る行為である。

　多くの市民、そして行政官や立法者でさえも、国連憲章の諸規定はアメリカの現行の法体系にとっては関係ないものであるとして退けがちであるようなので、米合衆国憲法6条②は、国の最高法規のなかに国際条約を含めていることを指摘しなければならない。国連憲章はすべての条約のうちで最も厳粛で重要なものであり、それ故にアメリカの最高法規の一部であり、アメリカのすべての官吏、軍人、議員そして大統領自身を拘束するのである。そう言っているのは平和運動家たちではない。アメリカ合衆国憲法こそがこの原則を定めているのである。

　元米合衆国司法長官であったラムゼー・クラーク③は、1991年の湾岸戦争に関する著作の中で以下のように鋭く指摘している。「200年以上にわたってアメリカ国民は国内の安定を確保するのに不可欠なものは法の支配であることを前提として行動してきた。……国内の法と秩序に関する議論は、友人や家族、ちょっとした知り合いとの日常会話や電子メディアや印刷メディアに溢れている。そうしたところで、なんらかの世界法の概念が言及されることは希であり、言及される場合には、たいがいは、それは夢想家の領域であるのだと軽蔑されている。しかしながら、この態度は、米国法の構造に国際法が織り込まれているという反論の余地のない事実を単に無視しているだけのことである」[1]。

　国内の安定が国内的な法の支配に依存しているのと同様に、国際の平安は国際的規模での法の支配に依存していること、そして国際平和は、他の国民と同じように米国民も望むものであるから、その目標に至る道は、国際的規模での法の支配に対する尊重であって、その無視ではないことは自明のことである。しかも、その道は米合衆国憲法それ自体が義務と定めているものなのである。

1　Ramsey Clark, *The Fire This Time, U.S. War Crimes in the Gulf*, New York, Thunders Mouth Press, 1992, pp.164-165.

第2章　訳注
① 国際連盟規約のこと。
② アメリカ合衆国憲法6条2項は以下のように規定する。「この憲法、および、この憲法に従って制定される合衆国の諸法律、さらに、合衆国の権限のもとですでに締結された、あるいは将来締結される条約は、すべて、国の最高法規とする。あらゆる州の裁判官は、各州の憲法または法律に反対の規定がある場合でも、国の最高法規によって拘束される。」米国憲法の条文についての解説は、飛田茂雄『アメリカ合衆国憲法を英文で読む』中公新書、1998年に詳しい。
③ Ramsey Clark 1927-　彼の著書の訳書には、以下のものがある。ラムゼー・クラーク著（中平信也訳）『ラムゼー・クラークの湾岸戦争：いま戦争はこうして作られる』東京：地湧社, 1994年8月刊。なお、クラーク氏に関しては他に、ラムゼイ・クラーク著（日本国際法律家協会訳）『被告ジョージ・ブッシュ有罪－国際犯罪法廷への告発状－』（柏書房、1991年）もある。

第 3 章
関連する法的規則の適用における人道的背景

　ある国に対して、いかなる理由であれ、大規模な人的被害を及ぼすことを許すことは、国連と国連憲章の目的と原則に完全に反することとなろう。そうなれば、どれほど法的に正当化され、道義的に正統化された行為であっても、そうした行動の合法性は汚され、正統性は疑われるものとなるだろう。したがって、合法性に関するどんな議論も、戦争の人道的側面という文脈に関連づけてなされなければなるまい。

　2003年2月13日、国際反核法律家協会（IALANA）[①]は、イラクに対して計画されている攻撃は違法であるとした、世界中の数百人の国際的な法律家が署名したアピールを国連事務総長に提出した。同日、記者会見が開かれ、そこではIALANAとは別に核戦争防止国際医師の会（IPPNW）[②]が、湾岸戦争の経験から、敵対行為が起これば数万人の死者と、その後長期間にわたって死んでゆく傷病者が数万人でる可能性があると予測した。これは、この戦争が他の周辺諸国に波及するなら極めて控えめな推定だと判るはずである[1]。

　国連経済社会理事会に参加が認められている非党派的な組織である「経済的・社会的権利に関するニューヨーク・センター」（CESR）[③]は、イラクで現地調査を行った結果について報告している[2]。彼らは、アメリカの軍事介入がイラクの保健・食糧配給システム崩壊の引き金になると警告した。それは例外的ともいえる規模と深刻さの人道的緊急事態へと至るだろう。そうなれば、適当な支援を行う国連の救援関係諸機関全体の能力をはるかに上回る事態となってしまうだろう。その後、まさにそのような状況が発生している。

　CESRは、イラクの人口の半分は子どもであり、そのうち、5歳未満の子

1　See＜http://www.ippnw.org/IraqProtest2002.html＞.
2　See＜http://cesr.org/taxonomy/page/and/33,20＞.

供の30%が栄養失調による死の危険に直面すると指摘した。電気、水道、衛生といった市民の生活支援システムが破壊される可能性があり、今ある保健サービスも危機に晒されるだろう。関連して発生する大規模な医療救援活動の計画はなかった。一日当たり300発の巡航ミサイルが2週間打ち込まれれば、バグダッド市の大部分は潰され、多数の市民が殺されるだろう。軍事攻撃によって保健衛生システムは破壊され、それが原因で伝染病が蔓延するだろう。これもその後実際に発生したことである。

　同様に、攻撃に起因する人道的事態の予測に関して、国連自身による研究も行われている。2002年12月10日付の国連の内部文書が、2003年4月にインターネット上で取り上げられたが、これが国連の人道関係諸機関による研究に基づく、イラク戦争の人道的影響のシナリオを提供することとなった[3]。その報告書では、全国的流行とはならないとしても、伝染病災害が極めて起こりやすく、戦争による荒廃の中でイラクの住民がコレラ、赤痢、はしか、髄膜炎などの病気や、健康上の危険の増大に直面することが予測されていた。そのうえ、必要な薬剤の欠乏が予測された。いくつかのものは既に供給不足に陥っていたのである。飲料水の不足、空気汚染、そして冷蔵施設の不足が、医薬品の需要を高め供給を低下させるであろう。イラクの中南部だけでも700万人以上にのぼる5歳未満の子ども、妊婦、そして国内的避難民といった人々や集団が、特に弱い立場の人々であろう。栄養失調の子どもは重度と中程度をあわせて203万人になり、妊婦と授乳中の母親は100万人もいるだろう。孤児、重度身体障害者、高齢者、入院患者、そして囚人といった収容施設にいる人々は、危機的状況におかれるだろう。損害は、発電、送電、配電のネットワークについても同様であり、浄水施設や衛生施設は機能が低下するので、500万人の人々が衛生設備を奪われることになるだろう。また、「地雷原という恐ろしい危険」が出現するだろう。特に国境地帯のそれは国内的避難民と難民に影響を与えかねない。戦費との対比で見れば、この報告書では、〔イラク戦争での〕1千億ドルという支出計画は、世界の最貧困層のほぼ4年間の保健衛生の需要に応えるだけの

3　*Daily News,* Friday April 11, 2003.
　　＜www.casi.org.uk/info/undocs/war021210.html＞
　　＜www.casi.org.uk/pr/pr030107undoc.html＞

資金に相当すると計算している[4]。これらすべての理由から、この戦争は、その結果として湾岸戦争やアフガニスタン攻撃よりも一層破壊規模の大きい人道的悲劇をもたらすことが判っていたのである。

　これらのことはすべて、この行動の目的がイラク人民の解放にあるという主張と関係してくる。その解放は、サダム体制期に堪え忍んだものよりも多くの死と苦しみをイラク人民に与える可能性がある。

　現実に攻撃が実行に移された際に人々が被った被害の一部を、垣間見るとしよう。

　武力攻撃がもたらす、人道上の悲惨な結果の一例として、アリ・イスマイル・アッバスという12歳の少年のことが広く取り上げられた。彼は、ミサイルが自宅を壊滅させ、彼の家族のほとんどを殺してしまったときには、ぐっすりと眠ったままだった。彼は孤児となり、重度のやけどを負い、両腕の肘から先を失った。彼の父、母、兄弟は死んだ。母は妊娠5ヵ月であった。隣人が彼を引きずり出し、意識不明のまま病院に運び込んだ。

　この少年との対話の様子は、アラブ世界のメディアで大々的に扱われた。そのインタビューはバグダッド病院で行われ、少年はやけどを負った部分が布団に触れないように即席の金属籠を胸部に乗せて横たわっていた。「僕は大人になったら陸軍士官になりたいと思ってたけど、もう思わない。今は医者になりたい。けど、なれるかな？腕がないからなぁ」。この少年は、身体の障害を負った者や殺された数百人のうちの一例にすぎない。だが、その一つひとつが、一般市民、特に西欧の人々がほとんど見聞きすることもない、人間の悲劇のストーリーなのだ。しかしながら中東では、こうした話題は広く流布し、すべてのメディアを通じて毎日紹介されており、世界平和の見地から見れば、そうした敵対行為が終ってからも長期間怒りと苦しみが残ることは、容易に予想できる。

　アメリカ兵がバグダッドに侵攻し、空爆が激化してからの犠牲者が急増したことで、病院スタッフは圧倒された。「救急車が犠牲者を乗せて走り回り、スタッフはワゴンに付いた血を洗い流す暇もなく、患者の叫びと号泣が病棟に響

4　Ibid.〔not confirmed〕

いた」とロンドンのデイリー・ミラー紙は報じている[5]。

　病院では麻酔薬と鎮痛剤が不足し、赤十字の報道担当者によれば、彼の働いていた病院では一時間当たり100人にのぼる犠牲者が運び込まれたことで、全く対応できなかったということである。負傷者の多さに、1980～1988年のイラン・イラク戦争や1991年の湾岸戦争の犠牲者を処置した医者たちさえかりだされた。その内の一人は、「犠牲者の数と致命傷の程度は私が今まで見たなかで最悪だ」と述べた。別の医者は、過去に使われた兵器は、単に無力化するための兵器であったが、今回はより一層致死性の高い兵器が使われたと見ている。

　赤十字の職員は、彼らの車輌2台が銃撃を受けた後、4月9日水曜日にバグダッドでの救援物資の配給を一時中止にした。赤十字国際委員会（ICRC）はジュネーヴの本部から出した声明で「カナダ人の空輸作業員が、車両が攻撃を受けたか銃撃戦に遭遇した後に、行方不明になっており、重傷を負っていることが懸念される」と述べた。4月8日に赤十字は「不安定かつ危険な情勢と、無秩序がバグダッドに蔓延していることにより、ICRCは残念ながら同市での活動を一時的に中止せざるを得なくなった」と発表していた[6]。

　ロンドンのガーディアン紙によれば、「ガーディアン紙はバビロン病院における未編集のTV映像テープを発見した。そこには、小さな赤ちゃんの遺体が、人形のように葬送用の衣装に包まれて、ピンクの粗末な寝台の上に乗せられ、身元不明の死体安置所から引き出されている姿が映っていた。その赤ちゃんは、10歳くらいに見える男の子の遺体と向かい合わせに寝かせられていた」という。

　この報告は、さらに続く。「恐ろしく傷ついた死体が回収用トラックに積み上げられ、その周囲に、埋葬に同行する親族が群がっていた。傷ついた女性や子どものベッドが次々、病院の床にできた大きな血の池に沿って並べられていた」。

　ずたずたに引き裂かれた肉体、脳の吹き飛ばされた子ども、市場一帯に飛び散った身体の一部、混乱した病院内部の様子、集団埋葬を待つ死体の山――こうした光景がこの地域のいたるところで見られた。そして、もし十分予測でき

---

[5] *Daily Mirror*, April 10, 2003.
[6] *Daily Mirror*, Thursday April 10, 2003.

る結果がこのようなものならば、いかに大義があれ、慎重な侵攻であっても正統性があるのかという疑問を、中東地域全域の視聴者に起こさせる。人々の苦しみに関する苛烈な実話は、数人や数十人、数百人でもなく数千人の規模のものであり、そして、犠牲者は無実の人々であることは、そうした被害をもたらした行動の正当性に対する法的疑問を起こさせる。被害は予見可能であったし、そのシナリオ全体は、すべての国際機関の設立目的に全く反することが明らかだからである。それはまた、武力の行使に関する排他的権能を国連憲章第七章④によって授けられている国連安保理についてさえ、こうした大規模な人的悲劇を防止する保障措置や役務提供を確保せずにこのような行動に権限を与えることが正当かどうかという問題を提起する。

　文化的側面についても見ておくことも重要である。サウジアラビアに次いでイスラム教の聖地が多いのはイラクである。それらは、アリ、フサイン、フッサン、アブ・ハニファといった寺院などであり、列挙すれば長いリストになる。また、カルバラ、ナジャフ、クファといったイスラムの聖地もある。これらのすべてが危険にさらされるだろう。もちろんそれは意図的にではない。しかし、これらすべてが損害を被る可能性がある。これらの聖なる寺院に及ぶいかなる危険も、イスラム世界全体にとってきわめて敏感な問題であろう。そのうえ、イラクは世界文明の発祥地のひとつであり、その背後には7000年の文明の歴史がある。人類が文明への道程をゆっくりと努力して進んできた上古の時代の、極めて多くの遺物と記念物がある。これらのすべてが、大きな危険にさらされる可能性がある。これらの多くはバグダッドの博物館その他に保存されており、バグダッドに対する砲爆撃によって取り返しのつかない損失を蒙るだろう。これらはイラクだけのものでなく、人類という家族全体のものである歴史的文化的財産なのである。

　法と秩序に関するもう一つの問題は、現体制を打倒排除する占領軍には避けて通れない問題である。それは、次の政権の確立である。この問題は、占領軍が侵攻者と考えられることに由来する。アメリカに任命された新しい行政官がアメリカの政策を支持するスピーチを行った時にこのことを鋭く示す事件が、モスルの街で発生している。どのような理由にしても、抗議する群集が集まっていた。反対者達がサダムの個人的ボディガードであると思ったアメリカ軍は、

群集に向けて発砲し始め、10人もの人が殺され、40人以上が負傷した。この種の事件が地域全体の感情に火をつけ、及ぼした損害は計り知れない。言い換えれば、武力行使は一旦始めれば、予測できない方向に波及し始めるのであり、軍事行動を決断する場合には、そうした可能性を考慮に入れるべきなのである。

〔占領〕行政を継続する問題との関連で、重要な法と秩序の問題がもう一つある。侵攻軍は考慮しないことが多いが、集中的な砲爆撃の後に侵攻側が一国を占領する場合には特に重要な問題である。それなくしては秩序ある統治がほとんど不可能になるような基本的な記録の保護の問題であり、侵攻軍の主たる責任の一部を構成する問題である。出生証明、不動産権利書、婚姻証明、学校の記録、車輌登録——こうしたもののすべては法と秩序に不可欠で、これらが失われれば、市民生活は混乱する。まさにそのような事態が起こったことが、バグダッドから報告されている。4月20日、AFP通信は、破壊された政府の建物の廃墟にこのような文書の山があったという、悪夢のような出来ごとを伝えた。略奪者はそれらの書類をキャンプ用の藁のごとく扱い、アメリカ陸軍の主任法務官は自分が腰の高さまで積み上げられた書類に埋もれた部屋にいたと述べたことが報道されている。これまで蓄積された莫大な量の文書とそこに含まれる帳簿や記録が破壊され、残った文書も略奪を受け、残されたものも乱雑な状態に放置される。一斉爆撃を行う場合には、これはまったく予見可能な結果であり、侵攻側はこのことの責任を問われなければならない。土地の権利書や車輌登録がなくなれば、どんなに上手く樹立された政府も、手に負えない混乱が生じるのであり、それ自体が別の種類の大きな人道的問題を生じさせることになる。

空からの猛攻撃をうけたバグダッドやバスラのような街には複数の博物館があり、そこに世界的遺産である数多くの遺物が所蔵され、そこは古代の歴史を学ぶ上で最も重要な場所である。このことに留意することは、文化的・歴史的視点からこれらの出来事を位置付けることに役立つ。サラディン⑤がバグダッドに入った1171年、この都市には複数の図書館があり、その内の一つである「学びの館」(Great House of Learning) は、70万冊の蔵書を有していた。バスラは学術的な土地であり980年に恐らく世界最初の百科事典52巻が編纂されたところである。この普及がヨーロッパでは欧州大陸の暗黒時代に続く学問の

復活を助けたのである。これを歴史的文脈に位置付ければ、その後3世紀たった後でさえオックスフォード大学は100巻の蔵書をもつことさえできなかったのだ[7]。必然的に世界の文化遺産に損害を引き起こすバグダッドとバスラへの攻撃を計画し実行した者が、このような事実を考慮したのかどうかと疑われるところである。

これまで述べてきた事柄に加えて、7000年の歴史を遡る人類文明発祥地の一つとしてイラクはより一層古い文化的伝統を有しているのである。その時期の多数の加工物と遺物がバグダッド博物館に、世界の文化的遺産の一部として所蔵されており、おそらくそのなかには字を書く技術が初めて発明された時期や、数学が初めて始まった時代のものも含まれている。

以上述べたすべてのことが、国内法と国際法を含む法システムによって受け入れられた一般原則に照らして考慮されなければならない。それは、熟慮した上で行動したものは誰であれ、当然のそして予見可能な結果について責任があり説明責任を問われるという原則である。予見できない偶発的な結果についてはもちろん責任はないが、常識と法によれば、熟慮した行動をとった行為者は、それが個人であれ、団体であれ、国家であれ、予測され、起こりそうな結果に対して責任を負うのである。

これが法の背景として考慮されなければならない事項である。軍事行動が侵害する多くの法原則については、次章で検討しよう。

第3章 訳注
① International Association of Lawyers Against Nuclear Arms　1988年に創設された世界で最大の反核法律家団体。加盟国はアメリカ合衆国、カナダ、日本、ドイツ、オランダ、インド、ペルー、スウェーデン、ロシア、ノルウェー、イタリア、コスタリカなどで、日本を含めこれらの国が会長、副会長など役員を担当している。現会長は、本書の著者が務める。核兵器使用の合法性について、国際司法裁判所に勧告的意見を求めるという世界法廷運動では、核戦争防止国際医師の会、国際平和ビューローとともに中心的な役割を果たした。<http://www.ialana.org/>. 日本における加盟団体として、日本反核法律家協会（JALANA）がある。<http://hccweb1.bai.ne.jp/han-kaku/>.
② International Physicians for the Prevention of Nuclear War（IPPNW）　1980年ジュネーヴで創設された1985年のノーベル賞受賞団体であるNGO。核戦争の脅威に対して医療専門家としての影響力を動員し、研究・教育・唱導を通して正しい知識の普及に努め、核兵器の廃絶と軍縮を求める中立的・超党派的な地球規模の医師組織の連盟。世界法廷運動でも、IALANAと並び中心的

7　See L. W. Dunlap, *Readings in Library History*, New York: Bowker, 1972, pp.114-115.

なNGOの一つ。加盟支部は67ヶ国、会員は20万人を越える。<http://www.ippnw.org/>
③ Center for Economic and Social Rights（CESR） 1993年に設立され、人権による社会正義の促進を目的とするNGO。ニューヨークに本部を置く。<http://cesr.org/>
④ 国連の集団安全保障体制においては、安保理が、国際の平和と安全の維持に関する「主要な責任」を負うとされており（24条）、事態の認定ととるべき措置に関する安保理の「決定」は加盟国を法的に拘束する（25条）。憲章7章においては、安保理が「平和に対する脅威、平和の破壊又は侵略行為」の存在を決定し、非軍事的措置や軍事的措置をとることが規定されている。
⑤ Saladin 1138-93 アイユーブ朝第1代君主（1169-1193）。本名サラーフ-アッディーン。イラクに生まれ、ザンギー朝に仕え、エジプトのファーティマ朝の宰相を経て1171年同王朝を廃して自ら新王朝を興す。エジプト・シリア・北イラクを併せて十字軍国家に対する包囲体制を固め、1187年イェルサレム占領。第3次十字軍を撃破するも和議。その博愛や公平によって支持を得て、支配者としては文化をよく保護し、カイロの繁栄をもたらした。

第4章
国際法違反

　初歩的なものであれ、国際法の知識を以てすれば人は、イラクに対する武力の行使によって違反され台無しにされた法的原則が少なくとも10以上あることに、即座に気付くだろう。このことは、国際法に違反し、国際社会による適切な行動を必要としたかもしれないイラクの側の悪事を、いっときでも見逃すために言うのではない。この短い研究の結果が示すように、他の方法でそうした問題を扱うことが可能であった。本章で扱うテーマは、国際法を強制するために執るいかなる行動といえども、それが国際法に適合するかたちでなされなければならないということである。法を強制するにあたり、強制すべきまさにその法のシステムに多くの点で違反する方法で、それを行うということは、馬鹿げている。

　第1の原則は、すでに言及した原則、すなわち戦争の違法化と、武力行使を国連の監督下の行動に限定することである。

　国連憲章第7章は、第2次世界大戦の混沌の中から現れた新たな世界秩序においてその枠組みの中でのみ、武力が行使できるという、強固な枠組みである。そこでは、安全保障理事会に対して、平和に対する脅威、平和の破壊または侵略行為の存在を決定するための排他的権限が付与されているのである。そうした決定がなされた後は、安全保障理事会のみが、国際の平和と安全を回復させるためにとるべき行動について、要請や決定を行うことができる。

　憲章42条と51条だけが、現実の軍隊の使用について言及した規定である。憲章51条によって規定されるように、国連加盟国に対する武力攻撃が実際に起きたという非常に限られた例外的ケースを除き、どんな国連加盟国でも一方的に武力に訴えてもよいなどということは憲章のどこにも書かれていない。そのような一方的な行動はまた、平和と安全の維持のために必要な措置を安保理がと

るまでの間だけに、極めて厳格に限定されているのである。

　従って、その構造、その明示的な規定そしてその基盤である意図によって国連憲章が、一方的武力行使を完全に違法化していると言えよう。すでに見たように、それは文明の進歩の過程のなかで苦労して勝ち取ったものであり、それを維持することはすべての加盟国が守るべき絶対的義務なのである。この原則を、どのような形ででも否定することは、人間の進歩を後退させることであり、特に国際社会における特別の影響力や権威を有する大国がこの原則を否定する行為をおこなうことがあればなおさらそうなる。そうした場合に生じる被害は計り知れない。

　第2に、武力の行使が違法化される一方で、厳格に制限された一つの例外事項が認められており、それが自衛の場合の武力の行使の権利である。この自衛については憲章51条が以下のように述べている──「この憲章のいかなる規定も、国際連合加盟国に対して武力攻撃が発生した場合（if）には、……個別的又は集団的自衛の固有の権利を害するものではない」。ここでは、「場合（if）」が用いられ、そして唯一、武力攻撃が発生した「場合」だけ、自衛行動を発動する権利があり、またそれは、国際平和の維持に必要な措置を安保理がとるまでの間に限られているのである。それ故、イラクにおける現在の行動を自衛行動であるとする論議は、明らかに、実際の攻撃発生を必要とする憲章51条の規定の枠外にあることになる。自衛を根拠にした本件での武力の行使は、この条文に照らして明らかに違法である。

　実際、この規定によれば、先制的自衛における先制攻撃もまた、違法化されている①。もし私が、私の隣人に対して先制攻撃を為し得るとしたら、それを私が何時何処でどのようになすべきかを誰が判断するだろう？　私のケースでは私自身が判断者となるのである。そうして、もしA国がそうしてよいのならば、B国も同じことができるし、C、D、E、F国も同様であり、アルファベットの最後の国に至るまですべての国が同じことをしてよいことになる。そうなれば、国際社会はジャングルの掟にゆだねられてしまう。先制攻撃は、国連憲章に絶対的に反する行為である。まして、そうした攻撃をする権利を主張する国に対して未だ脅威を与えてもいない、何千マイルも離れた国についてそのような権利を主張するなどということはできない。アメリカのロバート・バー

ド（Robert Byrd）上院議員が2003年2月12日にこのことを次のように上手く述べている。「この国は、不幸な時期の異常な戦争に適用される革命的に新しいドクトリン――先制ドクトリン、つまり、アメリカまたは他のどの国でも、差し迫った脅威となっていない国を正統に攻撃しうるという考え方――の最初の実践に着手しようとするところである」と。しかし実際には、このドクトリンは決して新しいものではない。先制的武力行使のドクトリンはナチス・ドイツが連合軍の侵攻を予防するためにノルウェーを攻撃しようとした時に使った議論である。ニュールンベルク国際軍事裁判所②では、そうした主張をきっぱりと拒絶した[1]。

同裁判所におけるアメリカの判事の言葉に依れば、「ドイツ国民に対して我々が明らかにしておかなければならないことは、権力の座から落ちた彼らの指導者が裁きを受けることになった罪状は、彼らが戦争に負けたことではなく、彼らが戦争を始めたことだということである。そして、どんな不満や政策も侵略戦争を正当化する理由にならないというのが我々の立場であるから、この裁判を戦争原因を裁く裁判にしてはならない。侵略戦争は、政策の手段としては完全に放棄され、非難される」[2]。

安保理自身1981年に、イスラエルによるイラクの原子炉攻撃を非難した時に、大量破壊兵器の潜在的開発能力のある国あるいは開発の疑惑がある国への先制攻撃を非難している。決議487号で安保理は、「明らかに国連憲章及び国際的行為規範に違反するイスラエルによる軍事攻撃を、強く非難」した③。

先制攻撃の破壊的影響は、緊張に満ちた世界の何処でも見受けられる。例えば、パキスタンに対して先制攻撃のドクトリンを採用しないように4月5日にインドに求めたのはアメリカ自身であった[3]。それはニューデリーが、ワシントンがバグダッドに対して行ったのと同様に、イスラマバードに対して先制攻撃を仕掛けることは正当化されると主張した後のことであった。国務省の報道官はこれに対し、イラクとカシミールの状況を対比させるどんな試みも誤りで

1　*Sri Lanka Sunday Island,* May 4, 2003.
2　Supreme Court Justice Robert L. Jackson, U.S. Representative to the International Conference on Military Trials, *Statement by Justice Jackson on War Trials Agreement,* August 12, 1945, Department of State Bulletin.
3　*The Hindu,* Saturday April 5, 2003.

あり、両者の間には圧倒的な相違があると返した。かくしてアメリカは、自分がこうした国際法の基本原則に違反するだけでは満足せず、ある状況が先制攻撃ドクトリンの適用対象であるか否かの判断者を自認するという厚かましいことをしているのである。

先制的自衛は、攻撃が差し迫った状況で、他にそれを防止するための手段がない、という極めて限定された状況においては認められるかもしれない。古典的な国際法の文献でも、「自衛のための先制的行動は、通常は違法であるが、全ての状況において違法であるとは限らない。違法かどうかは状況に含まれる事実によって決まる。特に脅威の重大さと、先制的行動が本当に必要であり、重大な脅威を防止するための唯一の手段であることの程度によって決まるのである」[4]。

自衛に関する厳格な制限は、1世紀にわたってイギリスがその国家実行においてよく認識してきたものでもある。「政府は、自衛の必要性が、即時のものであり、圧倒的で、選択の余地が無く、熟慮する時間を残さないものであることを示す必要がある」と述べている④。

無視された第3の原則は、一方的行動の禁止原則である。如何なる国家も、自らの手中に法を独占し、他国に対して武力を行使することを許されない。それは国連の手続を経てのみ行うことができるのだ。こうした一方的行動は、「平和に対する脅威の防止及び除去……のため有効な集団的措置をとる」という国連の第1の目的を定めた国連憲章1条1項に違反する。

踏みにじられた第4の原則は、武力を発動するまえに必ず、紛争を平和的に解決する可能性を追求し尽くすという絶対的義務である。

憲章33条は、紛争を平和的に解決することを義務的なものとしている。もし紛争が生じたら、その紛争の解決に必要な手順は、憲章に詳しく明示され、義務として規定されている平和的解決である。憲章33条は、実行すべき一連の紛争解決手続を列挙する——つまり、交渉、審査、仲介、調停、仲裁裁判、司法的解決、地域的機構または地域的取り決めの利用その他の平和的手段である。これらの手段のすべてが利用され尽くしたと言える者がいるだろうか？　この

4　R. Jennings and A. Watts (eds.), *Oppenheim's International Law,* 9th. ed., Longman, 1991, pp.421.

うちのいくつかの手段は試みることさえもなされなかった。

　確立した権威をもつ世界的に高名な人物を通じた仲介がなされただろうか？ 大量破壊兵器の管理と違法化のために地域的な取り組みを行うことが追求されただろうか？　すでに着手されていた審査でさえ、意味のある形で継続することを許されただろうか？　有罪を断定した根拠となる証拠が提示されただろうか？　この地域には強力な地域的機構のプレゼンスがあった。そうした機構は使われただろうか？　これらの手続のすべてが尽くされるまでは武力は行使できない。武力が行使されればそれは明白に違法なものとなる。

　利用可能な手続を尽くしていないということは、兵器査察作業が戦争勃発と査察団の撤退によって突然停止された時、その作業が進行中であり、成果をもたらしつつあったという事情によってますます深刻になる。様々な兵器が実際に公然と廃棄されていたし、査察団はすでに過去の訪問時にイラクの核能力を実質的に破壊していたのである。いくつかの安保理事国は査察プロセスにもう２、３ヶ月の猶予を与えるべきであるという見解であった[⑤]が、戦争へと突き進む二つの大国にはそうした時間を与える用意がなかった。

　第５の原則は、核軍縮は義務的だということである。他国が違法行為を行うことを制止しようとする国は、自らもその法に従わなければならない。もし私が法に従わないのなら、裁判所に行って、他人に比べ遙かに大規模に私が行っている行為を隣人が行うのを止めさせるように裁判官に頼むことなどできないのである。まして、私自身が行っていることと同じことを、彼らが行うときは不正であるということを根拠に、彼らが同じことをしないように強制するために、私が法を手中にすることなどできるはずもない。法の正義を求める者の手は汚れていてはならない。国際法の何らかの原則に違反する国は、その国自身が違反している原則を他国には厳しく適用するように国際社会に求めることはできない。

　第６の原則は、統治者を退位させる権利は他国にはないということである。Ａ国が、Ｂ国の統治者は暴君であるという理由で、彼を退位させる権利を有すると主張することはできない。他国との関係で、ある国がそうした機能をもつことはないのである。誰が統治するかは、その国の人民が決めることである。

　たとえＢ国政府が国民に対して統治者を決定する権利を認めないとしても、

B国政府を追放するかたちでA国が救済を為してはならない。それは、国連システムと国際人権法に基づくメカニズムを通じてなされなければならない。

　第7の原則は、いわゆる「有志連合」と呼ばれるような国家の集合はそれ自体、国連憲章を侮辱するものである。それは「国際法と国連憲章を進んで無視する国々の連合」を意味するからである。悪事を働く国々が連合することは、一緒に行う違法行為に、正統性を与えるものではない。一人の違反者による単独の行為ではなく、違反者が集団で不法な目的を追求したからといって、それまで不法であったものが合法化されることはおそらくあり得ない。これはあまりにも自明のことなので、「有志連合」という言い回しがしばしば用いられたことは、大きな驚きである。それは単に違法性の集合なのである。我々は、それらの国々の指導者が、彼らは一方的に行動しているのではないということの根拠としてこのことを持ち出すのをしばしば耳にする。「この国も、あの国も、その他の国も我々の連合に加わると言っている」[5]と。国連憲章の枠外で行動しようとする国をいくら多く結束させても、国連憲章の枠組みのなかに入れるわけではない。

　今回の行動が重大な違反に当たる第8の原則は、一貫性の原則である。国際法がなんらかの信頼性を得ようとすれば、A国に適用される原則はB国にも適用されなければならない。大量破壊兵器に対して法を強制するための国際的行動は、それを保有する国であれ保有が疑われる国であれ、すべての国に対して平等に一貫性をもって適用されなければならない。イラクに対してある一つの原則を適用し、別の原則を北朝鮮やイスラエルに、また別の原則を自国に適用するといったことは許されない。

　新たな帝国主義の時代に躊躇せずに戻るのではない限り、イラク攻撃の最終的な正当化は、国際法の強制という観点からなされなければならない。一方で強制を主張しながら他方で国際法システムの基本的原則に違反するというやり方で、それ〔正当化〕を達成することはできない。

　破られた第9の原則は、侵略の非合法化の原則である。主権国家に対する侵略は、国連憲章の精神から追放されたものである。第2次世界大戦のトラウマ

5　See <http://www.heritage.org/Research/MiddleEast/wm225.Cfm>.

から、諸国は団結して、どんな弱小国でもすべての主権国家がどのような大国であれ他国から攻撃されないように法的な保護の囲いを提供する新たな国際秩序の構築を目指したのである。

世界は、ナチスドイツによる侵略や先制攻撃、一方的行動、挑発を受けずに行った攻撃をいやという程知っていた。将来におけるそうした可能性を排除する目的で、集団的行動のシステムが慎重に構築され、その枠外で一国が他国を攻撃することは侵略行動となったのである。

侵略の定義に関しては国際法上多くの議論がある[6][⑥]。ほとんどの定義がそうであるように、定義のいずれかの部分に該当するかどうかを決めることが困難な事例があるであろう。

他方、定義に関する技術的な困難が如何なるものであろうとも、間違いなく明白に侵略行為のカテゴリーに入るものもある。イラクに対して為されたような、国連憲章に反する一方的な武力行使は、どのカテゴリーに入るかという分類上の問題をまったく生じないものである。それは確実にかつ間違いなく侵略のカテゴリーに入るものである。

侵略行為の禁止はまた、国際法が強行規範（ユス・コーゲンス）[⑦]と呼ぶものの範疇にも入る。それは国際法の根本原理に属する一群の原則であり、いかなる状況においても無視することのできないものである。いかなる国の国会や議会といえども、これを踏み越えることはできない。その正統性を拒絶することは、国際法の存在そのものを否定することになるからだ。

蹂躙されたことが明らかな第10の原則は、文民と非戦闘員の保護の原則である。人道法は国際法の重要な一分野として存在し、武力紛争時における国家の行為を取り扱い、規律する。他国に侵攻し占領している国家は国際人道法の下で、その支配下に入る文民の保護を確保するために必要な法と統治の機構の設置をあらかじめ計画する義務を負う。こうしたことをせず、事前の準備もしないことは、1949年のジュネーヴ諸条約上の義務[⑧]に違反することとなる。

イラクの短期攻略を計画していたアメリカは、こうした問題に対していかなる意味でも適切な考慮を行っていなかった。バグダッドを支配下におさめるや

6　D. J. Harris, *Cases and Materials on International Law,* Sweet and Maxwell 3rd Edition.

いなや、広範な略奪の状況が発生したが、当初、支配していたアメリカ軍は自らはその事態に責任がないと表明した。だが確かに、状況に対応するにはまったく不適切な人員配置しかしていなかった。病院でさえ略奪され、4月13日には、バグダッドにあった30ヶ所以上の病院のうち、3ヶ所しか機能していなかったと報告された。またその3ヶ所は通常のレベルを遙かに下回る機能しか果たしていなかったのである。それに加えて、医療サービスの需要は通常のレベルより遙かに高くなっており、医療上の大混乱という状況が生じてしまったのである[9]。

　如何なる理由であれ他国の領域を支配する国家は、自らの占領行為によって生じる不測の事態を予測し、適切な対応策を持っていなければならない。文民の保護は、占領軍が負う人道法上の義務の中でも最も重要な部分である。

　そうした義務に含まれているものとしては、環境の保護と、電力・水源・下水処理といった基本的サービスに関する必要な支援を提供する義務もある。基本的な食糧供給サービスも、こうした義務の一部である。

　忘れてはならないのは、国連は、平和の必要性を基本的人権として扱うべきことを繰り返し強調してきたことである。実際、平和に対する権利の侵害は、交戦国が犯したもう一つの国際法違反であるということができる。

　1984年11月12日の「平和に対する人民の権利宣言」[10]は、地球というこの惑星に住む諸人民は平和に対する神聖な権利を持ち、この権利の維持と履行の促進が各国の基本的義務を構成するものであるということを、厳粛に宣言した。そこでは、国際関係における武力行使の放棄の必要性と、国連憲章を基礎とする平和的手段による国際紛争の解決も強調された。世界はこうした概念を実現するリーダーシップを求めており、こうしたリーダーシップを発揮する指導者が世界の超大国であることを期待するのは合理的なことである。こうした大国の行動が反対の方向に進んでゆく場合には、こうした期待と実際の行動の間の著しい相違が一層目立つことになる。

　この他に無視された原則としては、女性と子どもの特別な保護に関する法の原則がある。1974年12月14日の、「武力紛争及び非常事態における女性と子どもの保護に関する宣言」[11]は、かつて出された幾つかの宣言を想起して以下のようにはっきりと述べている。「一般住民に対する攻撃と爆撃は、その中でも

最も脆弱なメンバーである女性と子どもに対して特に計り知れない被害を与えるため、そうした行為は禁止されかつ非難されるものである」と。特に留意する価値があることは、戦争における最大の被害者である世界の子どもたちが、平和な世界に対する一層大きな権利を持っているということである。このことは、1959年11月20日の「子どもの権利宣言」⑫によって認められており、その第10原則では、子どもは諸人民間の友愛、平和および普遍的兄弟愛の精神の下で育てられる権利があるとされる。1965年12月7日の「人民間の平和並びに相互の尊重及び理解の理念を青年の間に促進するための宣言」⑬も参照されたい。

　この議論を締めくくる前に、すべての国が国連憲章の下において平等であることが、国連機構と国際法の基本であることについても記しておくことが重要であろう。国連体制には、安保理における5大国の特別の権能のように、幾つかの点で内在的な不平等があることは事実である。しかし、国家の平等原則は国連が基盤とする基本的原理となっている。それを取り去ってしまえば、国連機構は威信と統一を失うのみならず、まさにその存在理由をも失ってしまうことになる。

　様々な国連加盟国間には、人口、富、影響力などの差異があることも事実である。しかし、世界の国々が共通の議場に共に集うことができる唯一の基盤は、この問題についての歴史的な論争を経て、各国の平等という基礎の上になりたってきたものである。ただ、特定の国の経済的・政治的な力量を承認することで、この共通の憲章のなかには一定の補整がなされている。つまり、安保理常任理事国である5大国に関する特別規定によって国連憲章に内包されている要素である。これを条件として、どの民主制においてもすべての市民は強い者であろうと弱い者であろうとも法的に平等であるのとちょうど同じように、諸国の平等原則は、この世界議会を組織する根本原則となっている。そうした原則なしには、個人間であれ国家間であれ民主主義は機能することができないのである。

　国連とその加盟国に対して最近のアメリカが示してきた支配的態度というものは、まったくもってこの平等の原則と両立しないものである。国連及び安保理に対して何度も出された行動の期限を定める声明の数々は、力がある故に一国が世界的機構を完全に追従的な地位へと落としめることができるかのように

振る舞ったものである。こうした声明は国連の権威を汚すのみならず、加盟国の間に憤慨を広げることになる。より重要なことはそれが、すべての国を平等な国家の共同体の構成員として扱うという憲章上の基本的義務に違反することである。

　この支配の文化は様々な形で現れる傾向があり、それは、国際社会において国際法が達成しようとする協調の精神をひどく扱うものであること。例えば、2003年4月9日に、大量破壊兵器の獲得を目指しているとアメリカが非難していたイラン・シリア・北朝鮮を含む他の国々に対してアメリカが、「イラクの例からよく学べ」と警告した。こうした態度からは傲慢さがにじみ出し、反発を生み、すべての国際機構が依って立つところの礼譲の精神を破壊する。

　イラクでの敵対行動に含まれるこれらの国際法違法についての簡単な観察は、世界で最も強大な国のうちの2ヶ国の行動の結果として国際法の未来に対して引き起こされる幾つかの重大な影響がどのようなものかを示唆している。それが如何なる目的であっても、国際法の概念・構造・手続に与えた損害は、国際法が、普遍的に組織化された国際社会に対して普遍的に受け容れられた規範を提供する、普遍的に受け容れられた規律のレベルに到達して以来、これまでに被った最も深刻な打撃のひとつである。

　こうした影響がよりよく認識されれば、それは将来においてこうした国際法違反を回避し、戦後世界に前例を見ないような国際法違反によってすでに引き起こされた損害の拡大を抑制することを多くの人々が要求することになり、それが否定的な影響を減じることに役立つかもしれない。

　文明の価値のすべてが、国際法体系全体の基礎である基本的原理に対して適切な敬意を示す必要性を示している。これまでに概述した違反の観点からすれば、カーター元大統領の次の言葉の力を理解することができる。2003年3月9日、彼はこのように述べた。「我々の国家的安全が直接的に脅威に晒されておらず、また、世界中のほとんどの人民と政府による圧倒的な反対があるにもかかわらず、アメリカは文明国の歴史においてほとんど前例のないような軍事的外交的行動を発動することを決意しているらしい」[7]と。

7　See <http://www.uua.org/pipermail/uupeaceworld/2003/000154.html>. [not confirmed]

実際にその攻撃が違法な場合、敵対行動を終結しても、そのことで攻撃の違法性の重大性がなくなるわけではない。たとえ一つの理由からであっても攻撃が違法であることが判明すれば、必然的に重大な結果が生じるだろう。人、財産、環境、文化的遺産を問わず引き起こされたすべての損害について厳格な法的責任が存在するからである。この損害は、そうした行為に権威を付与せず、事実上反対した国際社会にその責任を負わせることができないのであるから、国際的権威に反抗し自らの責任で行動した強国が責任を負うべきものである。

　その上、領土の占領にあたる違法な体制によって為されたすべての行為——石油契約の付与、回復、油田の再建契約、あるいは重要な行政決定でさえ——は正統性を欠くことになる。

　攻撃と占領を無効にするものが一つの違法性ではなく、一群の違法性として描写せざるを得ない複数のものである場合、問題はより一層議論の余地のないものとなる。

第4章　訳注
① ここでは、anticipatory self-defence を先制的自衛、pre-emptive strike を先制攻撃と訳した。先制的自衛の合法性については従来から国際法上の争点となっていた。2002年5月、米ブッシュ大統領は、テロとの戦い関連して先制行動（preemption）をとると言明し、同年9月の米国家安全保障戦略（NSS）でも、テロを予防するために、自衛権行使にあたり先制的に（preemptively）行動することを表明した。このようなブッシュ政権の方針は予防的自衛（preventive self-defense）ないしは予防戦争（preventive war）と評されることがある。本文中に見えるバード議員の発言もその一つといえよう。但し、原文では preventive, prevention の語は使用されていないため、preemptive は先制ないしは先制的と訳した。
② ニュールンベルク国際軍事裁判所は、第2次世界大戦で敗北したナチス・ドイツの戦争犯罪を裁くために設立された国際裁判所である。平和に対する罪や人道に対する罪のように、裁判当時に戦時国際法の規則として確立していなかった概念を用いた裁判であるとして、批判的な見解も出されている。しかし、不公平で多くの欠陥を持ちながらも、侵略と蛮行を訴訟法上許容される証拠をもって全世界に示し、平和を希求する戦後意識を育てた点で大きな歴史的意義をもつものであると一般的に考えられている。裁判の詳細につき、大沼保昭「ニュルンベルク原則－ニュルンベルク裁判－」（山本草二他編『国際法判例百選』所収、有斐閣、2001年）及び、奥原敏雄「ニュールンベルグ裁判」（国際法学会編『国際関係法辞典』所収、三省堂、1995年）を参照。
③ 1981年、イスラエルが、イラクの核兵器開発を理由にイラクの核施設を攻撃した。イスラエルは先制的自衛で正当化したが、安保理決議487は全会一致で採択され、イスラエルの行動を国連憲章の明確な違反と非難した。1981年の安保理決議は以下のサイトから入手できる。<http://www.un.org/Docs/scres/1981/scres81.htm>
④ 1841年に出された有名な「キャロライン号事件におけるウェブスター書簡」（Secretary of State Daniel Webster to British Prime Minister Lord Ashburton, July 27, 1842）は、以下のように記

述している。「イギリス政府としては、差し迫って圧倒的な自衛の必要があり、手段の選択の余地がなく、熟慮の時間もなかったことを示す必要がある。加えて、カナダの地方当局が、一時的な必要から米国領内に立ち入る権限を有していたとしても、非合理的もしくは行き過ぎたことは一切行っていないことを示す必要がある。自衛の必要によって正当化される行為は、かかる必要性によって限界づけられ、明白にその範囲内のものでなければならないからである。」大沼保昭編『資料で読み解く国際法〔第2版〕下』東信堂、2002年、7頁参照。

⑤　2003年2月、仏露独の3ヶ国は、安保理に対し総括的継続的な国連による査察を要請する共同メモを提出している。

⑥　「侵略」という行為についての国際法上の定義を確定する作業は、多くの論争を引き起こし、現在までのところ、国際条約に明確に定義された侵略概念というものは存在しない。第2次世界大戦の反省から、国際社会は国連を中心として侵略の定義を確定する作業を始め、1974年に国連総会決議として「侵略の定義に関する決議」を採択し、国際法委員会においても、この侵略行為などを含む「人類の平和と安全に対する罪についての法典草案」の審議が継続されていた。侵略の定義概念の確定作業に関しては、森脇庸太「侵略の定義に関する決議」（国際法学会編『国際関係法辞典』所収、有斐閣、1995年）を参照。また、条文については『国際条約集 2004』（有斐閣、2004年、566頁）を参照。1998年に採択された国際刑事裁判所規程（ICC規程）においても侵略の罪は名目上規定されているが、この犯罪の定義や管轄権のあり方については諸国の合意が得られず、未確定のままである（5条）。

⑦　jus cogens／peremptory norm　法規の適用が絶対的に強行されるべき要求を含む規範のことで、それに含まれる法規を強行規範と呼ぶ。強行規範に抵触する条約は無効である。従来、一般国際法は任意規範であり、国家は他国と条約を締結することで条約当事国間においては自由に一般国際法から離脱できると考えられてきた。1969年の「条約法に関するウィーン条約」第53条で条約の無効原因として強行規範概念を導入したことから、その具体的な内容について論争が生じることとなった。53条では、「この条約の適用上、一般国際法の強行規範とは、いかなる逸脱も許されない規範として、また、後に成立する同一の性質を有する一般国際法の規範によってのみ変更することのできる規範として、国により構成されている国際社会全体が受け入れ、かつ、認める規範をいう。」と規定している。

⑧　アメリカによる国際人道法の違反については、第8章～第10章を参照。

⑨　イラクにおける医療上の大混乱については、各種NGOなどの活動が行われている割には、簡単にアクセスできて信頼できる情報ソースが乏しい。さしあたり、日本赤十字社のサイトから、イラク戦争における一般市民の被害とそれへの赤十字の対処をまとめたHPをあげておく。<http://www.jrc.or.jp/active/saigai/news/list_category.cgi>

⑩　Declaration on the Right of Peoples to Peace, United Nations General Assembly resolution 39/11.

⑪　Declaration on the Protection of Women and Children in Emergency and Armed Conflict, United Nations General Assembly resolution3318（XXIX）.

⑫　児童の権利宣言ともいう。その第10原則には「児童は、人種的、宗教的その他の形態による差別を助長するおそれのある慣行から保護されなければならない。児童は、理解、寛容、諸国民間の友愛、平和及び四海同胞の精神の下に、また、その力と才能が、人類のために捧げられるべきであるという充分な意識の中で、育てられなければならない。」とある。

⑬　Declaration of the Rights of the Child, United Nations General Assembly resolution1386（XIX）.

第 5 章
安保理決議

　必要ならば単独でやり遂げる準備があるとブッシュ大統領その他の人物が時々主張していたにもかかわらず、アメリカとイギリスは安保理決議による武力行使の正当化と権限付与とを模索し続けてきた。このことは、武力の行使の権限を与えることは安保理のみが為し得ることだという普遍的な推定が働いていることに起因する。

　この目的に関連する主な決議は、1990年の決議678号、1991年の決議687号、2002年11月の決議1441号である①。決議1441号は、査察活動と軍縮義務に関連する過去の決議に基づく義務に対する違反を続ければ、「深刻な結果」に直面することになるとイラクに警告を与えたものであり、安保理の15の理事国によって全会一致で採決されたことが想起される。この決議によって安保理は、関連決議に基づく義務をイラクが遵守しなかったという報告を受領した場合、直ちに会合を開くことを決定しており、追加決議の可能性と必要性を示していた。追加決議は、決議1441号に示された「深刻な結果」を安保理が解釈または適用するという行動をとる前提として必要とされるものであった。実際、フランス、ドイツ、中国など幾つかの加盟国はこの趣旨の声明を出している[1]。アメリカとイギリスでさえも、武力行使が「自動的に」発動されるものではないことについて同意していた。

　このように決議1441号のすべての署名国が、イラクが上記の義務を遵守しない結果として武力行使が必要とされる場合には、その前提条件として別の決議があることを予測していたのである。2003年にアメリカとイギリスが武力に訴える決定を下したとき、武力行使を授権する決議を出すために安保理の追加の

1　See＜www.al-bab.com/arab/docs/iraq/unscr1441.htm＃STATEMENT＞.

会合が開かれるという見込みが濃厚であった。そうした追加の会合で必要とされる多数を確保するために激しい説得工作が行われたが、期待された多数の獲得工作に失敗し、しかも実際に、常任理事国であるフランスが当該決議に対して拒否権を投じる意思を示したとき、アメリカとイギリスは追加会合に向けて努力を続けることを止めて、そうした決議に依拠することなくして武力を行使することにした。

当然、このような一方的な武力行使の合法性に関する疑問が生じた。この問題に関して世界中の議会で疑問が提起された。イギリスではカートヴァルのラムゼー男爵夫人が、イラクに対する武力行使の法的根拠について法務総裁の見解を問いただした。法務総裁ゴールドスミス卿は2003年3月17日に以下の答弁を行った。

「イラクに対する武力行使の権限は決議678号、687号および1441号の複合的効果から導かれる。これらの決議のすべては、国際の平和と安全の回復という特定の目的のための武力行使を許可する国連憲章第7章の下で採択された。

1. 決議678号で安保理は、クウェートからイラクを排除するため、及び同地域の平和と安全を回復するためにイラクに対する武力〔行使〕の権限を付与した。
2. 「砂漠の嵐」作戦の後の停戦条件を規定した決議687号で安保理は、イラクがこの地域における国際の平和と安全の回復のために大量破壊兵器を廃棄する義務を引き続き負っていることを示した。決議687号は決議678号の下における武力行使の権限を停止させたのであって終了させたのではない。
3. 決議687号の重大な違反は、決議678号の下での武力行使の権限を復活させる。
4. 決議1441号で安保理は、決議687号の下での軍縮の義務を完全には履行していないことを理由に、イラクが決議687号の重大な違反を続けていると決定している。
5. 決議1441号で安保理は、「軍縮の義務を履行する最後の機会」をイラクに与え、もしそれが実施されなければ「深刻な結果」になるとイラクに警告した。
6. 決議1441号で安保理はまた、もしイラクが、いずれかの時点で、決議

1441号の遵守およびその実施における完全な協力を怠ったならば、それはさらに重大な違反を構成するということも決定した。

7．イラクがその遵守を怠ったことは明白であり、それ故にイラクは決議1441号が出された時点で重大な違反をしていたのであり、かつ現在でも重大な違反をし続けている。

8．それ故、決議678号の下での武力行使の権限は復活し、現在も続いている。

9．武力〔行使〕を是認する安保理の追加的決定が必要だと意図されていたのなら、決議1441号はそのことを文言によって明示したであろう。斯くして、決議1441号が要求しているのは、イラクの不履行についての安保理への報告と、安保理による討議にすぎず、武力行使を授権する明示的な追加的決定ではないのである。

　本職は本答弁書の写しを決議678号、687号、1441号と共に両院議会図書館と庶民院〔下院〕投票事務所に提出した。」[2]

　この法務総裁の「意見」に添えられた理由は一つも公表されず、この9項目の箇条書きの形式の要約のみが公表された。

　イギリス法務総裁のこの「意見」は、2003年3月17日に発表され、翌日になって下院は開戦の決定を是認する決定を下した。この恐ろしい問題についての決定に至る過程で議員たちに影響を与えた重大な要素は、この「意見」が合法性を権威を持って是認したことであったことは間違いない。

　この「意見」は、13年前の決議678号が付与した武力行使の権限が、イラクに対する敵対行動に十分な法的根拠を与えているという重大な結論を導く理由を挙げている。驚くべきことにこの「意見」には、これほど重大な事案に関して求められる、無条件に賛同しうるような理由付けがなく、かつて出された決議の言い回しの単なる繰り返しとその拡大解釈が見出されるにすぎない。武力行使のための特別の授権が無いからこそ莫大な量の外交活動がなされたこと、紆余曲折した状況の変化、そして今回の特別の状況においては武力行使に関して国連の特別の授権が必要なことについて普遍的同意があったことが、この「意見」では考慮されなかった。その上この「意見」は、諸決議の特定の文言を適切に解釈する際に必要な国際法の中心的諸原則および諸考慮について完全

に沈黙している。この「意見」が現在の核時代において、そしてとりわけ、いったん敵対行動が生じるとその多方面への波及について如何なる予言もなし得ないような一触即発の地域において、大国が戦争へとむかう確かな根拠であろうとするならば、これらの諸原則および諸考慮は特に不可欠なものとなる。

軍隊を使用する決定は、安保理が決定するよう求められ得るもののなかで、おそらく最も厄介かつ厳粛なものであることを考えると、この「意見」はより詳細に検討する必要がある。驚くことではないが、グッドハート卿はこの「意見」が発表された日に、上院〔貴族院〕で戦争の合法性に関する討議を開始するにあたり、この「意見」を「故意に曖昧な言葉を用いた疑わしい解釈に基づく非常に疑わしい結論だ」と述べた。

熟慮する必要が明らかな原則と懸念とは以下のものである。

1．安保理の決議の解釈者は安保理なのであって、個々の加盟国ではないという一般原則。
2．武力の行使には安保理による特定かつ特別な授権が必要であるという一般原則。
3．主要な決議が依拠している決議678号の採択から相当程度の期間が経過していること。
4．12年の期間が経過しており、その間に変化した状況と事象は、そうした多様な状況に適合するよう個別に案出されたいくつかの特定の措置と決議を必要とすること。
5．決議678号の目的、すなわちクウェートからのイラクの追放という文脈での武力の行使は達成された。解釈の基本的規則に従えば、この目的の達成のために与えられた権限は消滅したといえるということ。
6．12年におよぶ武力行使の一括授権といったことは、1990年に決議678号が採択された時の安保理の意図や実践からは最もかけ離れたものとなるであろうということ。
7．武力行使をするには特別の決議が必要であるというのが、決議1441号を採択した時の（イギリス自身をも含む）安保理のすべての構成国の共通認識であったこと。
8．この決議が武力行使を自動的に許すものでないことが、決議1441号の当

事国間で明確に理解されていたことは、同決議の採択にいたる起草過程から明らかであること。
 9．決議1441号が採択された際のイギリス及びアメリカの大使の陳述も、〔武力行使の〕自動性には触れていなかったこと。
10．同決議採択時に、中国、ロシア、フランスその他の賛成国は上記の前提に基づいてのみ、同決議に賛成するという、これら諸国の極めて明解な声明があったこと。
11．そうした基本的理解に基づいて賛成票を誘引したことと、この理解を裏切ろうとすることには矛盾があること。
12．現在目論まれている武力の行使はクウェートからイラクを排除するためのものではなく、大量破壊兵器の除去というまったく異なる目的によるものであること。
13．「深刻な結果」という、決議1441号に用いられた表現は、アメリカとイギリスが提案した、武力行使を直接的に授権する表現を拒否して、慎重に選択されたものであったこと。
14．決議1441号12項は、なんらかの重大な違反がなされた場合には、その状況を考慮するために再度安保理の会合を招集するとわざわざ述べていること。このことは、13年前の古い決議がそのような状況を支配するという推量とは大きくかけ離れていること。
15．イラクのように急速に変動する一触即発の状況、そして13年にわたって幾つかの関連決議が採択され、関与が続けられてきた状況は、初期の決議が今なお有効であり自動的に復活し得るなどという見解は、不合理で容認できないものであり、そしてなによりも、求められているものが武力を行使する権利の復活である場合には、潜在的な適用可能性とその事後的復活は推論され得ないものであること。
16．決議1441号は現在の状況に対して適用されるのであるから、678号、687号その他を含むすべての先行決議に取って替わることが明白であること。
17．「深刻な結果」というような曖昧な表現は、武力の行使に関して具体性を付与される必要があると解釈されるとする場合、そうした解釈の権限は安保理だけにあること。

18．決議678号が、武力の行使を授権した唯一の決議であること。
19．決議678号は単に、決議1441号の前文のなかで繰り返されただけであり、決議1441号の主文のどこにも武力行使の授権が見当たらないこと。
20．決議1441号〔の採択〕以前には、武力行使を許可するためには、12年前に出された決議678号とは別の追加決議が必要であることについて、すべての安保理理事国の側にはっきりした理解があり、それ故に決議1441号のなかに授権条項を入れるために莫大な努力がなされたということ。
21．そして、武力行使を授権しなかった決議1441号〔の採択〕以後でも同様に、武力が行使される際にはとくに武力行使を授権する別の決議が必要であることについて〔理事国間で〕はっきりした理解があったこと。
22．こうした一般的了解に対してアメリカ及びイギリスの黙認があったこと。
23．12年を経過した決議の適用不能性そのものが、決議1441号と、それが失敗したときには追加決議によって明確な授権を得ようと焦った理由であったこと。
24．「深刻な結果」というような表現が使われる場合、安保理だけがこの言葉の内容を解釈して、武力行使についての特別の授権を含むように拡大し得ること。
25．決議678号とは異なり、決議687号は九つの部分で構成され、34のセクションに及ぶ大変詳細な決議であるが、そのどこにも、法務総裁の「意見」が読み取ったような決議678号で与えられた武力行使の授権が生き続けているという規定はまったくないこと。もっとも、もしそう意図されていたとすれば、明確にそう記述することは容易にできたこと。
26．決議687号で用いられた「この地域における」という言葉は曖昧であり、イラク、またはイラクとクウェート、またはイラクといずれかの隣国、あるいは中東全域をも意味しうるような未確定で巨大な地域をカバーすること。もしこの決議が武力行使の権利を復活させると主張されるならば、武力を行使する地域をより詳細に確定せずに武力行使を授権する意図を安保理が持ち得たとは考えられないこと。
27．決議687号のどの部分もはっきりと武力行使を授権したり、決議678号で規定された武力行使を復活させてはいないこと。

28．国連によって採択された決議のどれ一つとして、主権国家に対する暴力的手法による政権転覆や、国連憲章の枠外での武力行使を授権したことはないこと。
29．軍縮と体制変更は全く異なる概念であり目的を異にするものであり、それぞれ国際法のまったく異なる原則が適用されるものであること。
30．かつて出されたすべての決議をまとめて現在の文脈で解釈してみても、武力の行使を授権するものとはならないこと。
31．安保理流の話法によると武力行使を授権するためには「あらゆる必要な措置」というような語句を必要とすること。
32．現実の攻撃が発生していない場合や攻撃が差し迫っていない場合には武力行使を違法とする憲章上の基本原則を乗り越えるために、明確かつ曖昧さを排除した文言が必要なこと。
33．戦争に訴えるということは、国連憲章の中心目的と精神に甚だしく反するものであり、国連活動の通常のやり方にも甚だしく反するものであるから、どのような状況で戦争に訴える場合もその意図は、はっきりと述べられる必要があり、思惑や不確かさあるいは疑わしい推測に委ねられてはならないこと。
34．決議に示された手続は実施途中であり、敵対行為の発動によってその手続が終焉を迎えた当時において結果をもたらしつつあった。したがって敵対行為の発動は最後の手段としてのみ武力行使をすることができ、かつ問題を解決するための他のすべての手段を事前に尽くすという基本原則を満たしておらず、これに違反した結果になったこと。
35．一方的武力行使を禁止する原則は強行規範（*ius cogens*）、すなわち、いかなる立法府も乗り越えることができない国際法の根本原理に相当すること。
36．武力行使の授権についての立証責任は圧倒的に、武力行使を求める当事国の側にあり、この立証は絶対的に明確かつ曖昧さを排除したものでなければならないこと。

これらは、関連決議の解釈という限定的な問題から生じた考慮である。同様に、主要な国家的決定がなされる基礎である戦争と平和という発展的問題に関

する見解は、その見解とその基礎にある解釈原則となった国際法の主要な諸原則に照らして検討される必要がある。そうした諸原則とは、すべてがこれらの決議の解釈に関連しているが、以下のものである。すなわち、武力行使の一般的禁止、先制攻撃の禁止、現実のあるいは差し迫った攻撃に対する場合のみに自衛を限定すること、憲章33条に規定されたすべての可能な平和的解決手段（このうちのいくつかは未だ試みることさえなされていないが）を尽くす義務、国家平等の原則、国際法の適用に関する一貫性の原則、大量破壊兵器の禁止の原則が米英を含めてすべての国家に平等に適用されることが望ましいということ、幾つかの国には適用しそれ以外の国には適用しないという国際法の選択的適用を禁止する原則、人口が密集した大都市地区において攻撃が行われれば必然的に侵犯してしまうような人道法の原則、そして、実際に戦争が発生した場合に適切な人道的救援活動を確保する安保理の責任である。

　これらは、戦争と平和という大問題が依拠する安保理決議の解釈に関して、責任ある国際社会が必ず考慮しなければならないすべての側面である。これらの側面は、安保理諸決議の逐語的解釈や疑わしい解釈に自らを限定し、かつ国際法の全体的な文脈からは支持されないような結論を諸決議から導き出すこの見解には見出せない。

　ここで顕著なことは、発表された法務総裁の「意見」が、これらの問題のどれ一つも取り上げず、この論争の中心である武力行使に関する発展性のある一般的原則について何ら言及することなく、以前出された決議を単に繰り返しているにすぎないことである。そのように重要な意見は、これらの原則を扱うことが絶対に必要だったのである。これらの原則について何らかの論述がなされていたとしても、それは発表されておらず、上記に再録した箇条書きの要約のみが発表されたのである。

　この「意見」には巨大な空白部分があり、〔したがって〕武力行使の権限を明らかに欠くことに関する疑いに蓋をするにはほど遠いものであり、それらの疑いを解決せずに放置し完全にむき出しにしたままである。こうしてこの「意見」は、国際法の最も基本的な戒律、すなわち一方的武力行使の禁止であり、その違反はどの国によるものであれ、もっとも重大な結果を引き起こすということに関する主要な関心事に言及していないのである。

第5章 訳注
① 本書資料編を参照。なお、すべての安保理決議は、原文については以下の国連のHPから入手可能である。＜http://www.un.org/documents/scres.htm＞
② See＜http://www.publications.parliament.uk/pa/ld199900/ldhansrd/pdvn/lds03/text/30317w01.htm＃30317w01_sbhd3＞．

第6章
安全保障理事会
―権限と責務―

　安保理決議1441号は、その決定が守られない場合には、イラクにとって「深刻な結果」がもたらされるとする。しかし「深刻な結果」は、死と破壊の全面的支配とか、一国の上に軍事的凶暴性を解き放つことを意味するわけがない。「深刻な結果」は常に、人道法の枠組みのなかに限定されていなければならない。安保理でさえ、ある国に対して、国際人道法の基本原則に違反する、武力支配を許すことはできない。安保理が、国連憲章のもとで行動すると主張し、同時に、国連が捧げてきた人道法の基本原則に違反する手続きを認めるのは、矛盾であろう。安保理がそのようなことをすれば、安保理は違法に行動していることになる。安保理がそのような決議を採択すれば、その決議は憲章に違反するという単純な理由で無効となる。それゆえ、単に安保理が武力が行使できると決めたと言うだけでは十分でない。そのような武力が人道法の基本的規則に違反しない方法で行使されることを確保するのは、安保理の責任なのである。イラクにおける武力行使が、これらの人道法規則をいかにひどく侵犯するであろうかが予測され、そして、実際に侵犯したことを私は最初に述べた。安保理の授権があったとしてもそれは、国連決議という形式のもとに、一国の国土に対して一連の巡航ミサイルを打ち込んでよいということを意味しない。

　これらは必ず適用しなければならない根本的原則であり、安保理の権威に関して必要なこのような制限については他にもいろいろある。私はかつてロッカービー事件①の際に、この点に関していくらか詳しい説明を行ったことがある[1]。安保理の任務と権限を明示する憲章24条は、安保理が「国際連合の目的及び原則に従って行動しなければならない」と述べている。これらの目的と原則は、

---

[1] *Case Concerning Questions of Interpretation and Application of the 1971 Montreal Convention arising from the Aerial Incident at Lockerbie*, ICJ Reports, 1992, p.3, at p.50.

国連の目的の一つが「平和的手段によってかつ正義及び国際法の原則に従って」国際紛争の調整または解決をすることであるとする憲章1条1項に規定されている。安保理の権限に関するこれらの制限は、〔国連創設のための〕サンフランシスコ会議での多くの議論を受けて、意図的に導入されたものであった。

憲章が合意される以前、ダンバートン・オークス提案②と呼ばれた草案が存在した。このダンバートン・オークス提案では、安保理は制約のない権限を持つものとされていた。これには、多くの国々、特に小さな国々が不安をもった。それらの国々は、安保理がそのような無制限の権限を持つべきではないと指摘した。そして多くの議論を経て熟慮して慎重になされた決定の結果として最終的に前述のように、「正義及び国際法の原則に従って」という表現が導入されたのである。安保理の権限は、国際法の原則と憲章という枠組みに制約されてその中に注意深く置かれることとなったのである。

NATOのケース〔ユーゴに対する武力行使〕[2]についても私は強調したが、すべての行動は憲章の枠組みのなかでなされなければならないのであり、2、3の国によって憲章の条項の枠外でとられた措置は、憲章に違反するものである。

憲章39条の規定によれば、平和に対する脅威の存在を決定するのは安保理だけであってそれ以外の何ものでもない。憲章46条によって、兵力使用の計画は、軍事参謀委員会の援助を得て安保理が作成することとなっている。安保理が許可した攻撃によって生じる、痛ましく甚大な人的被害に対応するための付随的計画を必ず策定し、攻撃後に被攻撃国への支援を提供するために保健衛生その他の必要な支給物資を確実に備えておく責任は安保理にある。安保理がこうした人道的関心事項への配慮なしに攻撃を許可する場合、安保理は憲章に違反して行動していることとなり、その〔武力行使の授権〕決議はそれ故に法的有効性を欠くものとなる。安保理が軍事力の行使を是認した場合には問題はそこで終わってしまい、武力行使の範囲と方法はそのような権限を付与された国が決めることだという、間違った認識が広く行き渡っている。安保理が武力行使を是認することで、人道法の基本原則を堅持することについての関心と責任を放

---

2 See for example *Case Concerning the Use of Force* (*Yugoslavia v Belgium*), *ICJ Reports, 1999*, p.181, at 190.

棄すると考えることは、甚だしい勘違いである。こうした側面は十分に理解されていないので、特に強調しておく必要がある。

したがって、決議1441号でいう「深刻な結果」について安保理決議が、武力行使の権限を付与する場合でも、それは無制限な戦争を認めるものではない。その決議は、権限を付与した国々に対して彼らの好きなように戦争を行わせ、無力な人々を、第3章で概観したような大規模な空爆やその他のあらゆる苦しみにさらすものではない。武力攻撃の結果の、配慮を必要とする人道的側面については、慎重に考え抜いた上で準備しておかなければならない。なによりも安保理は、人的惨状を生み出すことを許可し授権することはできない。

1991年の湾岸戦争によって引き起こされた人的被害がどれ程甚大なものであったかは、ラムゼー・クラーク元米国司法長官の『The Fire This Time: US War Crimes in the Gulf』[3]という著書に記録されている。その人的被害の惨状は、この地域で新たな戦争、特に大規模な空爆を伴う戦争があれば、何が起きるかをある程度警告していた。クラークは、控えめに見ても、1万1千回の空爆の結果生じた文民の死者を、15万人と推定し[4]、また、軍の死傷者数を12万5000人から15万人の間であると推定している[5]。都市の爆撃の結果、電力や上下水道の供給が麻痺させられ、衛生状態や保健レベルが極めて低レベルに減衰した。電力供給がないために、病院は患者を治療することも、診断や治療のための機器を使うこともできなくなり[6]、コレラ、チフス、赤痢、下痢、消耗性疾患、栄養失調が高い率で発生した[7]。

使用された武器に関してクラークは、「湾岸戦争でアメリカ軍によって使用された兵器にはいくつかの恐ろしい武器が含まれていた。戦争の規則を堅持することを宣言する一方で、アメリカ軍の将官は、燃料気化爆弾（FAE）、ナパーム、クラスター爆弾、GBU-28型超大型爆弾を国際法に反する方法で使用するよう命じていた」と述べる。ペンタゴン〔米国防総省〕が地雷原の地雷を除

---

[3] See Ramsey Clark, *The Fire This Time: US War Crimes in the Gulf*, New York: Thunder's Mouth Press, 1992. 第2章訳注③参照。
[4] Ramsey Clark, *op. cit.* p.209.
[5] *op. cit.*, p.43.
[6] *op. cit.*, p.80.
[7] *Ibid.*

去するために使用したと主張した破壊力の高い兵器は、人間に対しても使用された」[8]。

　以上が、安保理が是認するよう求められた新たな湾岸戦争の背景である。もし安保理が、求められた権限を与えていたならば、安保理にはこうした高度に破壊的なシナリオが繰り返されないことを確保する義務があっただろう。

第6章　訳注
① 　英国スコットランドのロッカービー上空で、米国の民間航空機が爆破され、乗客・住民等270名が死亡した事件。この事件を通じて安保理の権限などがICJで議論された。事件の詳細については、森川幸一「紛争処理における安保理とICJの役割－ロッカービー事件－」(山本草二他編『国際法判例百選』所収、有斐閣、2001年) を参照。
② 　国連を創設するための連合国の努力が続けられていた1944年、米国・英国・ソ連・中国が2期に分けて会談をもちこの結果多くの合意が成立した。そうした合意をとりまとめたものが、1944年のダンバートン・オークス提案である。いわば国連憲章の草案とでも評すべきものである。その条文については、国際連合広報局編(中央大学国際関係法研究会訳)『創立50周年記念　国連年鑑特別号－国連半世紀の奇跡』中央大学出版部、1997年を参照。

8　*op. cit.*, p.44.

第 7 章
他にとりえた手段

1. 外交

　軍備、特に大量破壊兵器について、成果をあげてきた伝統的方法は外交である。核兵器の削減を求める交渉は、超大国についてさえ、この点に関しかなりの成果をあげてきた。超大国も核兵器の思い切った削減について時折合意してきたのである。

　イラクに対して核兵器の保有を非難し廃棄を命じる公式の安保理決議とは別に、外交レベルあるいは国家元首レベルでの外交を行う可能性は常にあった。しかし、そういった外交は十分に模索されることはなかった。軍縮に至るプロセスを開始するというイラクからの約束を取り付ける試みに協力を要請できたはずの、尊敬される国際的な著名人や国家元首たちはいる。国家元首や国際的に認められた地位をもつ人物からなる小規模の作業部会を設置する生産的な努力は、少なくとも何らかの意味のある結果を生み出したはずである。このような事柄においては、常に第一歩を踏み出すことが最も困難なことであり、いったん始まればその後はプロセス自体が勢いを得てゆくものである。

　アメリカは、北朝鮮における同様の問題の解決には外交的手段を用いると自ら宣言してきた。北朝鮮をめぐる状況では外交が好まれているのなら、何故サダムについては外交が使われなかったのか？

　またその他に、中東の国々が、この地域に非核兵器地帯をつくるための何らかの圧力を次第に強める可能性もあった。これに対する主要な障害は、イラクに対しては一発の核兵器の保有の試みでさえ暴力的に対応する国々が、イスラエルによる核軍備の保有①には何の疑いも持たずに許しているという事実である[1]。

核兵器廃絶への道は、世界中のすべての武器貯蔵庫から大量破壊兵器を廃絶するという一般的な運動である。もし世界の核大国が国際法上の義務に従って自らの核兵器を廃絶する政策に着手していたならば、サダム・フセインは実際そうしたようには兵器を開発したり、維持したりすることは到底できなかったはずである。核大国の核廃絶はまさに、国際法の一般原則に照らして義務であるばかりでなく、同趣旨の国際司法裁判所の全員一致の判断[2]の結果によっても義務である。

この点について自らの義務を履行せずにいる数カ国のうちの一つが、義務の履行を拒絶しながら他国には義務の履行を主張するということは、中立的立場の人には誰にでも、矛盾する行為と見られるにちがいない。

2．大量破壊兵器は国際法に違反するという原則についての一般的合意

イラクの大量破壊兵器保有疑惑の問題は、複数の核保有大国が自らの国際義務を尊重して、究極的廃絶を目指す核軍備の一般的削減の流れを作っていたならば、確実に解決し得たはずである。

こうした流れのなかでは、大国が軍縮することを要請する道義的権威はずっと大きくなり、抵抗できないものになっていた。

そのうえ、こうした一般的かつ全世界的な軍縮の流れは、すべての諸国間に、この一般的潮流に違反する試みを探知するためのより一層の協力を生み出すであろうし、イラクによるどんな違反も追跡することがずっと容易であっただろう。

実際、イラク戦争は世界に対して、世界が必要としている普遍的軍縮へのプロセス——文明が存続し、この星に生きるすべての生命が安全でいられるためには遅かれ早かれ始めなければならないプロセス——を始める契機を提供しうるというのが本当のところかもしれない。

3．兵器査察と発見された兵器の廃棄の継続

すでに国連には、疑惑のある兵器施設の査察、並びに発見された化学兵器・

1　See＜http://www.peaceheroes.com/MordecaiVanunu/israelnuclearweapons.htm＞and＜www.fas.org/nuke/guide/israel/nuke＞．

生物兵器・核兵器と〔安保理決議により〕禁止されている射程距離を有するミサイルの廃棄のための機構（UNMOVIC）があった。優秀な査察団が、イラクが保有していたことが分かっていた兵器の廃棄を確認することにおいて、すでに成果を上げていた。UNMOVIC は、兵器の隠蔽あるいは兵器開発計画の再開に関する証拠を何も見つけられなかった。それ故に安保理の理事国も他の国連加盟国も同様に、この〔査察〕プロセスに時間をかければ、イラクが自らの義務を履行してすべての大量破壊兵器を廃棄し、そうした兵器の製造計画を中止するということについての完全な確認を、UNMOVIC が得ると予測していた。

こうした手続は、大いに機能している最中に突然、安保理理事国の期待と予測に反して、敵対行為の開始によって中断されたのだ。

このように多くの準備と外交上のコンセンサスによって成立している手続が、途半ばにして一方的に中断される必要はなかった。

それは、国連憲章33条が、いかなる武力の行使に際しても前提条件としてあらゆる可能な解決手段を尽くすよう義務的に要求しているのであるから特にそう言えることである。

4．疑惑の立証

敵対行為開始に先立つあらゆる段階でアメリカは繰り返し、イラクには大量破壊兵器の備蓄があると主張していた。そうした主張は、イラクが否定しているときに確かなものとしてなされたが、その主張を裏付ける証拠が国際社会の前に示されることはなかった。

実際、兵器査察の進行中にアメリカは、イラクの否定をはねつける主張を確かなものとして繰り返した。世界中の人々は、アメリカがその主張を裏付ける情報を持っていると予想したが、そのような情報は決して公表されなかった。このことは、アメリカが査察官の活動の如何にかかわらず武力行使に向かっているという印象を強めた。

アメリカはイラン・イラク戦争の際にサダム・フセインに対して戦争物資を一部提供しており、イラクが国際法によって禁止された兵器を使用してイランを攻撃した際にも何もせずに傍観していたのは誰でも知っていたが、そのこと

が役には立たなかったのだ。

5．国連に対する尊重の促進

　国連もまた、この問題を解決する能力を持っていたのであり、国連と国際法の権威を高めるためあらゆる措置がとられることが期待された。〔実際には〕そのかわりにアメリカによって、国連の権威を損なう一連の行動や声明がなされたのである。

　特に、アメリカは国連に対して高慢で威嚇的な態度をとった。アメリカはしばしば、安保理が行動すべき期限を押しつけ、アメリカが望む立場を安保理がとらなければ単独で行動する用意があることを示した。

　もし国際法が機能しかつ尊重されるシステムであろうとするなら、国連のすべての加盟国とりわけ最も有力な加盟諸国による支持と協力が必要である。実際にはアメリカは、国連の権威を弱めることによって、この問題について国連が及ぼすことができたはずの重要な影響力を減じ、開始された敵対行為によって失われた数千の生命を救うことができたはずの国連の能力を低下させた。

6．戦争犯罪法廷

　国際社会は、人道に対する罪を犯した者たちが、彼らを裁くために設置された戦争犯罪法廷のような適切な法廷で裁かれることを期待するようになってきた。

　サダム・フセインや彼の共犯者の内の誰かが、戦争犯罪や著しい人権侵害を犯していたのであれば、彼等の罪を審理するために必要な制度を用意できたはずであり、また、国連の手続をその目的のために援用できたはずである。

　もし安保理がそうした方向で動いていたならば、安保理はそうした手続に向けて必要な措置をとる完全な権限を持っていた。

　そうした手続的措置は、国際法に完全に合致しかつ認められた手続であり、あらゆる禁止された兵器の備蓄を撤去することに向けて国際社会が歩みを進めることに道を開くことができたはずである。たとえサダム・フセインの身柄が拘束されていなくとも、この手続は、一旦実行に移されればおそらく、国際法システムにおける他の手続が作動する契機となり、そして、さらなる行動を求

める国際世論を形成することに必要な一定量の証拠資料を生むという結果になっていたであろう。

　こうした法廷を奨励することからは程遠く、アメリカの立場は、国際刑事手続の普遍性を受容せず、こうした裁判所を設置するためのローマ条約〔国際刑事裁判所規程〕③の当事国となることを拒否するというものであった。こうしてアメリカは、国際規模での法の支配に向けての進歩の流れの外に身を置き、イラク問題の解決に有用な他の選択肢を拒否して、現在、武力の行使と数千人の生命の犠牲をもって解決しようと試みている。こうした犠牲には、いうまでもなく、百人を超える自国民の生命と、生涯ハンディキャップを負うこととなる数百人の負傷者そして未解明の危険にさらされる数千人以上の人々が含まれるのである。

　こうした〔アメリカの〕行動は、国際規模での法の支配を強く熱望する世界に対する指導性を発揮することにはならないと考えないわけにはいかない。

7．地域的圧力

　中東地域の国々がもつ集団的な力は、どの国の政策にも大変強い影響を与える。各国とも近隣諸国の善意を涵養し維持しようとしており、特に文化的背景を共有する国々の間ではその傾向が強い。ある事柄についてこうした国々が集まり、一致した意見が表明されれば、その地域でそれは非常に大きな重みをもつこととなる。もしこの地域にイラクによる大量破壊兵器の保有の恐れがあったなら、例えばこの地域の国家元首のグループなどによる地域的圧力は、おそらくイラクの方針に相当な影響を及ぼすことができたはずである。アラブ諸国の間には幾つかの相違点があるからこうした手続きには、疑いもなく、制約が内在する。しかし宗教的・文化的な背景と伝統の共通性は、イラクに対して強い圧力を与えたであろう。自ら属する地域からのけものにされたいと思う国など一つもないから、そうした感情を利用することができたはずである。さらに、この地域にはアラブ諸国からなる十分に確立した機構④があり、この機構が十分に活用されたかどうか疑わしいのである。

8. 中東地域における他国の扱いの類似性

　大量破壊兵器の製造を禁じる国際法規範をある国〔イラク〕が遵守することに固執する一方で、同じ地域の別の国〔イスラエル〕が同じ政策を好きなように行うのを放置することは、不合理なことである。〔法の適用の〕一貫性というものは、国際法と国際社会の統治にとって不可欠なものであり、もし一国の大量破壊兵器の保有に反対する道義的に高潔な主張をしようとするなら、その近隣諸国にも同じ方針が適用される必要がある。

　イスラエルによる大量破壊兵器の保有は、この地域に緊張を生む主要な要因となってきており、もしイラクの大量破壊兵器問題に有意義な取組みをしようとするのなら、同じ点でイスラエルの行動も問題にしなければならなかったはずである。

9. 大量破壊兵器のない地帯の実現を促進する努力

　世界の幾つかの地域は、核兵器などの大量破壊兵器を自らの地理的領域から撤廃するということに、進んで取り組んできた。自分の住む地域を人類に対するこうした危険のない地域にすることを望む世論の高まりが世界中にある。アメリカの中東政策が一貫していたならば、そのような声明を中東で実現することは可能であったかもしれないが、そのための努力は、何等なされてこなかった。実際には、安保理決議687号は、イラクから大量破壊兵器を取り除くことは、すべての大量破壊兵器とその運搬用ミサイルのない地帯を中東に作るための一歩となるべきことを特に規定している。イラクの不履行を強調する一方で、中東に軍備のない地帯を実現する方向に向けていかなる意味のある措置も－実際どのような措置も－とられてこなかったのである。

第7章　訳注
① イスラエルの核保有疑惑を紹介するものとしては、さしあたり原水禁の以下のHPを参照。「現在400個の核爆弾保有？　イスラエルの核兵器を告発しよう」＜http://www.gensuikin.org/gnskn_nws/0404_3.htm＞。また、イスラエルの核兵器開発に関わったバヌヌ氏の活動も参照できる。「イスラエルの核兵器情報を暴露したモルデハイ・バヌヌの釈放」＜http://www.gensuikin.org/nw/vanunu.htm＞

② 1996年の核兵器勧告的意見で核軍縮義務の存在を認めたことをさす。核兵器の威嚇・使用の合法性に関するICJ勧告的意見については、以下の書籍に邦訳文が掲載されているのでそちらを参照のこと。「核兵器の威嚇または使用の合法性に関する国際司法裁判所の勧告的意見」(『日本原爆論大系第6巻 核兵器禁止への道 III』所収、日本図書センター、1999年)および、「核兵器の威嚇または使用の合法性に関する国際司法裁判所の勧告的意見」(ジョン・バロース著(浦田賢治監訳)『核兵器使用の違法性－国際司法裁判所の勧告的意見－』所収、早稲田大学比較法研究所叢書27、2001年)。

③ 国連は、その成立の直後から、常設の国際刑事裁判所の設立のための作業を行ってきたが頓挫していた。しかし、冷戦が終結した後、1993年になって国連安保理が旧ユーゴスラビアにおける深刻な国際人道法違反に対処するために「旧ユーゴスラビア国際刑事裁判所」を設置した。こうした動向を受けて国連総会も、常設の国際刑事裁判所の設置準備を復活し、1994年になって国際刑事裁判所規程草案が完成、1998年に外交会議において採択・成立し、2002年7月に発効した。規程の条文は、『国際条約集 2004』有斐閣、2004年を参照。

④ アラブ連盟 (League of Arab States) を指す。1945年、カイロで開催された汎アラブ会議で、アラブ民族の独立と主権の確保、平和と繁栄の中立地帯の形成を目的として、エジプト、イラク、サウジアラビアなどが組織した政治的な連盟。カイロに本部を置き、2004年現在23カ国が加盟している。

第Ⅱ部

現実の展望

第 8 章
イラクにおける敵対行為の明白な実際的結果

　どんな戦争であれ開戦すれば多くの結果がもたらされることは誰にとっても明らかであり、それを予期するには何の政治的手腕や軍隊経験も必要ない。結果というものは、敵対行為①の開始を決定するにあたり、明らかに考慮しなければならないことである。それらは戦争に含まれる道徳的かつ法的な諸問題と重要な関連がある。加えて、イラクでの敵対行為に特有の若干の要素も存在する。

1．文民の損害

　損害の大部分は文民に生じる。なぜなら近代戦は文民に対して益々多くの損害を及ぼしているからである。バグダッドの人口は500万人である。極めて限定的だったコソボ戦争でも文民500名を殺害した。アフガニスタンでは、赤十字の標章によって赤十字であることが明らかな建物が攻撃された。いくつかの結婚式のパーティも攻撃され破壊された。1991年の湾岸戦争では、最初の24時間で150の戦略目標が攻撃された。この10年の技術の進歩をもってすれば、150ではなく500の戦略目標を数分以内で攻撃することができるだろう。毎日300発のミサイル発射が予定された。人口500万の都市に起きることを想像するのは困難なことではない。1991年にはスマート爆弾②が話題になったが、それらは大してスマートではなかった。大勢の文民が殺されたが、いずれにしても、湾岸戦争で使用された爆弾のうちわずか10分の1だけがいわゆるスマート爆弾であったことが後に明らかになっている。

　そして、イラクの人口に占める子どもの比率は大きい。50％に及ぶという推定がある。彼等は、攻撃が発生した場合には当然にその犠牲者となる。もちろん、意図的な目標としてではない。軍事用語の婉曲語法によれば「付随的損

害」と呼ばれる。これは危険な婉曲語法である。生じつつある実際の損害を覆い隠すものである。付随的損害は生じるだろう。だが、現実にそれが意味するのは、何十、何百、何千もの無辜で無害な男たち、女たちと子どもたちの死なのである。さらに、イラクは独裁制であるということで非難されているが、独裁下では人々は独裁者がすることに責任を負わない。こういうわけで、イラクの人々は自分たちの誤ちではまったくないことのために苦しんでいるのである。

2．怨恨という遺産の継続

3週間以内というすばやい勝利によっても、攻撃者は何世代もの怒りと恨みを免れることはない。きょうだいたちや愛する者たち、両親らが殺されるのを、また人間の手足が吹き飛ばされたり、身体がばらばらになってあたりに飛び散るのを目の当たりにした人々は、とりわけ子どもたちは、それを忘れることも許すこともしないだろう。むしろ彼等は復讐を固く決意し、それを世代から世代へと伝えていくだろう。彼等の視点で見れば、自分たちに何の落ち度もないのに罰せられていることになるし、外国による解放が、解放されるはずの何千人かの市民を殺し不具にするなんてありえない、ということになる。それらの何千もの人々にとって、「解放」とは生命そのものからの解放という形になった。彼等の怒りの対象は攻撃を開始した諸国であり、それが国際社会の意思に反して同意なく一方的に開始されたのだとしたら、この違法性は攻撃が生み出した怒りを増幅させるだけである。すべては不幸なことだが、完全に予想できることなのである。

3．いったん開始した戦争をやめることの困難さ

戦争を開始することは易しいが、やめることは難しい。数日、数時間で戦争は開始できる。しかし生じた損害を明らかにし、一定の体面を保って撤退するには数ヶ月や数年かかるだろう。

4．結果とその成り行きの予測不可能性

いったん開始された敵対行為の成り行きは、完全に予測不可能である。どの国にも敵と味方がいる。この敵と味方は戦闘が拡大するにつれて〔その紛争

に〕引きこまれる傾向にある。直接にであれ間接にであれ新しい参入者が加わるにつれて、いつ終わるのかは誰にも分からなくなる。これは、潜在的な発火点が無数にあって一触即発の背景をもつ中東のような火薬庫ではとりわけそうだ。この地域では、多くのさまざまな忠誠とイデオロギーがあるために、たくさんの信管に火がつきやすい。世界中のどんなに賢明でどれほど十分に情報で武装したシンクタンクでも、このすべての出来事を予測することはできない。

5．兵器使用の拡大の可能性

　もう一つの明らかな戦争の結果は、兵器使用の拡大である。通常兵器の使用で始まった紛争も、紛争の激しさが増すにつれて、ついには大量破壊兵器[③]に至る、より危険なタイプの兵器の使用の手綱を弛める可能性がつねにある。とりわけ、当事者がそれを保有している場合にはその可能性がある。国際司法裁判所は、核兵器の合法性に関する勧告的意見において、国の存亡そのものがかかっている自衛の場合について核兵器の使用の合法性に関する意見を表明することを差し控えたとき、この可能性を認識していた[④]。

　この紛争は、イラクが大量破壊兵器を保有しているという前提で始まったが、実際にイラクが疑われていた兵器を持っていたとすれば、この〔大量破壊兵器保有の〕可能性は極めて現実味を帯びていた。結局この可能性は現実のものとはならなかった。無法な独裁者が実際にそれを保有していたならば確実に使ったはずの大量破壊兵器は、〔実際には〕存在しなかったか、または使用可能ではなかったことが判明した。この不使用がこの作戦の正統性全般に及ぼす影響とは別に、そのような兵器があったという攻撃国の信念からすれば、攻撃がそのような兵器による報復を招き、紛争が進行するにつれて兵器の拡大をもたらすと予想する責任が攻撃国にはあることになる。それにもかかわらず彼等は、国連憲章33条に規定される平和的紛争解決の諸手段[⑤]を尽くすことなく、人間が受ける苦難と環境の悪化を伴うことが十分に予想される武力行使の開始を決断した。

　しかし、問題はこれで終わらない。敵対行為がいったん開始されると、それはこの地域における他の紛争に拡大する可能性があり、その場合、そうした兵器の使用の危険があるのである。

6. 環境におよぼす危険

　もう一つの重要な側面は、取り返しのつかない環境破壊の可能性である。人類すべてが依存し、我々みんなが共有する地球という惑星の壊れやすい環境は、将来の何世代にもわたって取り返しのつかないほどに破壊されうる。また、健康被害の問題もあるし、現代兵器による戦争の結果として数世代に及ぶあらゆる種類の奇形児の誕生という問題もある。油井の損壊もまた、大規模な環境汚染をもたらすかもしれない。

7. 友好国との関係を損い、新たな敵対国家を生み出す

　さらに、戦争を始めれば、友好国を遠ざけ、中立国を突き放すことになり、敵国に敵意を抱かせ、自国の大義をおとしめることになることも常識である。全地球的調和、これは将来の世界秩序にとってなくてはならない大切なものだが、これが回復不能な損害を被ることになる。北大西洋条約機構（NATO）[6]のような平和維持を目的とした同盟は、その内部に分裂をきたしがちであり、たとえ最初は緊密な友好関係にあったとしても、この軍事行動を否認する側と中立を保つ側とに分裂する可能性がある。法を独占しようとする国に関して皆が同じ見解をとらないのは当然である。

8. テロリズムを加速する

　テロリズム[7]は終結するどころか、その寿命を伸ばす。膨大な数のテロリストが新たに生み出される。もしテロリズムの撲滅が目的なら、最悪の方法である。絶滅される代わりに、テロリズムは数百もの新たな命を得たのだから。これに反対の声をあげたバージニア選出のバード米上院議員は、この戦争は9・11後いったん結束した全地球テロリズムに対する同盟をぶち壊すと述べた[1]。これがテロに対する戦争を鈍らせる。最近アメリカが開始した二つの大規模な軍事行動──反テロ作戦と反サダム作戦──は、相互補完的であるどころか、正反対の方向に向かう可能性がある。だから、それは誰もが想像できる戦争の実

1　See ＜http://prorev.com/byrdtalk.htm＞．

際の結果なのである。

9．他の国に武力行使の免許を与えることになる

　もし1国または2、3の国が一方的に行動できるとすれば、他のすべての国にも一方的に行動する免許が無条件に与えられることになる[⑧]。我々の世代において国際規模の法の支配を確立したことを我々は誇りにしていた。もしも、アメリカが武力行使の一方的な資格について主張したのと同じことを主張する自由をすべての国が持つならば、国際規模の法の支配はどこにあるのだろうか？　ある国が武力行使に使える理屈は、他の国も使うことができる。もしも、ある国が、1万マイル先にあってなんのはっきりとした脅威ももたらさない国に対して一方的に武力を行使する資格をもち得るのなら、他の諸国は近くにあって現実に脅威であるかもしれない危険に対して武力行使の資格を主張できる。そうやって、国際規模の法の支配そのものが、無意味な概念のごみの山に運ばれつつあるのである。世界はそれを許容することができない。世界は、未来をこの否定的結果から方向転換させるためにできることをしなければならない。そして大切なのは、一人ひとりの行動が重要だということを忘れないことである。国際法の尊重を強化するために誰でも、自分なりのささやかなやり方でできることがある。

10．核競争を刺激する

　非常に危険なのは、現在の軍事行動が核クラブ[⑨]への参加競争を地球的規模で高めることである。核クラブはこれまで7、8ヶ国で独占されている。これが反感を助長してきた。国際司法裁判所は、核兵器勧告的意見において全員一致で、すべての核保有国にはその核軍備を削減して最終的に世界から核兵器をなくす有意義な措置を開始するきわめてはっきりとした義務があることを示した。核保有国はそうするどころか、核兵器を改良する傾向にあり、その国際義務の履行に重大な懈怠がみられる。この核兵器事件とは、国連総会が核兵器の使用が合法かどうかにつき国際司法裁判所の意見を求めた事件である。裁判所の少数派（著者もその一人だったが）は、核兵器の使用はいかなる状況でも違法であると考えており、裁判所の多数派の議論は不充分であると感じていたが、

この文脈で強調すべきことは、全判事が是認した最低限の義務でさえ核保有国は遵守してこなかったという点である。

その結果、国際司法裁判所の全員一致の意見で詳しく述べられた法的義務の重大な違反を犯している国々が、他の諸国が大量破壊兵器を獲得しようとしていると不平を言う、という異常で奇妙な状況になっている。こんな矛盾を抱えて戦争に突進することは、不可避的に地球規模の核兵器競争をもたらすだろう。核保有国は、自分たちがある行動をとっておきながら、他国がそれと違う振る舞いをするように期待することはできない。

11. 侵攻を受けた国に不安定を生み出す

現在のイラク情勢において軍事行動がもたらすもう一つの明らかな結果は、イラク国内に不安定を生み出すということである。世界は独裁者を認めない。独裁者は大量破壊兵器を使用してはならない。これは世界が同意していることである。だが、それに代わるものが外国の後援する政府だったり占領軍であったりすることも十分にある。それが、誰も予想できない形で中東の緊張を高めることもあり得る。

とりわけ双子の危険がある。現体制を打倒する外国軍の侵攻は、権力の空白を生み出し、同時に、支配をうける国の愛国感情に再び火をつけることである。旧独裁者に抵抗していた者を含めてすべての勢力が、侵攻国に対して憎しみではないにしろ憤りで団結するだろうし、占領下の新体制が継続するにしたがって、その感情は高まるだろう。こうして我々は国連の制裁なしに踏み込んだことの結果に再び直面することとなる。

予想される権力の空白の一部には、イラクの新指導者選出の困難さがある。新しい指導者が侵攻国の傀儡や任命者だと見られることには当然大きな危険が伴う。新しい指導者が民意で選ばれたのであれば別であるが、直ちに民意がまとまることは不可能である。

それは、アメリカから任命された行政官が「太守」[10]と俗称されていることにすでに現れており、第3世界が半世紀も前に歴史書に任せたいと望んだ帝国主義の記憶[11]を呼び覚ます。この任命を受けた者がペンタゴンに対して責任を負う軍人であれば彼が受け入れられるかどうかの問題はさらに複雑になる。ま

た、侵攻と占領を計画した者たちはそれがもたらす敵意を予見していたとみなされるにちがいない。

12．中東地域に不安定を生み出す

とりわけイラクでの敵対行為との関連でとりあげれば、中東[12]はいつでも政治的に不安定な地域であることを考慮すべきだ。そこでは予見不可能な形で暴力を生み出す多くの要因が作用している。権威主義的体制と民主主義を求める勢力、宗教的統治形態を求める者たちと世俗的形態を求める者、スンニ派とシーア派[13]などの対立が予見でき、これらすべての背景としてイスラエル／パレスチナの緊張関係[14]がある。この地域に侵入しようとする外国勢力、とりわけ予想される外国軍の存在は、予見しがたい形で暴力を引き起こす潜在的可能性をもっている。

さらに、国々と武装勢力が国境を超えて結びついている可能性があり、それが外国軍の介入により激発することがあり得る。民意によらない体制の崩壊というものは、これまで安定していた諸国を不安定にし、地域全体にその余波を広げるかもしれない。

13．米英の兵士に対する不必要な苦痛

双方の兵士を酷く苛む苦痛のことは、広く語られていない。アメリカの作家、ドルトン・トランボは、ベトナム戦争後、戦争とは人間のあらゆる活動形態のうち最も残酷なものである事実に注意を喚起しようと努力した。彼はいくつかの非常にぞっとするような統計を集めた。ほとんどの人の気持ちを暗くする読みものだが、そのいくつかを紹介する価値はある。これは戦争の残虐性そのものに触れるものであって、だからこそまさに戦争を主張する者たちがごまかしている事実そのものなのである。

トランボは、愛国主義と祖国のために死ぬのを賛美することなく、生の現実を強調した。彼の描写は次のようである。

「等式は以下のとおり。

　ベトナムで死んだ若者4万人。

　死んだ若者4万人は、3千トンの骨と肉、

12万4千ポンドの脳みそ、
5万ガロンの血、
けっして生きられることのない184万人の人生、
けっして生まれることのない10万人の子どもたち、
そしてわれらの負傷者30万人。
誰が知ろう。彼等はどこにいるのか？　どう感じているのか？
いくつの腕が、耳が、脚が、鼻が、顔が、失われたのか？
耳が聞こえなくなったり、口が利けなくなったり、目が見えなくなったり、あるいは、そのどれもがだめになった人は何人いたの？　一肢を、二肢を、三肢を、四肢を切断された人は何人いたの？　何人が残りの人生を動けない身体で暮らすことになったの？　軍隊自身、落とした爆弾の総トン数は確実に知っていても、失われた軍人の脚や腕の数はよく知らない。」[2]

つまり、これが戦争の生の現実であり、我々がただ望み得るのは、戦争に賛成票を投じる世界の議員たちに対して、戦争が意味するこの生の統計にしたがって考えてもらうことである。なぜなら彼等は戦争の共犯者となるからである。

14．文化財への被害

イラクは、世界文明の発祥にまで遡る文化財産の最も豊富な倉庫の一つである。考古学上、世界で最も豊かな地域の一つである。この人類全体のものである文化財産のすべてが危険にさらされることが予測されていた。この点は第10章でより詳細に扱う。

15．人道活動資金の転用

1千億ドル近くがこの戦争に費やされるかもしれない。部隊を現地で維持するのに1日あたり2千万ドル以上かかるが、これは最低費用である。武器、戦車、艦船、航空機の補強と補修（1件で10万ドル以上を費やすものも含まれて

---

[2] Dalton Trumbo, Addendum to Introduction, *Johnny Got His Gun,* US: Bantm Books, 1970.〔邦訳として、ドルトン・トランボ著（斉藤数衛訳）『ジョニーは銃をとった』早川書房、1975年、同著（信太英男訳）『ジョニーは戦場へ行った』角川書店、1971年〕

いる)、補給線の維持——このすべてに注意を払いつづける必要がある。そしてこの費用すべてが、長年にわたり設定され積み上げられてきた積立金から引き出されるが、それにより他の必要不可欠なサービスのための資金が削減されることになる。傷病者、高齢者、世界中のエイズ被害者への支援その他の人道的なサービスに必要な資金である。これらの目的のために費やされるはずであった資金が、今は戦争のために費やされ、戦争用に確保されているのである。途上国援助は干上がり、教育計画は困難になり、公共医療サービスは悪化する。これが戦争の隠れた費用であって、長期になれば社会にとって莫大な費用がかさむものになってしまうものである。

16. 攻撃国側の道徳的権威を失墜させる[15]

国際法と国際制度の尊重において米英が占める高い地位は、現在のその行動により著しく傷つけられてしまった。この世界の主要な2国がともに民主主義と法の支配に関与しながら、国際法と国連についての多くの確立した原則を無視したことは、これらの国の威信も国際規模の法の支配の威信も強めはしない。カーター元大統領はこう述べている。「次第に強まる一方的で横柄な政策は、わが国に対する国際的信頼を、およそ記憶される中で最も低いものにした。我々が明らかに国連を無視して戦争をはじめれば、アメリカの地位はさらに低下するだろう」(「正当な戦争－あるいは単なる戦争」2003年3月9日)[16]。

世界が米英を見る目はこれとほぼ同じであり、そうした姿(イメージ)は米英に言いがたい打撃(ダメージ)をあたえる可能性がある。

17. 国際法と国連に損害を与える

同じ文脈でカーター元大統領は、こうも述べている。「世界の圧倒的な反対を無視することでアメリカは、世界平和のための制度に成長する可能性をもつ国連を弱体化してしまうだろう」。超大国が国連を無視し、国連が高次の創設目的を果たすことができないことが示されるという光景に世界中が立ち会うことになる。この光景は、国連が半世紀以上前に創設されて以来この世界機構に与えられた最大の侮辱であることは間違いない。

国際連盟期[17]に、独裁政権が、地上のいかなる権力も自分たちを引き止めら

れないと確信してむき出しの力を振るい、法を無視し、思い通りに行動することを選んだ時、国際連盟は高い期待を寄せられて活動し、いくらかの成功をおさめた。一つの違いは、その時代の独裁政権は、一方的武力行使を禁止する条約にはまったく違反しなかったということである。そういった法原則は慣習法でのみ存在していたからである。その意味で、今日確立した条約義務を無視して戦争に訴える者たちは、国際法を踏みにじる事においてはそれらの独裁者たちを上まわっている。

第8章 訳注
① 原語は hostilities。1949年ジュネーヴ諸条約や1977年追加議定書では「敵対行為」と訳され、武力紛争における個々の戦闘行為を意味する。原著者はここでは、国連憲章2条4項において禁止されている、国家が行う「武力行使」(use of force) の語を使用していない。イラク戦争を国家間における問題としてより、戦場において人間一人ひとりにふりかかる問題としてとらえている原著者の視点がうかがえる。
② 精密誘導兵器の一つ。航空機から投下されたのち、レーザー光線やテレビ・カメラで目標に誘導される爆弾。1972年に米軍がベトナム戦争で使用を始めた。1991年の湾岸戦争でも使用されている。
③ 普遍的な定義はまだ存在しないが、一般に核兵器、生物兵器、化学兵器の三つをさすとされる。核兵器を除き生物兵器と化学兵器については全面的禁止条約が成立している。
④ 1996年に ICJ が出した核兵器勧告的意見では、自衛権行使の要件である均衡性を検討するなかで核攻撃の応酬が拡大する可能性が高いことに触れている。ICJ Reports 1996, para. 43.
⑤ 国連憲章2条3項では紛争の平和的解決義務が規定されている。33条では紛争解決の諸手段として「交渉、審査、仲介、調停、仲裁裁判、司法的解決、地域的又は地域的取極」が列挙され、紛争当事者に選択の自由が認められている。
⑥ 1949年に設立された西側の集団防衛機構。冷戦期は柔軟反応戦略と前方展開戦略を掲げたが、冷戦後は最小限の核抑止力を維持しつつ、兵力を縮小し、危機管理・紛争処理を中心とする戦略に移行した。この新戦略では、従来の加盟国領域の集団防衛に加えて、領域外での平和維持活動の実施が新たな任務として加わっている。
⑦ 国際法上テロリズムの統一的な定義はまだ確立していないが、一般に、政府又は革命団体が、第三者に恐怖状態を作り出すために、暴力を使用しまたはその威嚇を組織的・集団的に行い、ある政治目的を達成する手段をさすと理解されている。1960年代以降、ハイジャックなどの犯罪が続発したため、これらに対処する条約が個別に成立している。
⑧ 主権平等の原則は国際社会の基本的原則であり、国連憲章もこれを確認している（2条1項）。1国による武力行使が国際法上合法であるなら、他国による同一根拠に基づく武力行使も合法となる。
⑨ 米ロ中英仏などの核保有国をさす。1970年の拡大不拡散条約（NPT）は国際社会のほとんどの国が締約国となっているきわめて普遍的な条約であるが、ここでは、米ソ(ロ)中英仏の5ヶ国が核兵器国として核兵器の保有が認められ、その他の締約国は非核兵器国として核兵器の保有が禁じられている（1、2、9条）。1990年代に核保有を宣言したインドとパキスタン、そして核保有が強く疑われているイスラエルは NPT 非締約国である。

⑩　原文では Viceroy である。西欧列強がアジア・アフリカ諸国を植民地化した際に、本国から派遣され植民地の統治にあたった。
⑪　イラクを始めとする第3世界諸国の多くが、第2次世界大戦後まで欧米列強の植民地下にあった。19世紀における国際法は「文明諸国間の法」と理解されており、西欧諸国と同じような国内制度（司法制度）を備えた国家が文明国とみなされた。文明国とされないアジア・アフリカ諸国は、列強と不平等条約を結ぶか、列強の植民地化に置かれることとなった。第2次大戦後は非植民地化の進展とともに民族（人民）の自決権が国際法上確立し、植民地主義は否定された。
⑫　本来は極東と近東の中間を指したが、第2次世界大戦後に、アフガニスタン以西の西南アジアと北アフリカ北東部の地域の総称として定着した。
⑬　イスラム教の2大宗派をなす。スンニ派が多数派を形成し、少数派であるシーア派と対立している。シーア派はイランに多く、イラクやレバノン、シリアにも居住している。
⑭　1948年、パレスチナにユダヤ人国家であるイスラエルが誕生し、ここから追放されたパレスチナ人と彼等を支援するアラブ諸国がイスラエルと対立・抗争している問題。それぞれの宗教であるユダヤ教とイスラム教の対立も背景にある。
⑮　原著においてこの項目番号は17、次項は18となっており、16の項目が欠けている。番号を割り振る際の誤りと考えられるため、訳出にさいして訂正した。
⑯　第9章原注4を参照。〔Article by Jimmy Carter, NY Times, *Just War - or a Just War,* March 9, 2003. <http://www.nytimes.com>〕
⑰　国際連盟はウィルソン米大統領の提案に基いた史上初の集団安全保障を実現するための国際組織である。第1次世界大戦の講和条約である1919年のヴェルサイユ条約で設立が決められ、1920年に正式発足。集団安全保障制度はその性質上すべての国の参加を必要とするが、米国の不参加、ソ連の除名、日独伊の脱退などによりその普遍性は実現されず、英仏主導で運営された。連盟は設立当初は数多くの紛争の処理に成功を収めたが、30年代以降は大国が紛争当事国となるにつれ、連盟の平和維持機能は弱体化した。

第9章
占領国の義務

　どの国であれ他国を占領することは、今日では違法である。あれこれの理由からなお占領状態が生じるときでも、占領国には国際法上一定の義務が課されている。さらに、武力紛争の状態で1国が他国領域に進駐する場合には、ジュネーヴ諸条約やハーグ諸条約は進駐する国に対してその管理下に入る領域に関する信託という非常に明らかな責任①を課している。その義務には人、占領地域及び文化財の保護が含まれている。

人の保護

　人の保護に関しては、1949年の「戦時における文民の保護に関するジュネーヴ条約」が、人種、国籍、宗教又は政治的意見による差別なく、占領地域の住民を保護する義務を占領国に対して課している。敵対行為に参加しない文民は保護され、病者、虚弱者及び妊産婦は特別の保護及び尊重をうける（16条）。文民病院は、いかなる場合にも、攻撃してはならない（18条）。24条は、戦争の結果孤児となり、又はその家族から離散した15歳未満の子どもが遺棄されないことを確保するために必要な措置をとることを要求している。

　極度に烈しい砲爆撃作戦の結果が、病者と高齢者、妊産婦と子どもそして病院に対して危険であることは明らかに予見できた。この軍事作戦は、その性質と烈しさによって、明らかにこのジュネーヴ条約に違反していた。これらのカテゴリーに当てはまる人々と病院が影響を受けることは、人口が密集した都市では不可避だからである。攻撃が正当であるにせよ不当であるにせよ、占領国には明らかに、これらの特定カテゴリーの人々を積極的に援助し、病院の運営を確保する継続的義務がある。バグダッドその他の占領地からの報道が示すところによれば、むしろ、占領部隊はこの基本的義務の履行に必要な装備も要

員も準備していなかった。

環境の保護

　敵財産の破壊は、早くも1907年に、「陸戦の法規慣例に関するハーグ条約」により明示的に禁止された。それ以来、この問題については環境の重要性への関心が高まり、特に、1977年の「1949年のジュネーヴ諸条約第1追加議定書」は、自然環境に対して広範な、長期的かつ深刻な損害を与えることを目的とする又は与えることが予想される戦闘の方法及び手段を禁止した（35条）。そのような行動は実際の攻撃においてのみ禁止されているわけではない。攻撃が終了し占領が開始されるときにも、保護の義務が継続して存在する。地雷のような兵器は明らかに環境に対して危険であるし、クラスター爆弾は落ちた時にそのすべてが爆発するわけではない数多くの子爆弾を含んでおり、その使用は環境に関する義務に明白に違反している。極めて多くの子爆弾が不発のまま地雷の性質をもち、遊んでいる子どもが拾い上げたり踏んだりして爆発する可能性がある。劣化ウラン弾の使用も環境に関する義務に違反し、将来にわたり際限なく環境を汚染しつづける可能性がある[1]。

法と秩序の維持

　占領国の義務の次のカテゴリーは、法と秩序の維持であり、そのためには、必然的に責任ある占領国により事前に緊急事態対処計画が策定されていなければならない。アメリカは、とくに移行初期の困難な時期において、一定の重要な場所で法と秩序を維持するための適切な人員を欠いており、この要件を満たしていない。

　占領国は、略奪を防止し法と秩序を維持するための機構を直ちに設置すべきなのである。実際、事前にその計画をしておくことが占領国の義務であり、それに備えての緊急事態対処計画を策定しないという立場をとることは、占領国には許されないだろう。バグダッド占領の場合、占領直後の報道によれば、明らかに、大規模な略奪が起こりながらも占領軍はこれを抑止するなんらの措置

1　See generally J. E. Austin and C. E. Bruch, *The Enviromental Consequences of War, Legal, Economic and Scientific Perspectives,* Cambridge, 2000.

もとらず、実際、そのための十分な要員がいないと主張していた。そのような要員の供給は人道法の基本的要請であり、占領を念頭に置いているとしたら占領国はその計画で予定しておかねばならないものである。占領国は、引き継ごうとしている土地が砂漠ではなく、例えば、人口100万を超えるバスラや500万人のバクダッドのような、極めて人口稠密な領域であることを知らねばならない。明らかに、従来の統治システムを破壊するときには——実際、それがこの事業そのものの目的だが——新たな法と秩序のシステムを設置しなければならないのであり、それには、少なくとも法と秩序を維持し、かつ、それが破壊される人口密集地域では放置されてしまう混乱を防止するに十分な要員をもって当たらなければならない。

病院に関する個別の義務

　バクダッドの場合、公共施設の中でも極めて重要な物資や医薬品がすでに不足している病院が略奪された事実があるが、この事実に目を向けるなら、この義務の要請はより一層強いものとなる。治療を必要とする患者が避けることができた苦難を結果的に受け、実際に生命を失ってしまったとすれば、それは占領国の国際法上の責任となろう。ジュネーヴ諸条約は、医療施設は保護されねばならず、その活動は自由に行われなければならない、と明示的に規定している。だが、今回の事態では、2003年4月11日の国連イラク人道調整官室声明で報告されたように、敵対行為が停止される以前でさえ、イギリスはすでに、警告が発せられた野戦病院からの550人の医療要員の引き揚げを開始した。病院は略奪され、その大部分が閉鎖するに至っている。報道によれば、赤十字国際委員会（ICRC）②は「無政府状態と混沌」²の2語でこの状況を要約したという。この状況は、ヒューマン・ライツ・ウォッチ③の執行理事により要約されている。彼は、2003年4月9日次のように述べた。「アメリカと有志連合軍④の責任は、敵の軍隊を打倒したからといって終わってはいない。占領軍は、戦闘中だけでなく戦闘後も文民を保護する責任があるのだ」³。

2　See<http://www.redcross.org/news/in/iraq/030411baghdad.html>,
　<http://www.reliefweb.int/w/rwb.nsf/0/00fc170fb68803b2c1256d05004b7ab2?OpenDocument>and<http://www.guardian.co.uk/Iraq/Story/0,2763,934680,00.html>.

文化財の保護

第10章で別に扱う。

占領軍の速やかな撤退

　占領国のもう一つの義務は、できるだけ早く、占領した国を離れることである。その国には現在政府がないのだから、このことは、なるべく早く新政権を樹立することを意味する。

　占領国には、いかなる政府を樹立すべきかを被占領国の人民に命令する権利などない。それは完全に彼等の決定すべき事項であり、アメリカがしばしば主張するように、それは民主的に選出された政府でなければならない。いったん、そのような政府が樹立されれば、アメリカには被占領国の人民が選ぶ政府を是認したり否認したりする権利はない。イラクの多数派はシーア派であるが、仮にイラク人がシーア派の政府を選んだとしても、アメリカには、イランとの連携の可能性を理由としてその新政府を承認しないという権利はない。逆に、新政府に対して権力を引き継ぐためにあらゆる便宜を払い、そして撤退すべき義務がある。

　ひとたび一方的侵攻といった事業が開始されるや、出来事の連鎖がどこに行き着きどこまで事態が紛糾するかを予見することはできない。

　ブッシュ大統領は占領期間を2年としたが、延長されるかどうか、わからない。カーター元大統領は、2003年3月9日にこの攻撃の計画を非難したが、延長の可能性を感じて、アメリカ人に次の事実を警告した。「我々の目標と言われているものは、体制を変えて、この地域にパックス・アメリカーナ⑤を確立し、おそらくは、民族的に分裂しているこの国を10年もの長期間占領しつづけるということなのだ」[4]と。2003年4月30日、ブレア首相はイラクを国連に引き

3　On ICRC Commentary to Protocol I, Art. 87,〔see also Yves Sandoz, Christophe Swinarski and Bruno Zimmermann（eds.）, Commentary on the additional protocols of 8 June 1977 to the Geneva Conventions of 12 August 1949, Geneva: International Committee of the Red Cross, 1987, pp.1017-1023, paras. 3549-3563〕.

4　Article by Jimmy Carter, NY Times, *Just War - or a Just War,* March 9, 2003.＜http://www.nytimes.com＞

渡すのを遅らせる理由として連合軍の死者を利用したと報道された。彼はロシアで次のように述べたという。「今回のイラク戦争で戦い死亡した我らの兵士たちを考えれば、単純にイラクをすべて国連の管理に委ねることはできないし、有志連合軍は現地にいるのである」[5]と。

　占領延長の結果がどうなるのか誰も予見できないが、混乱がイラクと周辺地域にもたらされるだろう。法的理由からだけでなく自己の利益からみても、民主的に新政府が樹立されたら速やかに撤退する準備をしておかなければならないことが占領国にもわかるだろう。

　保有が疑われていた大量破壊兵器はまだ見つかっていない。発見されない以上、民主的新政府の樹立に必要な期間を越えて占領を続けることは、国際法上正当化できない。

占領による利得をしない義務

　占領国のもう一つの義務は、占領による利得をしないことである。これは極めて利他的に聞こえるかもしれないが、占領の目的は、残酷な独裁体制からイラク人を解放することと大量破壊兵器を廃棄することだと声明されていた。石油資源の管理といった利己的動機は怒りをもって否定されていたし、もしそれが本当に起これば、いずれにせよ国際法のさらなる違反となろう。同じことは、イラク復興と侵攻軍が与えた被害を修復するための契約にもあてはまる。公式の世界的な入札手続なくして好みの業者との契約を予定したり与えたりすることはできない。そのような行動は、占領地行政を律する国際法原則の明白な違反となろう。

　いま述べたことは、外国占領の基礎をなす法概念である信託の基本原則から自ずと導かれるのであり、また、とりわけ占領目的が被占領地域の人民の利益だといっている場合はなおさらである。

　イラク占領の場合、貧困な国と異なり、何百億ドルもの莫大な財政的利益が存在し、占領国がこれを管理することになるので、受託者[6]の義務の履行には注意が必要である。占領国は自動的にこの資産の法的受任者となり、国際法の

5　*Daily Telegraph,* April 30, 2003.

基本原則により、専ら当該領域の人民の利益のためにこれを保持することが義務づけられる。戦争で荒廃したイラクを復興するための契約は、公開の国際入札によって、この仕事を最もよくなしうる者と結ぶ必要があり、かつ、それは、自己の財産が破壊されたのだから再建が必要であるにしろ、最終的に支払いを行うことになるイラク人民による注意深い監視の下でなされることが必要である。イラク再建の全費用は何百億ドルにも上るだろうし、当然契約手続は世界的に精査されるだろう。直接にであれ間接にであれ占領国がそこから利益を得るなら、それは国際的信託統治の第1原則に違反することになる。それは法的にも世論に対しても占領国が責任をとるべき原則なのである。

　イラクの石油資源は、世界第2位の埋蔵量であるが、さらに開発が進めば、推定量以上になるかもしれない。この石油契約付与の手続は、国際的信託、それも、世界史上最も高価な国際的信託の一つとなろう。この高価な財産は、大量破壊兵器を集めていた暴虐な支配者から国を解放するという、まったく関係ない使命の結果アメリカの管理下に入ったものである。だが、これはアメリカ占領軍の管理下にあるイラクの財産であり、したがって、厳格な国際信託統治の諸原則の下に置かれるものである。

　もう一つ注意深く精査すべき利得源は、油田修復である。そのための契約も数億ドルに昇る。

　第1次大戦後、当時の帝国主義諸国が手に入れたドイツ帝国領を自国領に併合しようとしたとき、これに真っ向から反対したのは、アメリカ大統領ウィルソンが表明したアメリカの理想主義であったことは想起するに値する。同大統領は、戦争は勝者が略奪をするためでなく、より高次の理想のために戦われたのであって、勝利者は一見して権原がない領域からいかなる利益を得る権利もないと主張した。領域にある資産はその細部に至るまで、その領域の人民のために保持されねばならなかった。この概念は「文明の神聖な信託」[7]という最も高尚な用語に定式化されている。これこそがアメリカの基準であり、イラク占領行政を通じてアメリカ政府が当然に目の前に掲げる基準である。アメリカは世界に向けてこの理念を表明したのであり、世界はアメリカがこれを掲げるものとみるだろう。

第 9 章　訳注
① 　武力紛争に関連して行われる軍事占領は、主権の移転を伴うものではなく、被占領地域の主権は依然として被占領国に属する。占領国は占領地域において一定の権力を行使することが認められるがそれは無制限なものではなく、1907年のハーグ陸戦条約と規則や1949年のジュネーヴ諸条約により一定の制約が課せられている。原著者はこれを信託（trust）の責任と表現している。
② 　戦争における傷病者を救護する目的で1863年スイスにおいて設立された民間団体であり、国際赤十字運動の中心的役割を担う機関。スイス民法上の法人であるが、ジュネーヴ諸条約などで人道的イニシアチブの権利と呼ばれる国際法上の権利が認められており、関係国に対して人道的活動の申し出を自由に行うことができる。本部はスイスのジュネーヴ。
③ 　Human Rights Watch アムネスティ・インターナショナルにつぐ世界第 2 位の規模の人権 NGO。1978年に設立され米国ニューヨークに本部をおく。人権侵害をやめさせるための外交政策を米国政府にとらせるためにロビー活動を行っている。
④ 　原語は coalition forces である。連合軍、合同軍と訳される場合もあるが、いわゆる有志連合に参加する諸国の軍隊を指しているので、「有志連合軍」または単に「連合軍」の訳語をあてた。
⑤ 　アメリカの支配による平和の意。国際社会において他を圧倒する力を手にした米国についてパックス・アメリカーナを実現したと評されることもあるが、経済のグローバル化による相互依存の深化、国際関係における軍事力の重要性の相対的低下などからみても、米国の一方的支配が確立しているとはいいがたい。
⑥ 　原著者は軍事占領を行う側に信託の責任があるとしている。本章訳注⑦参照。また、以下で示されるように、イラクの資産は国際信託統治の諸原則の下におかれるとしている。ちなみに、国連憲章12章では信託統治制度が設けられており、施政国は、国連信託統治理事会の監督の下に、同地域の自治・独立に向けて住民の漸進的発達を促進することを目的に統治を行う。当初11の地域が同制度の下におかれたが、その後、非植民地化の流れの中で相次いで独立し、最後に残ったパラオも1994年に信託統治の地位を終了したため、同年以降、国連信託統治理事会は活動を停止している。
⑦ 　国際連盟では、第 1 次大戦の敗戦国から分離された植民地等を戦勝国が国際連盟の監督下で統治する制度を設けた（委任統治）。受任国は「文明の神聖な信託」（a sacred trust of civilization, 連盟規約22条）として同地域の統治を行うこととされた。

第10章
世界的文化遺産の破壊

　現代国際法は環境と文化財の保存に大きな価値を置いている。それらは値段がつけられず、他に代わるものがなく、しばしば現代の戦争では犠牲になるものである。だから、現代戦を計画する者にとり、環境と文化財に対する回復不可能な損害の可能性を考慮することは絶対的な法的義務である。これらの環境や文化財は１国のみならず人類全体の財産なのである。

　国際社会の決定としてではなく一方的に戦争開始を決定するとき、この責任は無限に大きくなる。個々の国がそれらのかけがえのない遺産の破壊の可能性を引き受けるからである。損害は彼等の責任となる。というのも、彼等は国際社会の代理人や代表として行動しているわけではなく、一方的な決定による既知のそして予見しうる結果については国際社会に対して個別に説明責任を負うからである。

　攻撃を開始するとき、世界の文化遺産には二つの明白な危険がある。かけがえのない文化的遺物が集積している地域、イラクは世界文明の揺籃の地であるためその集積は抜きんでているが、そのような地域で攻撃が計画されている場合では、なおさらである。第１には、このような集積地に保管されている歴史的文物が現実の攻撃により破壊されるかもしれない。バグダッドやバスラといった場所は、そのような文物が世界で最も豊富に保管されている場所として知られていたのである。第２には、空爆と体制の変更に続く不安定な状況下では、このかけがえのない、とりわけ博物館の収蔵品は、地域住民による略奪や、ジャーナリストか政府要員か軍人かはともあれ、外国人による盗難から保護する必要がある。そのすべてが実際に起こっているという証拠が相当あり、国際法上は、その責任はこの先制攻撃を決定した国にのみある。その管理下に置いた領域に関しては、まさに占領者が適切な行政を行う責任を負うからである。

エジプトやギリシア、ローマより遥か昔、イラクは文明と文化の中心地として栄えていた。バグダッドの国立博物館は、湾岸戦争後の2000年4月にドイツの援助により再開館の式典を執り行ったが、世界で最も貴重な考古学のコレクションが収められていることで国際的に知られていた。古代メソポタミア文明①の数千におよぶ遺物を収蔵していた。イラクは、おそらく、世界で最も早く文字をもち（濡れた粘土板に捺された楔形文字にそれが表れている）、最も早く、数学、複式簿記を含む会計制度、都市生活様式をもち、エジプトよりも早く彫刻、宝飾品、芸術作品を有していた。イラク博物館には、この世界最古として知られる文明の諸活動の全分野にわたる遺物が収められており、このかけがえのない世界の遺産に対する危険は攻撃が開始されるずっと以前から十分にわかっていることであった。2003年4月26日のニュース報道によれば、シュメール、アッカド、バビロニア、アッシリア、カルデアの諸文明に由来する物品、そして国立古代博物館所蔵の17万点の収蔵品を収めた最大の単一収蔵庫のうち、すくなくともその80％が盗まれるか破壊されたとされる[1]。また、この博物館は、記録に残る世界最初の成文法典であるハムラビ法典②を収蔵していた。

その近くにある国立図書館もまた、何十万もの手書きの文書や書籍を所蔵しており、その閲覧室や書庫も灰燼に帰したのである。

実際、国連教育科学文化機関（UNESCO）は攻撃開始の数ヶ月前に、アメリカ当局者に対してイラクの文化財について情報を提供していた。考古学の専門家たち——そのなかにはシカゴ大学を含むアメリカの諸大学の専門家もいたが——彼等もペンタゴン当局者に数度にわたり面会し、保護されるべきもののリストを渡していたと報じられている。2003年1月下旬には、学者や博物館の管理運営者、収集家らがペンタゴンを訪問し、イラク国立博物館の重要性を説いた。彼等の一人は、ワシントンポスト紙に対して、略奪が最大の危険であり、同博物館は考古学上イラク全体の中でもっとも重要な場所であると語った。国立図書館所蔵の50万に及ぶ書籍、新聞、文書は2日間くすぶりながら燃えつづけたのちに灰となった[2]。これらのコレクションは、イスラム文明③の知的成

---

[1] April 28, 2003. <http://www.wsws.org/articles/2003/apr2003/muse-a16_prn.shtml>

[2] *The Observer*, April 27, 2003.

果を示す比類なき見本であった。文化財諸団体もホワイトホール〔イギリス政府〕に病院や学校、諸施設の保護を呼びかけたが、ほとんど無視された。ブッシュ政権の文化担当顧問2人が抗議のため辞職したと報じられている。

1954年の「武力紛争の際の文化財の保護のための条約」は、武力紛争中に文化財を保護することを命じている。英米はこの条約を批准していないが、このことは、両国に対して世界の文化的遺産に一方的に損害を与える免許を付与するものではない。この条約は特に美術品の保護に関心をおいているが、これは第2次大戦中の欧州の占領地域でなされた美術品略奪への対応として採択されたからである。

同条約2条、3条及び4条はそれぞれ、文化財の保護、保全及び尊重を規定している。

4条3項は、締約国に対して、文化財のいかなる形における窃盗又は略奪も、文化財に対するいかなる野蛮な行為も停止させる義務を課している。米英も同条約の当事国ではないが、彼等も、この規則が文明の基本的価値を表しており占領国にそうした義務を課していることを認める点では他国と同じであろう。したがって、また、占領軍はこの必要性を予期しあらかじめ措置をとる義務がある。占領しようとしている国がイラクのように他に類例のない文化財を有している場合はとりわけそうである。

アフガニスタン戦争の直前、タリバン④がバーミヤンの大仏を破壊⑤したとき、この行為の野蛮性と文化的価値に対して示された侮蔑とに対して普遍的な抗議の叫び声があがった[3]。イラク戦争がもたらした世界の文化的遺産に対する損害はアフガニスタンで生じたそれよりもずっと大規模であり、しかも完全に予測可能であった。アフガニスタンでの破壊は意図的であり、イラクの場合、実際に起きてしまったとはいえ文化財破壊の意図がなかったことは事実である。しかし、この破壊は、極めて人口稠密な都市と建築物の多い区域に対して計画された数千回に及ぶ空爆の当然の結果であり、あきらかに予測可能であった。

この武力行使が国際社会による制裁であったとすれば、その損害の結果は、国際社会の責任となろう。この攻撃が一方的に計画され実行されたことを考え

---

[3] See＜http://rajyasabha.nic.in/rsdebate/synopsis/192/02032001.htm＞and＜http://usembassy.state.gov/islamabad/wwwh01032702.html＞.

ると、その損害の結果は国際社会の責任ではなく、その結果が予測される行動を一方的にとった国々の責任である。彼等は、歴史の審判に対して説明責任を負っている。そして、将来の世代が、世界の文化的遺産に対するこのような損害を引き起こす可能性が高く、予測可能で明白なその種の行動が、なぜ国際社会の是認もなく開始されたのかを問うのはもっともなことである。

バクダッド博物館の古器物が対象とする時期は1万年から10万年に及ぶ。アッシリア、バビロニア、パルティア、シュメール、エジプト、ペルシア、そしてギリシアを起源とする彫像や陶器類、宝石類、アンフォラ型容器である。聖書を読むものにはよく知られているカルデアのウルもまた、これらの文化財をもたらした多くの場所の一つなのである。

当時のニュースでは、かけがえのない像や遺物が野蛮な連中や略奪者らにより引き倒され、地面に投げつけられて粉々に破壊されていると報道された。アメリカ軍は、この状況をつくりだしたのだから、新たな管理主体としてこれを抑止する責任を負っていた。損害を与えているのは無遠慮な群集だけではない。2003年4月23日、ロイターが報じたところでは、アメリカの入国管理官がダレス国際空港で美術品をこっそり持ちこもうとしたジャーナリストを発見している。

これらのことから、イラクに対して、また同時に世界の文化に対して与えられた損害は巨大なものであり算定不能である。イラク攻撃が違法であるなら、この文化的損害についてだけでも、その違法性の法的責任は算定不能となるだろう。

第10章　訳注
① 前4000年紀（紀元前4000年から前3001年まで）にティグリス・ユーフラテス両河流域のメソポタミアに成立した都市文明。現在のイラク南部にあたる。
② 全メソポタミアとその周辺地域を広く支配した、古バビロニア王国のハムラビ王（前18～17世紀）が集大成した法典。282条の条文と前文・後文からなり、刑法・民法・商法など多方面の内容を持つ。
③ イスラム教とアラビア語を縦糸とし、広大な征服各地の文化遺産を横糸として形成された融合文化。バクダッド、コルドバ、カイロを中心に発達した。
④ 1994年頃からイスラムへの回帰を訴え勢力を伸ばし、1996年9月には首都カブールを制圧、1999年までには国土の9割を支配するに至った。2001年10月からの米英等によるアル・カイダとタリバンに対する軍事行動により支配を失った。

⑤ アフガニスタン北部のバーミヤンは中央アジアとインドを結ぶ要地であり、峡谷の断崖には高さ53mと35mの巨大な仏像が刻まれていた。2001年2月、タリバンの最高指導者モハマド・オマル師が布告を出し、国内の仏像を含むあらゆる偶像の破壊を命じた。諸国が中止を要請するだけでなく、3月には破壊活動の中止を促す国連安保理議長声明や破壊命令の撤回を求める総会決議55/243号（全会一致）が採択されたにもかかわらず、同月、タリバン政権はバーミヤンの大仏破壊作業の完了を発表した。2003年、「バーミヤン渓谷の文化的景観と古代遺跡群」は、第27回世界遺産委員会において世界遺産リストに登録され、同時に、国際的な協力をあおぎ、ワールド・ヘリテジ・ファンドからの支援を申請することのできる危機遺産リストにも登録された。

第11章
告発する者とされる者

　道義的正当化を求めてなされてきた試みはどれも、イラクが世界に対し隠している大量破壊兵器の保有に根拠を置いている。この基本的な主張に加えて補充的に主張されたのは、安保理決議で義務づけられたにもかかわらずイラクが査察官に情報提供を怠ったということである。

　この告発をなしているのは米英であり、その主張が実際に意味するのは、イラクによるこれら兵器の保有は国際の安全にとり危険であるということである。

　大量破壊兵器の保有や取得、生産が国際社会にとり危険であることは疑いようもない。これは、国際社会が認める一般的命題である。

　しかし、これらの法執行者たちは、同じ事情について最も著しい違反を犯している者たちに入る。大量破壊兵器が国際社会にとり危険だという彼等の主張が信頼の置けるものならば、彼等は自分自身に非難のほこ先を向けていることになる。というのは、もしイラクが犯罪者であり、その行為により道義的非難に値するのであれば、その告発者たちはもっと大規模に同じ行為を行っている事により有罪であるからである。

　アメリカは、第2の核兵器備蓄国であり、その永続的保持に固執している。この場合、アメリカにこの告発をなす正統性はあるのだろうか。またイギリスにもあるのだろうか。法を自分で独占し、武力をもって行為規則の遵守を強制することに、一体正統性があるのだろうか。それも告発者でありかつ法執行者であると自任する者たちが、告発されている者よりもより実質的な違反を犯しているのにである[1]。

1　アメリカは、核弾頭総数がおよそ18,900発であり、そのうち9千発を配備している。ロシアはおよそ20,000発であり、8千発を配備している（Nuclear Notebook, *Bulletin of the Atomic Scientists*）。2002年米国核態勢見直し（NPR）では、アメリカが核戦力を近代化したり核兵器の

アメリカは、イラク指導層が専制的性格であることと、過去の使用例とくに化学兵器の使用例から大量破壊兵器の使用可能性があることを理由にして、イラクによる使用のより大きな脅威を主張することで、大量破壊兵器の告発者としての自国の立場をイラクのそれと区別しようとした。だが、アメリカは過去に核兵器を使用したことがあるのであって、ある状況下では核兵器の第1使用を行うというドクトリンを維持しており、テロ集団やイラクに対しての核使用を排除していない[2]。

武力に訴えることが違法だという法的結論は、イラク攻撃の外的動機[3]を探すこととは全く無関係に下すことができる。武力が一方的に行使された場合、その正当化事由は説得的で明白であるべきだと言うだけで十分である。このような結論に達することは、上記で議論した要因に照らせば、不可能である。

世界から核兵器や生物兵器、化学兵器を廃絶する最良の方法は、選択的な軍縮ではなく世界同時・共通の軍縮である。とりわけ、軍縮が軍縮原則の違反者により強制されようとする場合はそうである。

古くから世界中の法体系には、その原則に、他人にしてもらいたいことをせよとの法格言が含まれている。衡平法の救済を求めるものは衡平法をなせ。法の救済を求める者はその手が汚れていてはならない①。これは、正義がいついかなる場所で論じられるにしても、正義の概念の中心にある普遍的原則なのである。

アメリカが法を独占し原則を主張していながら、他方で自身の行動によってまさにその原則を傷つけているおかげで国際的にこれを冷笑する見方が広がっている。アメリカはこの皮肉な視線から逃れることはほとんどできない。

核兵器に関しては、国際司法裁判所が、核兵器の合法性に関する事件において、全員一致で次のように述べている。「厳重かつ効果的な国際管理の下にお

　役割を拡大して、核戦力を永続的に維持しようとする意図が確認されている（NPR,＜http://www.basicint.org＞）。
 2　Pentagon Recommends Use of Nuclear Weapons, Kyodo News Agency, September 19, 2001.
 3　この点について、例えば、アメリカ下院議員で大統領候補であったデニス・クシニッチ（Denis Kucinich）は、次のように述べている。「石油は、大統領が戦争をしようとする主要な要因だ。それは単に、石油がペルシア湾岸でのアメリカの政策のあらゆる側面において主要な要因だからである」と。Obviously Oil, by Rep. Dennis Kucinich, *AlterNet,* Tuesday March 11, 2003.

いて、あらゆる点での核軍縮に導く交渉を誠実に遂行し、かつ完結させる義務が存在する」[4]と。

アメリカは、この世界最高の国際法の法廷が全員一致で明確にしたこの厳粛な義務に完全に違反している。とりわけ、あらゆる時代の中で最も注意深く思慮された重要な司法判断の一つにおいて定式化されたこのような行為規則を自分が履行していない時に、アメリカはいかなる国に対してもその履行を強制する権利を主張することはできない。

だがこれだけではない。ロバート・マクナマラ元国防長官が指摘するように、「アメリカが第１使用を否定していないこと、最近上院が包括的核実験禁止条約②を拒否したこと、アメリカの核抑止論が生物兵器や化学兵器の脅威に対抗することにまで拡大されていること、核不拡散条約６条によってわが国が負っている義務を履行していないこと、そして、対弾道ミサイル条約③の廃棄をちらつかせること、このすべてが、わが社会と指導層の思慮深いメンバーに対して取り扱うことを要請している、懸念すべき展開である」[5]。

マクナマラはさらにいう。「アメリカ人は自らの指導者がとっている核政策の現実を理解していない。理解すれば、あからさまに反対するだろうと私は思う。わが国の核抑止政策は事実上、国民の議論なしに単独で行動する大統領の手に握られている。彼は、敵国を破壊する能力を持っている。もしその敵国が核保有国なら、行動を起こすことはわが国に自滅をもたらすかもしれないのだ。そして、核の応酬は、放射性降下物により、非交戦国にも同様に甚大な損害を与えることだろう」。

外交上の上品さをもって語れば、米英の立場は次のようになる。「我々が大量破壊兵器を保有するのはまったく秩序に適ったことであるが、我々が是認しない者たちが大量破壊兵器を保有するなら、それは重大な国際法上の犯罪となるのである。彼等は、もし保有するならば厳しく処罰されて国際法を遵守させられるようになることに備えなければならない。このことは、たとえその国民

---

[4] *Legality of the Threat of Use of Nuclear Weapons, Advisory Opinion, ICJ Reports 1996*, p. 223.
[5] Foreword to Charles J. Moxley, Jr., *Nuclear Weapons and International Law in the Past Cold War World*, US Lanham: Austin and Winfield, 2000.

が国際法のこの重大な違反に責任がないとしても、彼ら自身の利益と国際社会の利益のために我々が国際法を執行しようとした場合には、彼らは何千人も殺傷されることもある。我々だけが、誰に対して行動するか、誰に対して法の遵守から例外を認めるかを決定することになるだろう。

仮に、これが国際法の基礎と国際法の執行者を自認する者の道義的権威とを侵食するものだと世界が感じたとしても、我々はそのような不公正な批判をそれに相応しい軽蔑をもって取り扱うであろう」。

外交の世界では、このようなあからさまな違法性が洗練された外交上の言辞で覆い隠されてしまうことがあまりにもよくある。外交上の言辞はその真の意味を大変効果的に覆い隠してしまうので、一般大衆全体にはその違法性がわからない。もっとも、もちろんこのことに思いをめぐらし注意を向けている人にはわかるのだけれども。孔子④は、良い統治の中心的規則の一つは、それぞれのものを本来の名前で呼ぶこと⑤だと教えた[6]。上記の要約は、この孔子の格言に倣おうとするものである。もしその結果が仰天すべきものに聞こえたなら、この厳しい現実に尻込みするのではなく、また現実を外交の覆いで隠すのではなく、むしろそれに向き合う決意をしようではないか。関連する法原則の陣列が現実に立ちはだからないがために〔反対に〕現実が確立した法原則に大混乱をもたらしつづけるというのではない。むしろ、現実に向き合う決意をすることで、沸き起こる国際世論により現実に対抗できる望みも生まれるのである。

第11章　訳注
① いわゆるクリーン・ハンズの原則を意味する。"He who comes into a court of equity must come with clean hands." とも表現される。イギリス法においては、エクイティ裁判所は、良心の裁判所として、当該事案に関連して原告側に良心に反する行為、信義誠実を欠く行為、その他衡平の原理にもとる行為がある場合には、たとえこのような行為がなければ原告の主張に正当性が認められる場合であっても、救済を拒否する。
② 略称CTBT。1996年に国連総会で採択されたあらゆる核実験の禁止を目的とする条約。96年9月署名開放、未発効。ジュネーヴ軍縮会議加盟国で原子炉を保有する国すべて（44ヶ国）の批准が発効要件とされており、発効は容易ではない。米クリントン政権は96年9月に署名していたが、上院は99年10月に批准を拒否した。
③ ABM条約と略称する。戦略兵器制限交渉において1972年5月に署名、10月に発効した米ソ（後にロ）間の条約。領域防衛のために対弾道ミサイルシステムを展開しないことを約束し、防御兵器を制限した。米ブッシュ政権は2002年6月に同条約からの脱退を正式に発表した。

6 Robert Ginsberg, *op. cit.*, p.324.

④　前551頃〜前479　古代中国の思想家。儒家の祖。家族道徳の実践から仁の完成をめざす「修身・斉家・治国・平天下」の道を説いた。

⑤　孔子は、衛公に迎えられて政治を為すことになれば、まず何から為すかと子路に問われて、「必ずや名を正さんか（必也正名乎）」と応えたという（論語、巻第七、子路第１三）。金谷治訳注『論語』岩波文庫、1963年、173頁参照。

第12章
尊敬されている指導者たちは武力行使をどう考えたか

　戦争の非難は、世界中の著述で繰り返し扱われているテーマである。もちろん、なかには戦争を賛美する詩人や哲学者がいるものの、戦争を非難する声は大きくかつはっきりとしているし、それは抗しがたい論理だけではなく戦争の避けがたい恐怖と惨めさの体験にも基づいている。戦争は文明とまったく両立し得ない制度とみるべきであり、実際、現代兵器の発達と拡散のために、戦争は文明の存立そのものと両立し得ない制度となった。

　現代の戦争を無数に体験した近年の指導者の中には、戦争の無用性についての自らの見解をはっきりと端的に述べた人たちがいる。その最も著名な人たちの中には、アイゼンハワー将軍①やマッカーサー将軍がいる。彼等ほど戦争をよく知る現代の指導者は他にほとんどいないといってもよいだろう。ここに彼等の言葉がある。

　アイゼンハワー将軍「私は語る、戦争の恐怖と尾を引く悲しみの証言者として。また再び戦争が起これば、数千年にわたりゆっくりとそして苦闘を経て作り上げられてきたこの文明が完全に破壊されてしまうかもしれないことを知るものとして」[1]。

　マッカーサー将軍「戦争は敵も味方も破壊してしまうから、国際紛争を解決する手段としては役に立たないものだ」[2]。

　歴史を少し遡れば、アメリカ史の偉人であるシャーマン将軍の言葉がある。「銃を撃ったこともなければ傷ついたものの悲鳴やうめき声を聞いたことのない者だけが、血を求め、もっと復讐を、もっと荒廃を、と声をあげるのだ。〔だが実際の〕戦争は地獄だ」。

1　Larson and Micheels-Cyrus, *op. cit.*, p.60.
2　Ibid, p.6.

政治家たちも同様に、現代戦の危険性——以前のどの世代よりも巨大な危険性——には極めて敏感であった。

はじめに、あるアメリカ大統領の見解を引用しよう。彼は、かつては尊重されていたが今や実利主義的態度に飲み込まれつつある本来の価値の再生を理想としていた。彼、ケネディー②は、戦争を終結させるべき緊急の必要性を次の言葉で要約した。「人類は戦争を終りにしなければならない。そうしなければ、戦争が人類を終らせるだろう」[3]。

そしてダグ・ハマーショルドはこう述べる。「私にすれば、戦争は常に究極の狂気だ。暴力と戦争は、私の宗教的信念と道徳観、私の常識に反している」[4]。

私たちが生きる核時代に関連すれば、さらなる意見を提示できるだろう。この核時代では兵器開発が激化することは言うまでもないことだからである。これはキッシンジャーが述べたことである。ヘンリー・キッシンジャーは、アメリカの外交政策を構築した一人と見られている。「中世の経済は現代よりもはるかに生産的ではなかったが、非常に複雑であった。今突然、20世紀の廃墟の中に中世的経済システムを確立するのはわれらの能力を超えることである。宇宙時代のゴミに埋もれて座り、あたりに現代経済の残骸が散らばるのを見るだけである。こちらに自動車、あちらに洗濯機と。必要不可欠なものではないから、自動車産業の再生に心を砕きはしないだろう。むしろどの木の樹皮が食べられるかに気を使うだろう。核戦争となれば、こんなことが起きるのである。〔しかし〕現在の状況下では大量破壊兵器の使用を排除できない」[5]。

バートランド・ラッセル③はかつて、共産主義と反共産主義のどちらも死体の山の上に築くことはできないと述べた[6]。すでにイラクでは、この国に自由をもたらすという目的のために少なくとも6千名の死体の山が築かれている。1万から1万5千名のイラク兵士が殺されたという無名のアメリカ軍士官の言葉がある[7]。これで、十分もう一つの山を築くことができる。イラクに自由を

---

3 President J. F Kennedy address to the United Nations in 1961, in *Preventive Diplomacy: Stopping Wars Before They Start*, Library Binding Edition, Kevin M. Cahill (ed.), Routledge Publisher, 2000.
4 Lawson and Micheels-Cyrus, *op. cit.,* p.44.
5 Henry Kissinger, *Nuclear Weapons and Foreign Policy,* New York: Harper, 1957.
6 Lawson and Micheels-Cyrus, *op. cit.,* p.54.

もたらすには恐ろしい前奏曲もやむをえないと考えるのはあきらかに大いなる誤りである。

戦争とはつねに次の戦争の前奏曲となる可能性があるのであって、次の戦争が起これば兵器の規模も拡大する可能性がある。圧倒的な国際世論を前にしても、武力の行使が中止されないとすれば、私たちは、ウィンストン・チャーチルがきわめて雄弁に警告した危険な状況にいることになる。「石器時代がきらめく科学の翼に乗って舞い戻ってくるかもしれない」[8]のである。

勝利とは常に空虚なものであり、苦しみを残すものであるが、このことはとくにイラクの状況に関係がある。イラクで直面すべき主要な問題は、戦争が残す苦しみの遺産だからである。

ウッドロー・ウィルソンは次のように述べている。「勝利なき平和でなければならない。……勝利とは、敗者に対して強制された平和を意味し、勝者が征服された者に条件を課すことである。それは、耐えがたい犠牲を払って、強制的に、屈辱のうちに受け入れられるであろう。傷と憤慨と苦々しい記憶が残される。平和の条件はそうしたものの上に乗せられるのだがけっして恒久的ではない。流砂の上に建てるようなものなのだ。平等な者の間の平和のみが永続し得るのである」[9]。

重要なことは、国際法を無視して、ひとたび先制攻撃と武力の一方的行使のドクトリンに訴えたなら、別の状況において他の国家が同じことを繰り返す可能性が高いことを忘れないことである。もしそうなれば、我々は核による破滅の瀬戸際に立たされることになる。次の機会には、核兵器国が他の核兵器国に対してこの権利を主張することが十分あり得るからである。

誰もが尊敬するあるアメリカ大統領は、我々に交渉の重要性を教えてくれた。彼、ドワイト・アイゼンハワーは、1956年4月、次のように述べた。

「全面的な敵対行為がその突発性の程度にかかわらず生じたときには、破壊は相互的でありかつ徹底的なものになるということを双方の側が知っているという大事な点に我々が気づくとき、実際はいつか気づくとは思うがそうなれば、

7　2003年4月28日。<http://www.wsws.org/articles/2003/apr2003/casu-a28_prn.shtml>
8　Lawson and Micheels-Cyrus, *op. cit.*, p.60.
9　Lason and Micheels-Cyrus, *op. cit.*, p.260.

軍備の時代は終わったということと、人類はこの真実に合致する行動をとらなければ死に絶えてしまうということを理解して、会議に臨むだけの良識を我々はおそらく十分に持ち合わせているだろう」[10]。

第12章　訳注
① Dwight D. Eisenhower 1890-1969　アメリカの政治家。テキサス州デニソン生まれ。第34代アメリカ大統領（1953-1961）。第2次世界大戦では、欧州連合軍最高司令官を務めた。
② John Fitzgerald Kennedy 1917-1963　アメリカの政治家。マサチューセッツ州ブルックライン生まれ。第35代アメリカ大統領（1961-1963）。1963年11月22日、遊説中のテキサス州ダラスで暗殺された。
③ Bertrand Russell 1872-1970　イギリスの数学者、哲学者、社会思想家、平和運動家。イギリス、ウェールズ地方のトレレック生まれ。第2次世界大戦後、反戦運動、植民地解放運動、原水爆禁止運動に献身。1955年にアインシュタインとともに発表した「ラッセル・アインシュタイン宣言」は後の原水爆禁止運動の礎石となった。1950年ノーベル文学賞受賞。

10　Lason and Micheels-Cyrus, *op. cit.*, p.202.

第13章
道徳的・宗教的諸側面

　これまで述べてきた章では現在の〔イラクに対する〕敵対行為のもつ法的・実際的な意味について扱ってきた。出来事が生じた経緯のもつ道徳的・宗教的な意味を考慮しなければ、その全体像は不完全となるだろう。

　道徳的側面については、バード米上院議員が、上院で述べた次の言葉に要約されよう。「兆発もされないのに、50％以上が子どもである国民に対して大規模な軍事攻撃を行うことは、わが国の最も高貴な道徳的伝統からはありえないことである」と。国際世論についてみれば、ネルソン・マンデラが最も強い言葉で地球規模の抗議に巨大な道徳的威信を添えた[1]。

　このような道徳的考察とは別に、簡潔にではあっても、世界の偉大な宗教による平和の教えに言及しておくことは極めて重要である。世界60億以上の人口のうち40億人以上がいずれかの主要な宗教に属している。これら諸宗教の教えは、その宗教の精神どおりに実践されていないことがしばしばあるにしても、世界の人々の大半が行動の適否についての考えを形作る道徳的基礎の多くの部分を提供している。したがって、戦争と平和の問題に関するこれら諸宗教の基本的な教えを想起することは、将来の世界秩序にとってきわめて実践的な関連性がある。

　平和は、すべての宗教で尊ばれる中心的価値であり、したがって、どの宗教でも平和は高位の価値を持つから、対イラク侵攻の法的・道徳的意味を主要宗教の教えとの関連で見ることは大いに適切なことである。

　ヒンズー教は、最も根本的なやり方で、宗教と国際法を結びつける。つまり、ヒンズー教では、将来の世界はチャクラヴァルティ①、つまり至上の主権者た

1　See＜http://www.cnn.com/2003/WORLD/meast/01/30/sprj.irq.mandela/＞and＜http://www.dailytimes.com.pk/default.asp?page=story_31-1-2003_pg7_26＞.

ちが支配するのではなくて、王ではない法という権威が支配すると予示している。ヒンズー教がすべての世界について目標と定めていることは、世界全体が肉体をもつ主権者ではなく法の権威の支配下に置かれることである。それはまさしく国際法の権威であるというほかはない。

これがあらゆる人民の究極的目標であり、国連憲章と国連の目標でもある。すべての諸国民は国際法の権威の下に生きることを望んでいるのであって、どこかの国民がいかに強大であろうともその強大な国民の権威の下で生きることを望んでいるのではない。我々は、このことを示すこともなく、この目標の傍若無人な妨害を許すわけにはいかないのである。

このことは、ヒンズー教の中心的教え、つまり、すべての人間は神から生じたものであるという教えにより補強される。この大家族としての人類の一人ひとりは、同じ神に由来し、この創造の根源との再統合に向けて歩んでいるのである。この観点から見れば、我々は、dharmishata、つまり正しい行いに基づく偉大なる法に支配される一つの大家族である。

あらゆる存在への普遍的な憫(あわ)れみを説く仏教は、普遍的な愛と普遍的な平和に溢れている。慈(メッター)とは普遍的な愛であり、悲(カルナー)とは普遍的な憫れみである。喜(ムディター)とはすべてのものの喜びであり、捨(ウペッカー)とは平静である[2]。仏教では、このそれぞれが瞬時に分析される。例えば、悲は32の諸相へと分析されてきた。また、仏教では、暴力は暴力を、憎しみは憎しみを生むと説き、敗者は痛みのうちに生きるが故に勝利は憎しみを生むとも説く。

国際関係については、仏教の中心的な教えの一つに紛争の平和的解決がある。ブッダ自身も、戦争や苦しみに至るような多くの紛争を平和的に解決した。国際司法裁判所には、紛争の平和的解決の最重要性を想起させるものとして一枚の銅版が掲げられている。そこには2人の族長の争いをブッダが解決し、その2人の族長が足で武器を砕いている様子が描かれている。仏教が予見したように、戦争行為ではなく平和的解決が世界秩序の基礎となることを象徴しているのである。

キリスト教も、同様に、平和の重要性を強調する。キリストが信徒たちに残した言葉は「わが平和を私はあなたたちに残します」[3]であったし、彼は平和

の君として知られていた。「地には平和、御心に適う人にあれ」④とは、キリスト教の伝統によれば、キリストの生誕を迎える天使の歌声であったから、平和はキリストの言葉の中心にあるものとしてさらに強調される。

　ルネサンス期の偉大な学者であるエラスムス⑤は、『平和の訴え』⑥と呼ばれる書物を著して、世界のどの会議場にも平和は見出されない事実を嘆き、「キリストは平和以外に何を教えられたでしょうか」と述べて、この事実がいかにキリストの中心的教えに真っ向から背いているかを強調した。

　イスラム教も紛争の平和的解決の観念を高める。アッラーは平和の源泉である。イスラム教の挨拶は「あなたに平和がありますように」となる。さらに、メッカ陥落⑦の後でさえ預言者の心には赦し以外、何の復讐の念もなかった。イスラム教では、預言者ムハンマド⑧の最後の説教は、歴史を通じて最も偉大な人権文書の一つだが、それは「アラブが非アラブに優れているわけではなく、非アラブもアラブに優れているわけではない。白人は黒人に優れているわけではなく、黒人も白人に優れているわけではない」⑨ことを強調した。

　これとの関連では、また、条約の神聖さや紛争の平和的解決などの事項が、フーゴ・グロチウスの1625年の大著⑩よりも8世紀も前のイスラムの国際法⑪に関する教説書において扱われていたことに注目するのは有益なことである。

　ユダヤ教も、同じように、平和に中心的価値をみいだす。剣が鋤に換えられ、「われらはもはや戦争を習いとしない」⑫時の到来を予見する。この平和のメッセージは、国連のホールに高々と掲げられている。

　このように、これらのすべての宗教は、平和が中心的テーマであることを我々に教えている。そのすべての教えを貫く共通の価値は、人類家族の調和、正義、平和、人間生命の至上の価値、平等、侵略の禁止、寛容、赦すこと、非暴力、紛争の平和的解決、苦難に瀕している者への援助である。これがすべての宗教が教えているものであり、また、まさしく戦争が完全に否定しているものなのである。

　このことは、テニスン卿⑬が美しく要約している。

　「われらは、遠い未来に思いを馳せる。ひとが予見する限りの。
　　世界の未来図とそこに生じる驚くべきことのすべてが見える。
　　軍鼓の響きはもう聞こえない。軍旗はすっかり畳まれているのが見える。

この人類の議会で、世界の連邦の内で。」[2]

　我々は、その人類の議会、その世界の連邦である国連を実現した。国際規模の法の支配を実現した。我々は、それを、何百万もの甚大な人命の犠牲の後に、幾世代もの人々の抗争の後に達成したのである。この価値が危機に瀕している。だからこそ、この価値が破壊されてしまわないように立ち上がる必要がある。平和のために立ち上がるのに諸宗教の教えは重要な役割を果たしうる。

　人類と文明とそして歴史のすべてが戦争に反対して大きな声をあげているように見えるとすれば、それを実現する力強い手助けになるのは、次のような言葉に示される古くからの英知を受け入れることである。ブッダは「憎しみは、憎しみによっては息まず、慈悲によってのみ息む」[3][4]と教え、また、キリストは山上の垂訓の中で「幸いなるかな　平和をつくる者。その人は　神の子どもと呼ばれるであろう」[15]と教えたのである。

第13章　訳注
① 原語ではChakravartisである。仏教では転輪聖王にあたる。
② 慈と悲とは、原語を異にしながらも、相互に流通（るつう）し合って用いられ、とくに区別する必要はないとされるが、分析を主とする論者によれば、慈は他に楽を与え（与楽）、悲は他の苦を抜きとる（抜苦）、と区別される。喜と捨は、仏教の最初期から一括して説かれることが多く、喜とは、みずからの喜びと同時に、他を喜ばすことをいい、捨とは、平静を指して、こころに動揺も偏向もまったくない在り方を表現する。中村元・三枝充惪著『バウッダ・佛教』小学館、1987年、156〜157頁参照。
③ 新約聖書ヨハネ福音書14：27。
④ 新約聖書ルカ福音書 2：14。
⑤ Desiderius Erasmus 1465頃〜1536　オランダの人文学者。1506年に『愚神礼賛』を著して教会と僧侶の腐敗を鋭く風刺。宗教改革の機運を高めた。
⑥ 一貫して平和を訴え、戦争を告発しつづけたエラスムスの発言をまとめたものであり、1525年にパリ大学神学部（ソルボンヌ）によって告発され、禁書の処分をうけた。邦訳として、エラスムス著（箕輪三郎訳）『平和の訴え』岩波文庫、1961年。
⑦ 630年、ムハンマドの率いるイスラム教軍団はメッカ攻撃を決意しメディナを発つが、メッカ側は大軍団の前に戦う意欲をなくし無血入城を許すこととなる。そこでムハンマドは以下のように唱えたという。「ま、今日のところは、貴方がたを咎め立てはいたしますまい。アッラーもきっと貴方がたをお赦しなさるでしょうよ。何しろ慈悲ぶかい上にもまた慈悲ぶかいお方ですから。」（井筒俊彦訳『コーラン　中』岩波書店、1964年、43頁）。
⑧ Muhammad 570頃-632　アラビアの預言者、イスラム教の開祖。
⑨ ムハンマドがメッカへの最後の巡礼の際に述べたとされる。

2　Lason and Micheels-Cyrus, *op. cit.*, p.266.
3　Narada Thera, *The Dhammapada*（*A Translation*）, Vajirarama Colombo, p.8.

⑩　グロチウスの主著『戦争と平和の法』(1625年刊)。彼は、三十年戦争の悲惨な現実に直面し、人類を戦争の惨害から守るために、正当戦争の理論に基づいて戦争を禁止、制限すべきことを説いた。今日の国際法学をひとまず体系づけたものとして国際法学上最も重要な文献とされる。訳書として、グローチウス著(一又正雄訳)『戦争と平和の法』巖松堂、1950～1951年がある。

⑪　イスラム法においてイスラム国家の国際関係の法の研究が体系的に行われるようになったのはアッバース朝成立後(750年以後)からであり、アブー・ハニーファ(Abu-Hanifa, 768年没)やアル・シャイバーニィ(Al-Shaybani, 802年没)らが代表的な法学者である。古賀幸久著『イスラム国家の国際法規範』勁草書房、1991年、10～11頁参照。

⑫　旧約聖書イザヤ書 2：4、同じくミカ書 4：3。

⑬　Alfred Tennyson 1809-1892　イギリスのロマン主義詩人。ビクトリア時代のパックス・ブリタニカの気風を反映して調和と秩序を謳歌し、桂冠詩人となる。代表作に『イン・メモリアム』。

⑭　『ダンマパダ』はパーリ語で書かれた仏典のうち最も有名なものとされ、南方アジア諸国に伝わっている。漢訳の『法句経』に相当する。邦訳として、中村元訳『ブッダの真理の言葉　感興の言葉』岩波文庫、1978年がある。

⑮　新約聖書マタイ福音書 5：9。

第14章
制度としての戦争を維持するいくつかの理由

　戦争は究極の蛮行として非難されつつも、戦争をすることが当たり前のように幾世代にもわたって続けられてきたことは、いつの世もかわらぬ、人間のあり方に含まれる奇妙な矛盾である。正しい考えの人々や、あらゆる文化と伝統における哲学者や宗教指導者たちは戦争を非難してきたが、いまだに戦争は、専制的支配者の政府だけでなく民主的政府までもが採用する通常の制度として栄え続けている。

　例外的に認められるものとして正しい戦争と自衛という概念が確立され、戦争に訴える場合には、これらの原則のいずれかに適合していると主張されたのである。

　だが、心理学者や社会科学者、哲学者たちはこれをさらに探求し、小規模の限定された戦争は支配者の立場を強化し威信を高める点で支配者にとり利益の源泉となるという、数多くの利己的理由を明らかにしている。実際、人民の中には被害を受けるものがでるものの、支配者には多大の利益がもたらされる。これは、アレクサンドロス大王①から20世紀の圧制者に至るまで、支配者の権力を強め人気を持続させる要素となる。成功ほどうまく行くものはないし、軍事的成功──とくに大規模な成功──ほど支配者の人気を高めるものはない。このことは、最終的にはどの戦争でも敗者となる人民が、なぜ支配者を支持し、それにより戦争を開始したがっている支配者の力を強めてしまうのかを説明する手助けともなる。

　これらは意図的に作用する要素であると考えられてはいない。基本的には平和を愛する人類は時代を通じて、紛争を解決する他の手段を十分利用できるはずの場合でも、継続的に戦争をしてきた。それを可能ならしめるのが、この戦争と平和の潜在意識心理学である。

古代のソクラテスや孔子、仏教哲学から、ルネサンス期の哲学者エラスムスを経て、近代のカント、トルストイなどに至るまで、哲学者たちは幾世代にもわたり戦争の大義と、どうして人々や政府が戦争の残虐性やその人間的価値の否定にも関わらず戦争を是認しているのかを哲学的に考察してきた。

　以下が、この戦争という瀕死の概念に見せかけの生命力が与えられているいくつかの理由である。

1. 歳入を増加しやすくなる

　戦時には歳出は大きくなる。なぜなら、軍事努力についての支出が必要とされる場合には、立法者や人々は平時におけるよりも進んで税金を負担し、財布の紐を弛めがちになるためである。戦争のための税金は、たとえ自国内で困窮者を救済するための税金であってもそれよりずっと課しやすいのである。

　アナトール・フランス[2]の警句によれば、「戦争と侵略の永続的脅威にさらされて生きる人民を支配するのはきわめてたやすい。彼らは兵器その他の軍備への出費をしつこく値切ったりはしないからだ。彼らは議論もせずに支払い、破産する。それは金融業者や製造業者のシンジケートには都合がよいのだ。彼等にとっては愛国的な恐怖心が豊かな儲けの源泉となるのだから」[1]と。

　たとえ戦費支出によって切迫した不景気が緩和されることが明らかであっても、その否定的影響は最終的には、おそらく不景気の緩和とは正反対のものになるだろう[2]。

2. 政権に対する批判が消される

　さらに、戦争は政権に対する批判を抑え込む傾向にある。戦時下の政権批判は国家に対する忠誠の欠如とみられ、極端な場合には裏切りとみられるためである。当然、人々は批判を控えがちになるが、それだけではない。あれこれの口実で、言論の自由そのものが制限される可能性がある。

1　Lason and Micheels-Cyrus, *op. cit.,* p.96.
2　アメリカ経済については以下を参照。Seymour Melman, After Capitalism From Managerialism to Workplace Democracy 2003. <http://www.aftercapitalism.com>

3．国民的諸問題の解決が先送りになる

　社会のエネルギーの大半が戦争遂行努力に向けられている時には、この最重要の目的が、貧困や失業、保健衛生、教育施設の不足といった他の問題に優先する。これらの問題は、戦時でなければ、配慮を要するものであろう。これらは、戦争終結後に必ず処理される問題だとして、いつも棚上げにされる可能性がある。

4．忠誠と服従の義務が強調される

　また、戦争は忠誠と服従の義務を強めるから、統治がずっと容易になる。権威に従うことが必要となる。そうすることが国益にかなうからである。不服従は奨励されなくなる。国家の権威を損なうことで敵を支援することになり得るからである。

5．監視システムを設置できる

　戦争状態により、平時では考えられなかったような監視システムが設置できるようになる。支配者は、若干の正統性を装ってその臣民の動静と私的な会話を監視できるし、また、いったんこのシステムが導入されれば必要に応じて拡張できるようになる。監視担当部局は、独裁の最も有効な道具の一つとなる。

6．報道の検閲を厳しくすることが可能となる

　これと結びついて、報道の検閲が厳しくなりうるし、検閲の下で、人々が知る権利を持つニュースのうち、報道されないものが増える可能性がある。また、ほとんど気づかないうちに検閲制度は軍事関連事項から政治的に微妙な事項へと拡大される可能性もある。

7．攻撃の脅威が国を刺激する

　戦争状態は敵からの攻撃の脅威を常に生々しいものに保つ。その攻撃は、いつでも予測不可能な方法で生じ得るのである。ヒトラーの右腕であったヘルマン・ゲーリング[3]の言葉がある。それは奇妙なほどに同時代的響きをもってい

る。「当然だが、一般の人々は戦争を望んではいない。ロシアでも、イギリスでも、またそのことについてはドイツでも望んではいない。理解できることだ。しかし結局、政策を決定するのは国家の指導者であり、民主主義だろうと全体主義的独裁制だろうと、はたまた議会だろうと共産主義的独裁であろうと、人々を引きずっていくのは常に単純なことだ。言おうが言うまいが、人々を指導者の命令のままにすることは常にできるのだ。簡単なことだ。なすべきことといえば、彼等に攻撃されつつあるぞと告げ、平和主義者どもを愛国心が欠如しており国家を危機にさらしていると非難するだけのことだ。これはどこの国でも同じように上手くいく」[3]。

8．戦争は軍隊を強化することで支配者の権力を強める

支配者は、軍隊の強化とそのための資源を正当に求めることができる。軍隊は支配者の統制の下で機能するので、支配者は、彼の力と重要な地位に加えてもう一つの強力な道具を得ることになる。それを用いることによって、独裁的支配者たちは歴史を通じて人々をその統制の下に置いてきたのである。

9．民衆の示威行為の制限が容易になる

戦争状態は、支配者が民衆の不満の表明をより厳しく統制することを可能にする。とりわけ人々の行進や示威運動、集会に制限を加えることははるかに容易になり、またずっと容易に許容される。

10．戦争は国民を結束させる

戦争状態は、国民の結束を強める。社会のさまざまな構成単位は、共通の敵に対して団結して一つになり、その資源を合わせ、普段なら互いに相手に向けていた力を統一して同じ方向に向ける。他の国なら国内問題について２、３の政党や政治集団が対立していることがしばしばあるが、戦時中の国はその指導者の下で固く結束するように思われ、指導者にはその視界が広がり威信が高まるという利点が付け加わる。

---

[3] Lason and Micheels-Cyrus, *op. cit,.* p.97.

戦争が終わるや否や、その国内の対立が解放されて、対立していた諸勢力は政治的優越を求めて互いに争い始める。だから、戦争をしていない国は、暴力的ではあるが集合的エネルギーが共通の目標に向けられている国よりも、決意と成果においては弱い。

11．戦争は国際協力の必要性を後回しにする

平時においては、国民は、近隣諸国民や諸国民の共同体と協力する必要がある。その意味するところは、権威ある地位にある者は国際親善のためにその権力を自発的に制限しなければならないかもしれないということである。権威主義的支配者は、当然これを嫌うのであって、国家の必要性を根拠に常に正当化できる自己の意思に国民全体を服従させることを好むであろう。自由や情報交換、旅行についての国際的に受け入れられている基準は停止される可能性がある。

12．戦争はその政権に秘密主義の特典を与える

戦争状態では、統治と政策決定公開の必要が退けられる。主要な政策決定を秘密にすることが戦争の効率的遂行にとって不可欠だからである。主要な政策決定が秘密のマントで隠されている場合、それが正当化され得るとしても、戦争遂行に直ちに必要ではない他の決定もこの秘密のマントの下にこっそり入れられる可能性があり、それに応じて政権の比較的自由に決定する力が増すことになる。

13．戦争は経済を刺激し失業を減らすようにみえる

ずっと多くの労働力が有利な条件で雇用される。不満をかかえた失業者が公然と不満をぶつけるといった、政府にとって痛手や恥になることは少なくなる。明らかにずっと多くの資金が循環し、取引が活発化したようにみえる。

消費が増える場合があるが、それは政府主導型であり、したがって、政府が望むように計画された経済が出現する。

14. 兵器研究が科学の発展を刺激する

これまで戦争は、資金を必要としかつそれを多大に利用できるという二つの好条件の下で、科学の進歩の主要な動因となってきた。宇宙物理学から情報技術（IT）に至るまでの近年の卓越した科学上の発明は軍事研究に発している。戦争をしていた国家がひとたび平和を取り戻すと、軍事に役立つ成果を求める圧力が減り、科学研究のために費やされる資金も乏しくなりはじめる。

医療研究の資金を集めることさえ容易ではない。戦時では医療研究でさえも戦時資金の恩恵を被る傾向にある。

学問の世界においてさえ、戦争研究の講座のほうが平和研究の講座よりも高等教育に導入されやすい。後者は現実に根ざさない空想的思考に見えるのに対して、軍事研究の講座は明白な実際的目的をもち現実世界に確固として根ざしているように思われるからである。

15. 戦争はしばしば戦うための理念や大義を提供する

人々は大義のためなら快適さや人生を犠牲にする用意がある。人々はその損失に不平を言ったりはしない。ほとんどの政府は、一見正しそうな戦争の理由を考え出す。この正義の目的が戦争の残虐さを覆い隠し、国民に生活の目的と、単調な日常生活に優越する、理念とを与えるのである。これらすべてがもちろん、戦争に先立ってなされる敵に関する洗脳とプロパガンダに由来している。また、メディアも敵を「悪魔」とする一方的な見方を提示することが自らの利益になると考える。

16. 有力者にとっての利益

戦争が好まれる有力な理由の一つは、権威の強化と富の莫大な集積という形で戦争から利益を得る者が大勢いることにある。それらの人々は、権威をもつ者たちとともに大きな権力をふるう。その富により大きな影響力を行使し、メディアに近づき、そして選挙に影響する力をふるう立場にあるからである。彼等の権威がいかに正統性を欠くものであっても、あまりに強力なので無視することはできない。この階級は、その全面的かつ惜しみない支持を支配者に与え

るから、支配者は新たに加わったこの力強い支持を享受することになる。

この好例が、兵器産業によるロビーイングである。兵器産業は、アメリカその他の国では議員をロビイストらの善意に依存させるだけの強力な影響力をもっている[4]。

17．軍事的な成功にも敗北にも利点がある

攻撃をする国の安全保障を脅かさない、限定された戦争や遠隔地での戦争には二つの利点がある。時折ある小規模な敗北は、攻撃国側の国家主義者の熱情を呼び覚まし、軍事的成功を達成することで負けを取り戻そうという決意の下に多様な諸団体を一つにまとめる。軍事的成功は、国民的幸福感を生み出し、勝利へ導いた指導者の下での団結が促進される。さらに、戦争が上手くいけば、付随的に攻撃国に大きな利益がもたらされる。敗戦国の資源の処分を管理することまたはそれに大きな影響力を行使することができるだけでなく、攻撃国に反対をしていたかもしれない敗戦国内の諸団体をも服従させることができる。

18．平和を愛する多数派の沈黙

軍事活動を支持する者たちは、その主張を総動員して世論を説得するキャンペーンを展開する必要がある。そうしたことは一般的に、一定期間にわたって組織的に行われ、事前の準備や既得権から得られる相当の費用支出を伴う。平和を愛する多数派はそれほど十分には組織されておらず、議論には遅れて参加し、一般的に言って、対抗できる資金源も不足している。彼等は反対運動を維持できず、いつかは闘いをあきらめ、敵対行為を既成事実として受け入れてしまう。

19．外国領域を占領することによる利益

国が軍隊を海外に展開することは常に、占領から若干の利益を得るという可能性に道を開く。占領軍が直接資源を接収するにしても、美術品や戦利品の密輸によって間接的に行うにしても利益が得られるのである。これは、古代でいえば略奪に相当する。

以上のリストに加えて以下の三つの心理的理由があげられるかもしれない。

1. 名高いドイツの哲学者、イマヌエル・カント⑤は、人がチェスをするようにして、支配者たちが、戦争をすると観察した。彼等は、快適な宮殿に座り、召使にかしずかれて、私たちがチェスの盤上で駒を動かすようにして、その部隊を動かすのである。戦場の苦悩や苦痛が彼等の心を悩ませたりすることはなく、１局負けたとしても、盤上を片付けて次の部隊編成にとりかかるのである。彼等は自らが引き起こす人間の苦痛から幾重にも切り離されているため、戦争の繰り返しを抑止する人道的節度を切り離してしまうのである[4]。

2. もう一人のドイツ人哲学者で戦争についての哲学者であるクラウゼヴィッツは、戦争は人間を条件づける通常の要素であり外交の自然の延長であるという観念に哲学的支持を与えた。このクラウゼヴィッツの哲学は、マキアヴェリその他の哲学と緊密に繋がっており、19世紀に大きな影響力をもった。つまり、戦争から支配者が得る利益と恩恵は、それに伴うあらゆる人間の苦痛にまさるという考えである⑥。

3. 同様に企業道徳⑦は、この考え方と密接に繋がっている。企業世界の倫理は、利潤の獲得と結びついている。それに伴う人間の損失は、しばしば、軽視されたり無視されがちである。このことは、おそらく地上最大の事業である軍需産業ではとりわけそうである。企業の利益があらゆるものの尺度であり、利益獲得に必要とあれば、戦争を起こせ、となるのである。過去数世紀、死と破壊をもたらす兵器から利益を得る者たちは、彼等にとってそれがいい商売である限り、死と破壊には無関心であった。不幸にも、軍需産業は近代国家の経営にとりきわめて強力な要素であり、戦争を誘発する活動を密かに行っている。その機能は一般大衆には見えないが、権力

---

[4] Immanuel Kant, Perpetual Peace 1795 in *Perpetual Peace and Other Essays on Politics, History and Morals CHP* (*Classics Series*), Hacket Publishing, 1983.

[5] James Adams, *Trading in Death — Weapons, Warfare and The Modern Arms Race,* Hutchinson, 1990; Michael Brzoska and Thomas Ohlson, *Arms Transfers to the Third World 1971-85,* Oxford University Press, 1987; Lora Lumpe (ed.), *Running Guns- The Global Black Market in Small Arms,* Zen Books, 2000.

の回廊においてはものすごい影響力を振るっているのである[5]。

　最も平和愛好的な社会でも、これらのすべての理由が累積して戦争への推進力を生み出している。これらの理由は集合して、力を強め、反対の声を抑えて戦争を推進する勢力となる。このことは、戦争の計画が進行中である場合には、戦争は他のすべての考慮に優先する事項となるからとりわけそうなる。軍事的成功ほど、不都合な問題をカーペットの下に掃き込むのを上手くやる方法は他にない。ひとたび成功すれば、当初主張された道徳的な躊躇は自然死を迎えがちであり、輝かしい軍事的成功とそれが生み出す幸福感によって無関係な領域に追いやられてしまう。

　上記の理由は、実際によく知られてはいるが、言及されることはあまりない。これらの理由が集合して恐るべき陣列が形成されるとき、世論が戦争に反対しているとしても、この陣列は好戦の方向にバランスを傾ける能力をもっている。

　ほとんど認識されていないが、これらのすべてが、戦争を助長し戦争を魅力的な活動にするのを長年にわたって支えてきた要素である。その受益者は、支配者から雇用にありつく貧しい人々にまで及ぶ。このことは、誰もが戦争を非難するにもかかわらず、戦争がいまだに、ジャガノート[⑧]のように行く手に立つものすべてを圧しつぶす制度として繁栄している理由を説明するのにかなり役立つのである[6]。

第14章　訳注
① Alexandros 前356-前323　マケドニアの王。東征してペルシアを滅ぼし、中央アジアやインド西境まで征服し、ヘレニズム文化の形成に寄与した。
② Anatole France 1844-1924　フランスの小説家・批評家。懐疑主義・合理主義的ヒューマニズムを基調とし社会主義思想にも共鳴した。1921年ノーベル文学賞受賞。代表作に『タイス』『神々は渇く』など。
③ Hermann Goering 1893-1946　ナチス・ドイツの軍人・政治家。1922年にナチスに入党し、ナチス政権の航空相・空軍総司令官となり、ヒトラーに次ぐ勢力をもった。1940年に元帥。敗戦直前にヒトラーと仲違いしすべての官職を奪われた。戦後戦犯となり、処刑前に自殺した。
④ 米国では、圧力団体、企業、外国政府といった特定の利益団体などの依頼をうけ、彼らの利益になるように政府における政策の立案・決定過程や議会での法案の作成・審議過程において政府高官、議員などに働きかけ、資料作成などを行い援助するロビイストが存在する。このような活動は米国

6　Robert Ginsberg, op. cit., p.315.

憲法修正1条に基づき市民の権利とみなされているが、この活動による議会の腐敗防止のために、1946年「連邦ロビー活動規制法」が制定され、改定を経つつ、現在に至っている。米ブッシュ政権についても軍需産業との繋がりがつとに指摘されている。

⑤　Immanuel Kant 1724-1804　ドイツの哲学者。東プロイセンの都市ケーニヒスベルグ（現ロシア領カリーニングラード）生まれ。イギリス経験論とデカルト的合理主義哲学を統合して先験哲学の方法を確立した。ドイツ観念論の祖。主著に『純粋理性批判』(1781年刊)『実践理性批判』(1788年刊)『判断力批判』(1790年刊)。

⑥　クラウゼヴィッツはその著『戦争論』において、戦争は政治におけるとは異なる手段をもってする政治（外交）の継続にほかならないことを認めている（第1篇第1章24）。邦訳としてクラウゼヴィッツ著（篠田英雄訳）『戦争論　上中下』岩波文庫、1968年参照。クラウゼヴィッツについては第1章訳注②を参照。

⑦　1970年代前半、多国籍企業の活動に対する受入国の不信が高まり、種々の国際組織において、多国籍企業の行動を規制するための行動指針（code of conduct, guideline）が作成された。例えばOECDは1976年に多国籍企業の行動指針を採択し、現地の政治活動に対して不適正な関与をしないこと等を勧告している。最近では、1999年に開かれた世界経済フォーラムの席上、コフィー・アナン国連事務総長が「グローバル・コンパクト」（GC）を提唱した。これは、企業のリーダーに国際的なイニシアチブであるGCへの参加を促し、国連機関、労働、市民社会と共に人権、労働、環境の分野における10原則を支持するというものである。GCは2000年にニューヨークの国連本部で正式に発足し、企業はその影響の及ぶ範囲内で国際的に宣言されている人権の擁護を支持し、尊重すること（原則1）、人権侵害に加担しないこと（原則2）などを内容とする。

⑧　インドのクリシュナ神像の山車。インドのPuri市では毎年の例祭にこの山車を市中で引き回す習わしがあったが、これにひき殺されると極楽往生できるという迷信から、進んでその車輪の下敷きになる者が多かったという。

第Ⅲ部

国際法の新時代

第15章
国際法の歴史の転換点

　我々は、今まさに、国際法の歴史の転換点に立っている。なぜならば、戦後の時代を通して、国際法の基本的な諸原則①に対するこれほど大きな違反は、けっして存在しなかったからである。大国に軽視されている諸原則と、まさに同じ諸原則を支持するデモが、これほど力強く、そして同時に地球規模で起こったことはない。前例のない国際法の軽視と前例のない国際法への支持が、同時に表明されたことが、国際法の将来について検討する理由である。どちらの選択肢が、明日の世界秩序の基礎を提供するのだろうか？

　化学賞と平和賞で２度のノーベル賞を受賞したライナス・ポーリング②は、「今こそ、我々は人類を苦しめている有史以前のバーバリズムの名残を、世界から永遠に除去しなければならないのです。我々、あなた方と私は、この特別な時代を生きる特権をもっているのです。世界の歴史の中でもこのユニークな時代は、数千年におよぶ戦争と苦しみの時代と、未来、すなわち平和、正義、道徳、人間の幸福という偉大な未来との境界となる時代なのです。我々は、戦争の廃絶という目標を達成し、戦争を世界法により置き換えることに貢献できる機会に立ち会うという特権を持っているのです」¹と述べた。

　避けられないと思われるものに従うという消極的な考え方をすること、そして、武力による法の侵害を、来るべきものの抵抗できないサインだと考えることは、あまりにも安易なことである。これに対して、地球規模での市民による意見の表明を、超大国による国際法の侵害よりも、強力に将来を指し示すものと見なすような、より困難な立場をとることもできる。ちょうど国内的な文脈では、「人民の力」が独裁的な統治者と対決して、これに打ち勝つというよう

1　Irwin Abrams (ed.), *The Words of peace: Selections from the speeches of the winners of the Nobel Peace Prize*, New York: New Market Press, 1990, p.57.

に、国連憲章の基礎である人民の力が（国連憲章の前文「われら連合国の人民は」参照）、超大国に対決するという将来につながる重要な瞬間に我々は直面しているのである。自分の権利や保護の基盤が侵害されたときに、人民が沈黙したままであるなら、独裁政治を強化し、弱者の権利を踏みにじることへの近道となってしまうのである。あの重要な格言によれば、民主主義は構築されてきたものなのである。自分たちの民主主義の伝統を誇りにしているアメリカ国民やイギリス国民よりも、この事実を良く知っているものがいるだろうか？彼らの民主主義の考え方が、彼ら自身のためだけでなく、全世界のためでなければ、矛盾してしまうことになる。法が、強者も弱者も同様に統治しないかぎり、国内的な自由は失われてしまうだろう。これが、彼らの基本的な信念であるにもかかわらず、自分たちの政府が世界法に反する原則に基づいて行動することを許すなら、世界規模での自由の喪失の当事者となってしまう。アメリカ国民とイギリス国民が、現在の出来事の意味に気づいていれば、彼らは国際法による世界の支配を高める運動の最も強い同盟者となるだろう。

　民主主義の諸原則や法の支配を踏みにじろうとする政府の試みは、世論の結集した力（時には、「人民の力」と言われる）によって、何度も抑止されてきた。大多数の国民国家に共通する意見と国際世論は、かつてないほどに結集している。この事実を無視しようとする国々は、遅かれ早かれ、自らのイメージや権威に対する損傷が、とうてい修復不可能となることに気づくだろう。我々は今、国際法が、国際法を軽視した大国にその歩みを戻すよう強いるという、国際法の転換点に立っているのである。

　インドの古代の哲学者は、誰が最終的な世界の統治者になるかということを考えた時に、まさに同じ問題を検討した。そして、それは強力な君主や超大国ではなく「王ではない法という権威」[2]であるという結論に達した。法の支配なしには、人類の将来は無益で希望のないものとなってしまうというように、最終的には法の支配が至上のものであることについて、これほど的確な表現はないだろう。

　これが、我々が今直面し、避けることができない問題の重さである。

2　See further U.N Goshal, *op. cit.* 〔第1章原注3〕

手短に言えば、大国は罰せられることなく法を無視することができるという消極的な見解よりも、積極的な見解をとることが重要である。1953年にアルバート・シュバイツアー③が述べたように、「(戦争は、我々に他の選択肢を与えない。それを受け入れる他ないと考えることによって)自分自身の運命に身を任せてしまうことは、非人道的な罪を負うことであることを、我々全てが認識しなければならない。このことを認識することの恐怖は、我々を無気力な状況から呼び戻し、希望や意思を、戦争が起こりえない時代の到来へ向かわせるだろう」。

イラク侵攻の非常に素早い成功と、アメリカによるイラク全土の支配の確立は、武力行使を防止する手段として、国際法の諸原則の厳守の重要性を主張していた人々を落胆させた。国際法は無益であり、最も必要とされるときでさえも役に立たないという感覚が広まっている。敗北主義的な感情は、戦争に反対した多くの人々に、侵攻と国際法無視を既成事実として受け入れさせるように作用した。

世界が、敗北主義的な姿勢に屈服すべきではないことが重要である。むしろ、今は、国際法の遵守の原則を再構築することの重要性が、世界に示されている機会として捉えるべきである。さもないと、国際問題は力が支配するジャングルの掟へと急速に逆戻りし、第1次世界大戦、第2次世界大戦のすべての犠牲は無駄なものとなってしまうだろう。力は正義ではなく、一方的な力の行使は、国際社会の基本的な法の侵害である。強国が法であるというような帝国主義の時代は、過去のものであるという基本的な事実を確認するために、大規模な国際世論を構築することが必要である。

数億の一般市民が、自分たちの意見を平和的な手段で示すために街頭に出た時、国際社会のあらゆる部分(豊かな世界と貧しい世界、攻撃をしている国と中立国、キリスト教徒とイスラム教徒、仏教徒とヒンズー教徒、アラブ諸国と西側諸国)でデモが起きたこと、そして最も大規模なデモのいくつかがアメリカ、イギリスで起こったことは、驚くべきことであった。この事実が示していることは、何億もの人々が、国際的な諸原則が踏みにじられることを非常に危惧しており、彼らが重要と考える諸原則を支援し、集まるために多くの貴重な時間を費やす用意があったということである。年長の専門家から学生まで、あ

らゆる分野の人々が集まるのを見ること、そして、これらの出来事の意味するものに彼らがどれほど深く困惑しているかということを見ることは、感動的な経験である。彼らは、政府がこのような集会に反対したり、解散させようとしたり、また実際にいくつかのデモで起こったように、負傷するかもしれないということは知らなかった。

　このようなことを再び起こさないための原則を確立するための強い基盤となる大衆的意見がそこにはあった。問題は、どのようにすれば達成されるのか、そのためには実際にどのような行動がとり得るのかということである。

　人権や自由の保護のために世界中の人々が連帯して、人民の力による主張が成功した例は、過去の歴史には数多くある。近年における雄弁な例としては、強固なアパルトヘイト制度④に反対した世界規模のキャンペーンがある[3]。人々は様々な手段で、一致した反対の力を示した。南アフリカ政府は、非常に強固に確立されており、世界中の多国籍企業や強力な政府からの支援を受けていた。しかし、結束した国際世論はアパルトヘイト体制を屈服させたのである。重要なことは、失望しがちな気持ちに対抗すること、将来の国際秩序にとって脅威となるものに関する情報を広く伝えること、国際法と国際連合を実現するために必要であった莫大な犠牲を意識すること、世界中の非暴力グループの力をつなぎ合わせること、主要な宗教の内部にある社会活動組織の力を結集させること、軍需産業の成立に不可欠な民衆の力を動かすことである。これらのうちのいくつかを行うことは有益だろう。

　第16章以下の章では、意識の向上、姿勢の変更、ネットワーク化、軍縮、国連改革、発展のための協力といった観点から同じ問題を検討する。

　これらの提案は、安全保障理事会の5ヶ国の常任理事国が享受している拒否権の修正あるいは廃止のように国連憲章の根本的な改革という現在では困難だが、望ましい課題には触れていない。そうした段階は、長期的には不可欠である。なぜなら、国連憲章の構造は、半世紀前の条件に適合したものであって、すべての時代に適合できるものではなく、いつかは改革されなければならないものだからである。こうした改革は、やがて起こるに違いない。しかし、現在、

---

[3] See generally C. G. Weeramantry, *Apartheid: The Closing Phases?*, Melbourne: Lantana, 1980.

大国は非常に強固であり、特権を手放すことはないだろう。今日必要なことは、国連憲章を根本的に改革することなしに、世界の人々が共通の意思によって達成できる事柄である。これから提案することは、現在可能な範囲内のことなのである。平和への意識、態度、統一された努力において必要な変化が達成されたとき、より大きな変化がこれに続くだろう。改革の提案の多くがそうであるように、はじめから大規模な改革を行うことは、徒競走の始めに越えることがほとんど不可能な障害を置くに等しい。走者がしばらく走り、ウォームアップすれば、そうした障害を彼らの歩幅で乗り越えられるだろう。しかし、それ以前には無理なのである。これから述べるすべての提案は、現在可能な範囲内のものであり、その後の大きな変化を可能にするものである。第一歩なくして、そのような変化は起こらないのである。

第15章　訳注
① 国際法の基本的な原則はいくつかあるが、ここでは、国連憲章2条4項が規定する武力不行使原則を指すと思われる。国連憲章は、原則として武力行使を禁じており、例外的に武力行使が認められるのは、①国連憲章51条の自衛権、②国連憲章第7章に規定されている安全保障理事会決議に基づく軍事的強制措置、③国連憲章53条、107条の旧敵国条項に限られている。
② Linus Carl Pauling 1901-1994　アメリカの化学者。オレゴン州ポートランド生まれ。抗原抗体反応理論の研究により、1954年ノーベル化学賞、さらに核実験反対の署名を世界中の科学者に訴え、平和運動を促進した功績により、1963年ノーベル平和賞を受賞。
③ Albert Schweitzer 1875-1965　フランスの音楽家、神学者、哲学者、医師。ドイツ領（当時）のアルザス生まれ。アフリカにおける医療活動の功績により、1953年ノーベル平和賞を受賞。
④ Apartheid　南アフリカで行われてきた白人優位の人種差別政策をいう。職業選択の制限、異人種間の結婚の禁止、人種別の居住地域の指定などが行われていた。これに対して国際社会から強い非難を受けていた。1990年のデクラーク政権の誕生により、アパルトヘイト撤廃がすすめられ、1991年にはアパルトヘイトの基幹法が廃止された。1994年には、黒人を含む全人種参加の総選挙が実施され、黒人のマンデラ大統領が選出された。これにより17世紀半ばから続いた、少数の白人による支配は終結した。

第16章
意識の向上

国際法違反についての知識を広め、意識を向上させること

　国際法の初歩的な知識でさえも、イラクに対する米英の行動が、国際法の基本原則をすくなくとも1ダースは侵害していることを明らかにするだろう。平均的な市民は、この事実を知らない。この事実を知っているなら、民主的に選ばれ、平等と自由という基本原則に基づいて機能する自分たちの政府が、世界的な問題の分野ではまさに自由と平等という概念を否定する行動をとることに抗議して立ち上がるだろう。

　トマス・ペイン①は、アメリカ国民は、十分に情報を与えられているなら、正しいもののために立ち上がると深く確信しており「情報が完全でありさえすれば、合理的に統治されるのであり、人々を可能な限り賢明にすることは、新世界、すなわちアメリカの習慣である」[1]と述べている。200年前にジョン・アダムズ②も同様に「人々の間に一般的な知識が共有されない限り、自由を維持することはできない」[2]と述べた。

　一般的に教育が、本による学習を重視し、統治の本質を軽視することは残念なことである。しかも、超音速移動手段が世界を小さくし、通信が即座に行われ、世界が急速に一つになりつつあるこの時代においては、統治の本質を学ぶことは特に重要である。憲法の基本的原則の意識は、いくらか伝えられているが、国際社会を規律する基礎的なルールに関する知識を伝える努力は、ほとんどあるいは全くなされていない。今日の世界で不可欠な常識は、世界秩序の原則に関する一般的な知識を含むものでなければならない。今日、すべての個人

　1　Lawson and Micheels-Cyrus, *op. cit.*, p.92.
　2　Lawson and Micheels-Cyrus, *op. cit.*, p.92.

は、自国の市民であるだけなく、世界の市民でもある。このような意味で、世界の統治に関する情報が、教育の中で伝えられなければならないのである。進んだ民主主義国家においてさえも大多数の人は、自らが構成員である国際社会の規範に関する情報に著しく不足している。それ故、これらの規範の著しい侵害は見過ごされ、批判を受けない結果、侵害がゆるぎないものとなり、取り除くことがますます困難になる傾向がある。

　国際法は、不可解な神秘ではなく、外交官や学者や立法者達だけのものでもなない。著者はアメリカやオーストラリア、スリランカの学校を訪ね、12、3才のクラスで国際法の基本原則について話をした。国際法の基本原則は、すべての子どもが理解でき、その理想主義はすべての子どもが賛同するものである。著者は、世界が、子ども達が予想するようにし向けられたほど邪悪で物質主義的ではないことに気付いて目を輝かせる様子に勇気づけられた。国際法が基礎とする道徳の原則は、若者の理想主義に共鳴したのである。

　国際法の基本原則に関する知識は、あらゆる社会的階層で伝えられる必要がある。

　同様に、市民は、これらの問題に興味を持つよう奨励される必要がある。

　このように重要な問題を、深く考えることを拒否する市民は、民主主義に背を向けることになるということを、教室を含めて社会のあらゆる階層で強調する必要がある。というのも民主主義は、政府は国民の考え方や意思を反映するという仮定の上に成り立つものだからである。世界は法の力よりも、力の掟の下で生きるべきかという非常に重要な問題に関して、意見を持たないことは、市民が生まれながらに持った自分の権利とともに自分の子ども達の権利を放棄することなのである。このことは、この問題〔世界は法の力よりも、力の掟の下で生きるべきかという問題〕と同様に重要である。この問題に関する人々の不注意やあきらめは、ある意味では、国際規模の法の支配の維持に対する主要な障害となるのである。

　戦争に参加する民主主義国家の市民は、その戦争と結果に責任を負う。なぜならば、政府を選び、コントロールしているのは、彼らだからである。戦争の被害を受けている独裁国家の市民は、自分自身の行動ではないことに苦しんでいる。なぜなら、その政府は、市民がコントロールしているわけではないから

である。この戦争の結果、殺された数千人ものイラクの市民、女性、子供、老人、病人、そしてさらに何千人以上の手足を切り落とされ、焼かれ、傷つけられ、不具にされ、障害を負い、未亡人や孤児となったイラクの人達は、自分達の決断の結果に苦しんでいるわけではない。なぜなら、彼らの国家は独裁国家だからである。しかし、彼らは、アメリカ国民の決断の結果に苦しんでいるのである。なぜなら、アメリカは民主主義国であり、アメリカ国民は戦争を決定した自分たちの政府の行動に責任があるからである。

　世界秩序の問題に関する情報と同様に、我々がこれまで行ってきた世界政府の実現へ向けての歩みに必要とされた莫大な犠牲に、敏感になる必要がある。何世紀も、何千年も、人類は、武力を用いて紛争を解決してきた。世界の諸国民が分別を持つようになり、力の支配ではなく、法の支配の下に世界を統治することに合意し、紛争の平和的解決を義務とし、1国による武力の行使を違法化するまでには、二つの世界大戦と何千万人もの犠牲を要した。世界の歴史から生まれる感覚は、これらの規範からの逸脱をチェックすることを重視しているのである。今日起こった規範からの逸脱は、国際法の構造をひどく損なうものであり、修復するには非常に大きな努力が必要である。H・G・ウェルズ③の「文明の将来は、教育と破壊的混乱のせめぎ合いである」という言葉が思い出されるのである。

このような行動の結果に関する知識と意識を広めること

　世界の人々は、現在起きている事件によって引き起こされる破壊的な結果の大きさを必ずしも認識していない。武力を用いる権利を手中にしている一つの国が、同じことをするように他の国を刺激し、その結果、国際問題においてあらゆる悪行がなされやすくなってしまうということに気づく必要がある。すべての国は、さまざまな不満や恐れをかかえており、自らの権利を主張するために、どの国がいつ武器を取るかを予測することは不可能である。特に、今日では互いを牽制し対立する二つの超大国が存在しないのであるから、そのような例が起こり易いともいえる。唯一の超大国に支持される国は、どの国であれ繁栄し、帝国主義の新たな時代が幕を開けることになろう。

　危険は、これだけで終わるわけではない。なぜなら、そのような行為は、さ

らなる苦しみや怒りを引き起こすものであり、将来、他の戦争をもたらす可能性があるからである。世界が最も必要としている軍縮ではなく、むしろ軍拡にむけた衝動が生まれるだろう。力は正義であるという信念に鼓舞されて、核クラブに入るための競争が始まるだろう。占領軍に対するレジスタンスが組織され、以前には存在しなかった新しい緊張を生み出すであろう。大量の新しいテロリストを生み出すことによって、テロリズムは新しい生命力を吹き込まれる。愛する者たちが殺され、家を破壊され、街が荒廃させられた記憶は、彼らが生き続ける限り消え去ることはなく、攻撃した国家と国民に対して計り知れない恨みを抱かせるだろう。それ故、攻撃を行った国の平均的な市民は、それ以前よりもテロリストによる攻撃の危険性が高まるのである。

アメリカ国民もイギリス国民も、自分たちの国家に対する新たな敵意を生み出すことを欲していない。これらすべてのことは、適切な見地から捉えられるべきであって、素早い勝利の喜びによって消し去られるべきではない。彼らは、紛争のさらなる拡大を防止し、すでに起こったことの破壊的な効果を制限するために、彼らの影響力を行使する必要がある。

メディア

メディアは、平和の創造に大きな貢献をしてきた。それは、様々な国際文書において認められてきた。たとえば、1968年11月28日の「マスメディアの平和への貢献に関する国連総会宣言」[4]がある。第1条は、平和を強固なものとするためには、よりよくバランスのとれた情報のより広い伝達が必要であると規定している。第3条は、マスメディアが、平和を強固なものとするために重要な貢献をするべきであると規定している。メディアが、この点に関する責任を強く自覚しない限り、平和に関して否定的な影響を与えることがしばしばあり、さらには敵意を扇動する役割さえ演じることもできるのである。

現代のメディアは、バランスのとれた世界観を投影するものとはいえない。現代のメディアは必ず、オーナーの利益を守る方に傾く。その利益は、多くの場合多国籍企業の利益である。報道の自由の原則が保護するはずの「鋭く、小さな抵抗の声」は、弱小のライバル達の多くを飲み込んだ巨大メディア組織の力によって押し殺されてきた。現在のマスメディアの忠誠心は、ほとんどが西

側工業世界や大型金融機関の利益にむけられている。ニュース項目の選択は、彼らが促進しようとしている考えに都合のいいように大きく歪曲されている。マスメディアによる世論の支配は、ほぼ完成している。彼らは、提供したいニュースを選び、どれを強調し、どれを軽視しあるいは無視するか、誰を支持し褒め称えるか、誰に反対し中傷するかを決定するからである。

　これが、1970年代にニュースをより公正なものとする新国際情報秩序への強い要請が、高まった理由である。しかし、この運動は発展することはなかった。

　現代のメディアの問題点は、情報技術の出現によって、ある程度は補完されてきた。新たな情報技術によって、より多様でバランスのとれた情報が提供されるようになった。

　1991年の湾岸戦争と2003年のイラク戦争に関するメディアの役割は、強く批判されてきた[3]。

　イラク攻撃の期間中に重い扱いをうけたニュース報道は、何百人ものイラク人の死を伝えるまでに至ったが、「残念ながら、2人のアメリカ人兵士も、この攻撃で死亡しました」と付け加えていた。全ての生命の喪失は、悼まれるべきであり、いかなる個人の生命の損失も、非常に大きな悲劇なのである。自国を防衛する側の生命の損失を過小評価あるいは矮小化することは、非常に大きな敵意を抱かせるのである。

　イラク戦争中の新たな展開は、いわゆる「従軍」ジャーナリストたちが、戦闘部隊の一部分のように生活し、作業し、移動したことである。このような取材方法は、情報へのアクセスの増加と安全性の向上という意味で利点がある。しかし同時に、軍隊に密着した結果、自然と偏向することや、検閲を受けるといった弊害もある。一般市民は、ニュース報道に基づいて、戦争がどのように戦われているか、そしてどの程度支持されるべきかということについての意見を形成するのであるから、偏向していない報道は不可欠である。それ故、「従軍」部隊は世論を形成する戦いにおいて重要な要素となりうる。

　1991年の湾岸戦争でのメディアの隠蔽、およびイラク人犠牲者の数に関して一般市民の判断を誤らせた報道のやり方は、厳しく非難されてきた。当時の批

---

[3] See Ramsey Clark, *op. cit.*, pp.143-146; John R. MacArthur, *Second Front: Censorship and Propaganda in the Gulf War*, New York: Hill and Wang, 1992.

判の多くは、2003年の戦争キャンペーンや市民の心や気持ちを獲得するために必要とされたことに照らして検討されなければならない。戦争の暗いイメージ、死体、散らばる肉体、死んだ赤ん坊と死にゆく子ども、ひどく損傷した体、これらすべては戦争の現実である。しかし、米英のニュースメディアに、このような現実が映し出されることはあまりない。ラムゼー・クラーク元司法長官は「メディアは、イラク人犠牲者についてほとんど調査してこなかった」。そして、148人のアメリカ軍の死傷者数は現時点で推定される10万人以上のイラク軍の死傷者数に比較すれば、「決して多くない」と見ている。2003年の紛争におけるメディア報道に関して、どの程度同様の批判を行うことができるかを検討する必要がある。また、この点に関してクラーク元司法長官は、「１年後のイラクは、血なまぐさく、破壊されたままだったが、アメリカのメディアは、この戦争を『過去の歴史』として扱い、一般市民の関心は、他の問題に向けられた」という非常に適切な指摘をしている。

これとは対照的に、中東の一般市民が受け取ってきたのは、無辜の非戦闘員の苦しみ、手足の切断、死に満ちた報道であり、全く異なった戦争のイメージである。一方、このような事実は、西欧の一般市民は、断片的に、あるいはほんのわずかだけ伝えられるだけだった。ニュース報道におけるアンバランスは、二つの地域の断絶を拡大させ、今後長きにわたり怒りと反感をかき立てることは間違いないだろう。

しかしながら、戦争の原因に関する報道の重要性に比較すれば、戦況に関する報道の重要性は低い。そして、この点に関して、メディアは甚だしく不十分である。2001年９月11日のアメリカ同時多発テロ事件は、メディアによってぞっとするような詳細までが、十二分に報道された。しかし、これと比較して、その原因はほとんど報道されなかった。これが、修正の必要があるアンバランスの一つである。

文明の合流を強調すること

今日世界各地で荒れ狂う紛争の多くは、たいていの場合、紛争当事者の文化や伝統の誤解に基づいている。今日の世界における文化的分断の最大のものは、西欧世界とイスラム世界の間の理解の欠如である。お互いの文化のすばらしさ

を全く認識していないのである。このことは、「文明の衝突」⑤という危険な言葉で概念化されている。

　しかし、文明の衝突という考えは全く見当違いである。歴史を通じて、相互の合流、混合、交差を通して様々な文明が豊かに発展してきたことは、ほとんど知られていないか、わずかにしか認識されていない。さらに、同様に知られておらず、認識されていないこととして、全ての文明における理想は共通しているのである。この種の無知は、文明間の知識と理解を促進する努力の強調によって克服する必要がある。イスラム文明は、ヨーロッパの暗黒時代において、あらゆる分野の知識を育て発展させることによって、西欧における学びの再生に多大な貢献をしている。8世紀から11世紀の間、あらゆる分野の知識（数学、物理学、化学、天文学、哲学、神学、社会学、医学）は、アラブ世界で育ち発展し、西欧に広がったのである。聖トマス・アキナス⑥のような西欧の学者達が取り上げたことで、西欧においてイスラム文明を学ぶことが再び盛んになった[4]。16世紀に至るまで西欧の医学の標準的教科書は、アラビア語の教科書の翻訳であったという事例がそのことを示している。トマス・アキナスは、人間の理性や探求の向上において、アヴェロエス⑦やアヴィセンナ⑧のようなアラブの哲学者から発想の大部分を得た。西欧に伝えられた人間理性の向上は、改革運動とそれに続くルネッサンスに深い影響を与えた。それらは、近代ヨーロッパの表情を形作った出来事である。イスラムの文明と文化は、その結果に大きな影響を与えた。

　こうしたつながりが西欧で知られず認められていないのと同様に、西欧の学問が世界の文化に多大な貢献をしてきたことは、アラブ世界の過激派の間では軽視されている。このような分離は解消されなければならない。両者の誤解は、互いの誤解の上に栄え、誤解がさらなる誤解を育てるのである。実際、国際法に関する最初の学術論文は、オランダのフーゴ・グロチウスが1625年に偉大な業績である『戦争と平和の法』を記した800年前に、アラブ世界で書かれていたということを知れば、多くの西欧人は驚くであろう。ところが、現在の世界では一般的に、グロチウスの著書が国際法の始まりの日と見なされているので

---

[4] Bertrand Russell, *History Western Philosophy,* London: Unwin Paperbacks, 1984, p.444.

ある[5]。

　端的に言えば、「文明の衝突」ではなく、「文明の合流」という概念を広めるために一致協力し、努力していかなければならない。というのも、全て文明は、平和、人間の尊厳、法の下の平等を教えているからである[6]。世界の文化に対するこれらの文明の貢献についての研究を比較すれば、これら二つの文明の合流が広い範囲にわたることが分かる。文明的価値の合流は、社会的経済的正義、平和、寛容、許し、他者に対する援助、平等、人類家族の統一、地球資源の公平な分配、将来の世代に対する信託、人間尊厳のような概念の中で示されている。これら概念のそれぞれについて、全ての宗教の教えは、同じ方向を向いているのである。我々の時代の悲劇は、このような教えが実は人類家族全体が受け継いできた共通のものであるにもかかわらず、いずれかの伝統に属する独占的な教えとして、地球市民に伝えられていることである。

　実際的な意味では、戦闘行為において両方の当事者が蒙った死や苦しみという代価は、取るに足りない。というのも、侵攻された地域の歴史や宗教の役割を全く理解せず、とくに地域の歴史と宗教の役割を理解することの特別な重要性を全く理解しない、こうしたことによって引き起こされる長期間にわたる損害と比較すれば、取るに足らないという議論さえなされているのである[7]。

情報の自由

　情報の自由の権利を主張することは、非暴力抵抗のもう一つの形態である。特定の行為の支持を決めるために不可欠な情報が、市民から隠されていることがあまりにも多い。大量破壊兵器の開発に支出されている金額、戦費の正確な金額、戦争のために社会福祉や対外援助から削減される金額、これらに関する統計の全てを積極的に追求する必要がある。情報の自由は、今や人権の一つであり、この人権は平和のために用いられなければならない。

　政府は、しばしば、市民が知る権利を有する情報を提供しない傾向がある。

5　Peter Calvocoressi, *A Time for Peace*, London: Hutchinson, 1987, p.45.
6　See generally C. G. Weeramantry, *Islamic Jurisprudence: an international perspective*, Basingstoke Hampshire: Macmillan, 1988; C. G.Weeramantry, *The Lord's Prayer: Bridge to a Better World*, Chicago: Triumph Books, 1998.
7　See to this effect Jonathan Rabin, "The Greatest Gulf" *The Guardian,* April 19, 2003.

特に、情報が微妙な性質の場合には、その傾向が強い。戦争に関する問題については、そのような傾向は特に強い。〔イラク戦争における〕イラク人の死傷者の公式な数字は発表されていない。ニューヨーク・タイムズは、イラク側の死傷者の問題は、幹部指揮官のための毎日の戦況説明では議論されておらず、軍は現場指揮官に対して、敵兵の死傷者の数を数えることをもはや求めていないと報道した[8]。

同様に 1991年の湾岸戦争時にアメリカ国民に提供された情報の欠如や、誤った情報の問題は、先に引用したラムゼー・クラーク元司法長官の著書のなかで、詳細に検討されている。この種の情報は、市民が戦争に対する考えや態度を決定するために不可欠であり、市民は知る権利を持っている。

情報の権利は、世界平和が世論に依存していることから、特に重要である。国連加盟国の市民は、受け取った情報に基づいて、地球的かつ国際的な問題について意見を決定する。だから、歪んだあるいは不完全な情報は、国際協調を阻害し、最終的には国際平和の破壊をもたらしかねないのである[9]。

第16章訳注

① Thomas Paine 1737-1809 アメリカの思想家。イギリスのノーフォーク生まれ。著書の『コモン・センス』は、アメリカの独立戦争に大きな影響を与えた。
② John Adams 1735-1826 アメリカの政治家。マサチューセッツ州ブレイントリー生まれ。第2代アメリカ大統領（1797-1801）。
③ Herbert George Wells 1866-1946 イギリスの小説家。SFの古典と呼ばれる作品で有名。代表作に『タイム・マシン』、『宇宙戦争』、『モロー博士の島』がある。
④ この宣言は、1978年11月28日に国連教育科学文化機関（ユネスコ）で採択された「平和と国際的な理解の強化、および人権、反人種差別、反アパルトヘイト、反戦争扇動の促進に貢献するマスメディアの基本原則に関する宣言」(Declaration on Fundamental Principles concerning the Contribution of the Mass Media to Strengthening Peace and International Understanding, to the Promotion of Human Rights and to Countering Racialism, Apartheid and Incitement to War) と思われる。
⑤ 「文明の衝突」(clash of civilizations) という言葉は、ハーバード大学教授サミュエル・ハンチントン（Samuel P. Huntington）の著書 *The Clash of Civilizations and the Remaking of World Order*, New York: Touchstone, 1997（邦訳サミュエル・ハンチントン著（鈴木主税訳）『文明の衝突』集英社、1998年）のタイトルの言葉である。ハンチントンは、この著書の中で冷戦後の世界

8　See＜http://www.wsws.org/articles/2003/apr2003/casu-a28_prn.shtml＞.

9　See generally C. G. Weeramantry, *Justice Without Frontiers: Furthering Human Rights, vol. 1*, The Hague: Kluwer Law International, 1997, p.252.

は7〜8の主要文明からなる世界であり、広範な戦争にエスカレートするおそれが強いのは、文明を異にするグループや国家の間の紛争であるとして、文明間の衝突の可能性を強く指摘している。

⑥ Thomas Aquinas 1225-1274　イタリアの哲学者、神学者。ドミニコ会の修道士で『神学大全』の著者として知られる。

⑦ Averroes 1126-1198　イブン＝ルシュド（Ibn Rushd）のラテン名。イスラムの神学者、思想家、医学者。スペインのコルドバ生まれ。アリストテレス哲学の注釈は、多方面の業績のうちでも特に重要。彼の数多くの著作は、スペインのユダヤ人哲学者たちによってヘブライ語に訳され、西欧に伝えられた。

⑧ Avicenna 980-1037　イブン＝シーナー（Ibn Sina）のラテン名。イスラムの医学者、哲学者。中央アジアのブハラ生まれ。イランの各地で活動した。『医学典範』により、中世ヨーロッパに大きな影響を与えた。

第17章
姿勢の変更

敗北主義や諦めに抵抗すること

　全ての個人が、より良い世界を創造するために貢献できる自分の能力に気付くことが重要である。最近の分析によれば、政府の見解は、結局のところ、当該国家を構成する何百万の人々の意見により形成されているのである。しばしばそうであるように、多くの人々が、自分の意見を表明しなければ、政府は自らが望むことを自由に行うことができるのである。非常に多くの場合、政府は、自らに様々な形の利益をもたらす貿易やその他の企業から強い影響を受ける。そして、平和を望む大多数の人々は、戦争を叫ぶ人達ほど組織化されておらず、主張をはっきりさせることもない。

　あらゆる文化は、社会全体の状況を改善するために、個人ひとりひとりが貢献することの重要性を強調している。たとえば、孔子の思想によれば、完全な個人を作り上げるために必要な八つの要素のうちの一つは、世界を改善するために個人が最善をつくすことであるとしている[1]。古代の賢人の格言から、学ばなければならないことは多い。なぜなら、現代の市民は、非常に多くの場合、時代の重要な出来事から逃避して孤立し、政府の手に自らをゆだね、自分の力のなさに納得してしまうからである。個人ひとりひとりは、その時代の重要な問題について、自らの役割を果たさなければならないのである。

　自由は闘い続けなければ失われるということ、そして闘いは敗北したからといって諦めてはならないということ、これはまさにアメリカの伝統なのである。国際法の大義は今回、最も深刻な敗北を喫した。しかし、国際的な自由という

---

[1]　D. Howard Smith, *Confucius*, New York: C. Scribner, 1973.

大義は生き残っている。「闘い続けなければならない。自由という大義は、1回のあるいは100回の敗北という結果の後でさえも、放棄してはならない」[2]というエイブラハム・リンカーン①の言葉は、国内的自由に関して発言されたものであるが、世界的な自由に関しても、より高い妥当性を有している。

倫理規範の向上

倫理規範は、労働者、技術者、消費者、企業、投資家などのあらゆる階層において発展させる必要がある。

たとえば、著者が作成した核科学者向けの倫理規範案が『社会発明事典』[3]に記載されているので、参考にされたい。大量破壊兵器を製造する科学者であれ、兵器工場の労働者であれ、あらゆる階層において倫理規範が作成される余地がある。

倫理規範は、全ての専門職、会社役員、企業、投資家、官僚、NGO、政治家、外交官などのあらゆる階層に向けて作成される必要がある。利益を優先する商業倫理は、最近では公的活動の全ての領域に浸透しており、過去から受け継いできた多くの倫理的な考え方を押しのけてきた。戦争に関連する活動を直接、あるいは間接的に促進するような活動を避けるような倫理原則を強固なものとするために、全ての階層で意識的な努力がなされなければならない。

たとえば、小規模の投資家は、一生懸命稼いだ貯蓄を、戦争のような活動を支援する会社に投資することを拒否することによって、大きな衝撃を与えることができる。株主総会に出席することで、投資した企業が、軍需産業の多様な側面のいずれかに何らかの形で関係しているかについて問題提起することができる。たいていの場合、個人的な行為の問題とは無関係であるという理由から、倫理規範から排除されてきた世界秩序や世界平和という視点を強調するように倫理規範は作られる必要がある。たとえば、法律家の高度な倫理規範には反戦という原則は含まれていない。しかし、法律家は他の職業人と同様にこの問題

---

2 Lawson and Micheels-Cyrus, *op. cit.,* p.246.
3 *Encyclopedia of Social Invention: A collection of over 500 of the best ideas from around the world — new and imaginative visions, systems, services and projects for teaching problems and improving the quality of life,* London, 1989, p.194.

を考える必要がある。

宗教組織

　宗教界には、社会の状況に影響を与える二つの大きな勢力がある。一つは、深く動機づけられた信者により構成されるグループであって、これは自らの道徳的な目標と一致するように社会を改善するために運動する様々なグループを組織し、維持している。もう一つは、宗教団体そのものである。世界中の教会、寺院、シナゴーグ②、モスク③、そして礼拝場は、平和のために個人ができることを行うように動機づけるという意味で、人々の姿勢の変化を促し、平和のために積極的な役割を果たすことができる。

　たとえば、ローマ法王④、カンタベリー大主教⑤、世界教会協議会⑥、ブリテン・アイルランド・チャーチズ・トゥギャザー（CTBI）⑦の上部グループのような教会の指導者達は、すでに極めてはっきりと、戦争反対を表明した。これらのすべての人々が、戦争に反対を表明した。同様に、ギリシャ正教会の指導者クリストドゥロス（Cristodoulos）大主教は、平和のために祈ることを呼びかけた。イスタンブールでは東方正教会の総主教が、人類が再び恐ろしいホロコースト⑧と新たな犠牲者を悼むことがないよう表明した。フランスのローマ・カトリック教会、プロテスタント教会、正教会は互いの違いを脇に置いて、攻撃が「人類にとって劇的な敗北である」と非難する共同声明を出した。また、スカンジナビアのルター派の指導者達も、戦争を非難した。世界中の仏教徒、ヒンズー教徒、ムスリムの高位聖職者たちも、同様の声明を出した。これらが合わさった影響力は、非常に大きい。それぞれの宗教は、中心的な教えの一つに平和を位置づけている。もちろん、宗教グループのなかには、狭い考えや排他的な態度を奨励するような極端な人々がいる。しかし、そのような人々は非常に少ない。また、彼らの存在は追従する人々が文化の相互理解を欠いていることに依拠しているのである。全ての宗教団体において文化の相互理解を拡大することは重要である。

　平和、暴力の禁止、許しと寛容の重要性について宗教的な教えを広めることにより、宗教団体は、宗教を熱心に信仰しながら、明示的あるいは黙示的に戦争を支持することは完全な矛盾であることを指摘することによって、一般市民

の姿勢に非常に大きな影響を与えることができる。実際、ひどい不正がおこなわれているときに、無抵抗の態度をとることは、宗教の教えに反すると見なすこともできるのである。

　極めて多くの場合、宗教の教えは、社会が直面している実際的な問題から一歩身をひくよう教えている。だが、宗教の教えは、現代の差し迫った問題に対する態度と対応において、人々が実際に直面する良心の問題とより良く結合させる必要がある。そうした現代的問題の中で最も重要なものの一つは、戦争と平和の問題である。

人々が互いを知ること

　様々な文化を背景とする人々が相互に理解することは、平和という大義にとって大きな助けとなる。その方法は、通信、比較文化教育、あるいは実際に集まることなど様々である。実際に集まる場合は、世界中の若者のリーダーの集会のように計画的な準備が必要である。このことは、今日では情報技術によって、歴史上かつてなく容易になっている。ノーベル平和賞を受賞したベティー・ウィリアムズ[9]が1976年に述べたように、「私達、平和の民は、もっと先に進む。私達は、障害を取り除けると信じている。私たちは知り合い、互いの言葉で語り合い、互いの恐怖と信念を理解し、物理的、哲学的、精神的に互を理解することによって人々の間に最も活気あふれた調和をもたらすことができると確信している。あなた方の近くの隣人を殺すことは、核ミサイルの届く側にいる数千人の見知らぬ、敵対する外国人を殺すことよりもずっと難しいことである。私たちは、ミサイルの向こう側に見ず知らずの敵意ある外国人がいない世界を作らなければならない。そして、それには、膨大な努力が必要である」[4]。

許しと和解

　南アフリカの経験は、ここでの議論に大いに関係がある。長く続く不満と憎しみを、平和や停戦が達成した後まで放置するなら、暴力に発展するような将

4　Irwin Abrams (ed.), *op. cit.,* p.95.

来の紛争の火種となる。恨みと憎しみを克服し過去の過ち、違法行為を受け入れ、許しと和解の感情をもたらす運動を始めるために一致協力した努力が必要である。

すべての宗教は許しについて教えているのであるから、世界中の人々の宗教的な背景について検討することも重要である。キリストは、人間は自分の敵を何回許すべきでしょうかと質問されたとき、「7回を70倍するまで」[5]と答えた。仏教には、憎しみや復讐の感情が占める場所はない。普遍的な善意と愛によって憎しみをいやすことだけを教えている。イスラム教では、コーランが「怒りを克服して他人を許す人々は、善行を行う者であり神に愛される」[6]と教えている。アッティルミージ（Al-Tirmizi）が記録した預言者ムハンマドの伝説によれば「まさしく指導者は許しの側に立って過ちを犯すほうがよいことなのである」。同様にヒンズー教にとっても許しは正しい行為である。全ての人間は神の子であり、神の子に対して憎しみを持ち続けることはできないからである。

良心的兵役拒否

良心的兵役拒否は、非暴力的な手段の中でも最も重要なものの一つである。これは、例外的ではなく、通常の手段となる必要がある。戦争に参加することは、必要があれば殺人に荷担することを含むものであり、平和の理念とは両立しないからである。ジョン・F・ケネディは「良心的兵役拒否者が、今日戦士が享受しているものと同じ名声と栄光を手に入れる時まで、戦争は存在し続けるだろう」[7]と述べて、その日を期待したのである。戦争に無関心な現在の態度が妨げられることなく続くのであれば、そのような日は、我々から遠いままだろう。

バートランド・ラッセルは、制度としての戦争が永続する心理学的な理由について「愛国者は、常に自国のために死ぬことを語るが、決して自国のために殺すことは語らない」[8]と指摘した。同様にトルストイは、愛国心が持つ宗教的、

5　The Bible, Matthew 18:21-22.
6　The Qur'an: Sura III, verses 133-134.
7　Irwin Abrams (ed.), *op. cit.*, p.7.
8　Lawson and Micheels-Cyrus, *op. cit.*, p.8.

第17章　姿勢の変更　137

道徳的響きに焦点を当てて、次のように述べている。

「どんな行動も、殺人者の行動ほど、神の意志に反することはない。それ故、殺人を命ずる人間に従う必要はない。もし、あなたが命令に従って殺人を行うとすれば、それはただ自分自身の利益、すなわち処罰を免れるための行為である。つまり、あなたが上官命令により殺人を行うことは、金品を奪うために金持ちを殺す盗賊と同じ殺人者となるのである。盗賊は金に誘惑されたのであり、あなたは処罰されたくない、あるいは報償を得たいという欲望に誘惑されたのである。人間は神の前で、自分の行動について常に責任を負っているのである」[9]。

人間が啓発された世界ではそうであるように、これらの側面が強調されるなら、戦争は、国家間の紛争を解決する手段の中で現在占めている支配的地位を失っていくだろう。

上官命令は、犯罪を犯すことを正当化しない。違法かつ一方的な戦争が犯罪であるなら、一兵卒でさえもそれに参加することを拒否できる。最近の戦争においても、軍隊の構成員に求められる行動に関して、良心の問題をかかえることが何度かあった。

同じ事は、一方的かつ先制的な攻撃のための違法な準備に参加するよう要請された役人にも当てはまる。そのような場合に、高級官僚や大臣レベルの辞職さえもあった[10]。

第17章　訳注
① Abraham Lincoln 1809-1865 アメリカの政治家。南北戦争で北軍を勝利に導き、奴隷解放宣言を行った。第16代アメリカ大統領（1861-1865）。
② Synagogue ユダヤ教の宗教的会合を行う建物。
③ Mosque イスラム教徒の礼拝の場所。

9　Irwin Abrams (ed.), op. cit., p.14.
10　2003年3月17日に、イギリスでは閣僚〔下院院内総務〕のロビン・クック（Robin Cook）、ジョン・デンハム（John Denham）内相、およびフント（Hunt）保健相が辞任した。また、ニック・ブラウン（Nick Brown）労働・年金相の大臣私設秘書議員であるボブ・ブリザード（Bob Blizzard）とパトリシア・ヒューイット（Patricia Hewitt）貿易産業相の大臣私設秘書議員であるアンヌ・キャンベル（Anne Campbell）も辞任した。
　　また、アメリカでは、イラク戦争に抗議して辞任した者の中には外交官も含まれている。
　　<http://www.cnn.com/2003/US/03/10/sprj.irq.diplomat.resignation.reut/>

④　ローマ・カトリック教会の最高位聖職者。「ローマ教皇」が正式呼称であるが、現在では「ローマ法王」と混用されている。原著執筆時の教皇は、第264代ヨハネ・パウロ2世。

⑤　Archbishop of Canterbury イギリス国教会とその世界的組織である聖公会（Anglican Communion）の最上位の聖職者。現在のカンタベリー大主教は、第104代ローワン・ダグラス・ウィリアムス博士（Dr. Rowan Douglas Williams）。

⑥　World Council of Churches. <http://wcc-coe.org/>

⑦　Churches Together in Britain and Ireland. イギリスとアイルランドの教会協力組織。<http://www.ctbi.org.uk/>

⑧　Holocaust ここではナチスによるユダヤ人虐殺を指す。

⑨　Betty Williams 1943-　イギリスの平和運動家。北アイルランドのベルファスト生まれ。北アイルランドにおける対立抗争の原因である暴力行使に反対する平和行動に対して、マイリード・コリガン（Mairead Corrigan）と共に、1976年度のノーベル平和賞を受賞。

第18章
ネットワーク化

世界中の労働組合は巨大な力を持っている

　戦争を燃え上がらせる武器を製造し、取り扱うのは、世界中の労働者である。世界中の労働組合は、核兵器やその他の大量破壊兵器の部品の取扱いを拒否してきたように、軍需品の取扱いを拒否することができる。彼らは、アパルトヘイトを終わらせるために、南アフリカ製品の取扱いを拒否することによって、世界規模で大きな役割を果たした。

　労働組合は、本書の他の部分〔第19章〕で扱われている産業構造転換という問題に関しても、知識と専門技術を結びつけるという非常に重要な役割を果たすことができる。世界中の工場の床から集められた知識は、剣から鋤への転換を、現実的で普遍的な産業にするだろう。

社会活動を行う宗教団体

　主要な宗教の信者の間には、障害者や公共の福祉を援助する様々な活動に専念するという社会活動を行う組織がすでに存在している。これらの組織が、平和に関連する活動を行うことが出来るように、平和という視点も与えられなければならない。現時点では平和のために十分に役立てられていないが、潜在的で巨大な可能性がここに存在するのである。彼らは、過去の不正や戦争の結果を正すことによって、人類の幸福のために、まさに賞賛に値する献身的な活動をしている。しかし、扱う問題の原因について、より大きな視野で取り組むことも必要である。戦争の原因、国際法や国際的義務の軽視について、もっと注目すべきである。これらの組織のネットワークが世界的なものとなれば、平和に貢献する彼らの力は、非常に大きなものとなる。

若者の活動

　世界中の若者は、就職、昇進、雇用者の要求への服従といった圧力に負けない理想に満たされている。世界中の何百万人もの若者は、平和と敵対行為の終結を求める請願に参加することができる。そして、彼らの考え方は、世論に重要な影響を与えることができる。

　2003年1月、数千人の若者のリーダー達が世界中からハーグ①に集まった。彼らの多くは、著者とハーグの教会区司教が準備した平和へのアピールを支持してくれた。そして、このアピールは、国連事務総長に送付された〔本書付録に所収〕。このようなことが、数百万人、あるいは数千万人の規模で行われれば、世界中の政策決定者に与える影響は非常に大きいだろう。

　戦場の最前線に押し出されるのは、世界中の若者達である。そこでは、彼らが創り出せるものは、なにもない。若者達は、法と道徳の原則に基づいて世界を動かすことができなかった前の世代の犠牲者なのである。若者達は、地球上の他のいかなるグループよりも、紛争の防止から恩恵を受けているのであり、他のどのグループよりも、戦争に抵抗する強い権利を持っている。彼らは、そうした権利にもっと敏感にならなければならないのである。

非暴力グループの世界的連携

　非暴力グループは、世界中に数多く存在している。彼らは、お互いに連携し、戦争と平和という重要な問題に関する意見を、結集させる必要がある。今日のような情報技術と瞬間的な情報交換の時代においては、この作業はかつてない程に容易である。アパルトヘイトに関して言えば、世界中の労働組合、消費者団体、平和運動家、人権団体は力を結集し、地球規模で統一した活動を行い、あらゆる方法や宣言により、アパルトヘイトと闘ってきた。さらに重要なことに、アパルトヘイトを存続させ、直接、間接を問わず財政的に支援していたすべての構造に対しても闘ってきたことである。

　マハトマ・ガンジー②は、非暴力運動のパワーと能力が、地球上で最も強力な帝国にさえも、挑戦できることを世界に示した。ガンジーが示した真実と力は、彼が直面した特定の状況や、特定の権力に対してのみ適用可能なものでは

ない。非暴力運動は、力と正義、あるいは狭い利己的な利益と普遍的な善の闘いにも、等しく妥当する。

あらゆる市民は、地球的な協調という理念に反する自国政府の政策に対して不承認を示す力を持っている。

マーティン・ルーサー・キング③は、「もはや暴力か非暴力かの選択ではなく、非暴力か不存在かの選択である」[1]と非暴力の重要性を明確な言葉で述べた。

学者のネットワーク化

世界中の学者は、様々な役割を担っている。第1に、文化の境界線を越えて意思を疎通させ、興味や利益を共有するグループをネットワーク化することにより、相互の理解と尊重という雰囲気の中で、お互いの研究や関心を認識することである。

第2に、彼らは自国内で、自らの専門分野の知識を広める責任を有している。その方法としては、一般市民に知識の結合を認めさせ、世界の様々な文化がその進歩に貢献してきたことを気づかせることである、

第3に、例えば社会学、歴史学、経済学、心理学のような社会科学においては、学者は普遍的な目標、人類家族の共通の関心、調和の必要性、資源の公平な配分のために、その知識を広める責任を負っている。

第4に、国際関係に関する分野においては、世界は一つであるということ、地球規模での協調、国際規模の法の支配といった概念のすべてを黙って受け入れるのではなく、特別に教え、広めていくということが必要である。それらの概念は、積極的に関連する分野の教育の中心に取り入れない限り、弱められ小さくなってしまう。

第5に、木を見て森をみないというような狭量な伝統的な学問が、研究され教えられているが、どんな分野の学問であれ、地球的なアプローチによって修正される必要がある。

つまり、打ち勝つことが出来ないように思われる武力に直面したときには、「ペンは剣よりも強し」という古代の格言を思い出す必要がある。また、トマ

---

[1] Lawson & Micheels-Cyrus, *op. cit.*, p.165.

ス・ペインは、軍隊が侵入できないところにも、〔原理〕原則という軍隊は浸入できることを気づかせてくれた。学者の力と影響について最も美しく、最も力強い言葉は、予言者ムハンマドの言葉である。ムハンマドは「学者のインクは、殉教者の血よりも神聖である」と述べている。これら全ての考えは、学者のネットワークの力は、世界最強の軍事力よりも大きな潜在的能力を持ち得ることを示している。学者は団結すれば、あらゆる力の集積地に侵入し、武力によって正義と法の権威を奪い取ろうとする全ての試みに、打ち勝つ力を持っているのである。

専門家組織

　世界中の専門家組織は、大きなパワーと影響力を行使している。彼らは、専門家として関心のある問題に集中しがちであるが、広い視野をもって、世界的な問題についても取り組む必要がある。特に世界的な問題が、専門的職業が有意義に機能する基盤を危機にさらすほど、世界秩序に大きく影響している場合には、なおさらである。このような観点から見れば、戦争と平和に関する問題は、すべての専門的職業に影響するものであり、専門家は、戦争と平和の問題に関して意見を表明する権利がある。実際、戦争と平和の問題には、専門家に関係する特別な側面があり、それについて彼らは、政府でさえ保有していない特別な専門性を有しているのである。

　良い例は、核戦争防止国際医師の会（IPPNW）である。この組織は、核戦争の医学的な影響の理解に多大な貢献をした。もう一つは、国際反核法律家協会（IALANA）である。

　専門家組織が戦争と平和の原因について、専門知識を結びつけることができるなら、そのネットワークは、戦争の医学的、法律的、環境的、科学的、経済的、またその他の様々な情報を、一般市民に伝え、世論に大きな影響を与えるだろう。

　関係する専門家の国際的なネットワークが、相互に情報を伝え合い、平和に関する問題について力を結束させれば、世界平和に大きな影響を与えることができるだろう。

平和に関連するテーマでの結集

ガンジー、マーティン・ルーサー・キングやマザー・テレサ④のような人々の平和に関する偉業をたたえる行事や、「人権デー」[2]など平和に関する象徴的なテーマに関連して集まることは、市役所、学校、教会で平和について話したり考えたりする機会を提供する。そこでは、平和というテーマを広め、詳しく解説することができる。

同じように、国をあげての「法の日」、あるいは「法の週間」などの祝典は、いかに法と平和が密接に関係しているか、いかに法のない世界が争いと混迷の世界であるかを説明するための機会となる。「法の日」に、法の支配を強調する様々な方法は、私がかつて自著[3]の中で言及しており、オーストラリアのビクトリア州やその他の州といくつかの太平洋の国々で「法の日」が発達することにつながった。この日の法に関連する活動は、国中の教会、街の広場、市役所、市場、学校、警察署など様々な会場で行われる。

戦争に反対する母親達

戦争に反対する最も大きな潜在的な力は、世界中の女性の力の結集だろう。数少ない例外を除いて、世界中の議会は、公式にも非公式にも、男性に支配されてきた。敵対行為を開始する決定は、このような議会で、男性中心の思考の枠組みに沿ってなされてきたのである。女性は、政策決定の過程から大きく排除されてきた[4]。人類の半数のもつ優しさ、賢さ、暴力に対する本能的な嫌悪感は、暴力の究極的な濫用に関する政策決定の過程から排除されてきた。男性は、男性、女性そして子ども達を苦しめる暴力を特権であると考えてきた。

戦闘の最前線にいなくても、女性は、戦争によって、最も辛く堪えがたい精神的な苦痛を経験するのである。人類の経験には、子どもから大人になるまで愛情を持って育てた息子あるいは娘の死の知らせを受け取る母親、あるいは軍

---

2 Human Rights Day. <http://www.un.org/events/humanrights/>
3 See C. G. Weeramantry, *The Law in Crisis: Bridges of Understanding*, London: Capemoss, 1975.
4 See generally Hilary Charlesworth and Christine Chinkin, *The boundaries of international law: a feminist analysis*, Manchester: Manchester University Press, 2000.

部当局者達から返還された愛する子どもの遺体を受け取る母親の苦悩に勝るものは、皆無である。軍部当局者達は、母親たちの悲しみを最大の軍事的な名誉という虚飾で隠蔽しようとする。しかし、それはすべてショーであり、見せかけにすぎない。問題の核心は、母親も子ども達も、およそ人類が経験しうる最も心を引き裂く苦悩を経験させられるすべてを引き起こす戦争開始の決定に、全く関与していないということである。現在、アメリカとイギリスの100以上の家庭とイラクの数千の家庭は、この苦しみを経験しているのである⑤。

各国の女性は、自国の政治指導者に対して最も強い言葉で、政府を支持する絶対条件は、戦争を政府の権限の外に置くことであると表明する必要がある。

1915年に設立された「平和と自由のための国際女性連盟」⑥のような戦争に反対する女性たちの国際的な連合体は、世界中の全ての政治家に対して、計り知れない抑制的な影響力を与えることができる。彼らの選択肢の中に、戦争の禁止を入れることさえ可能であろう。参戦の決定がなされる前のアメリカでは、このような見解の表明はあまり目立たなかった。また、各議員に対して圧力がかけられていれば、それはアメリカの100以上の家庭にひどい苦しみを与えることになる決定を受動的に支持するという態度を変更させるのに十分だったかもしれない。

重傷を負って家に帰る兵士が、この数字の約5倍はいる。従って、死んだり、傷ついたり、重大な身体的危険にさらされたり、そのような必要が決してなかった愛する家族の不必要な死や苦しみを、母や妻や子ども達が深く悲しみながら、残りの人生を生きて行かなければならない家庭が、アメリカ、イギリスには500から1000もあることになる。

この数字を50倍ないし100倍することによって初めて、我々はイラク側の苦しみを推測できるのである。それは、同じ強さと激しさを持つ人間の苦しみであるにもかかわらず、ニュース速報やテレビ画面では、描かれていない。イラクでは母親は、子ども達が治療も受けられずに苦しみ、死んでいくのを見ていなければならないのであるから、その苦しみはもっと激しいことさえある。

戦争の炎を消すために利用可能な地球規模の圧力の巨大な貯蔵庫は、ほとんど使用されないままであり、平和運動は平和と戦争防止という大義のために、この巨大な人的資源を活用する必要がある。

環境運動

　軍国主義と戦争は、世界の他のいかなる事業よりも環境に損害を与える。たとえば、アメリカ軍は平時でさえ、単独ではアメリカにおける環境汚染の最大の源である。アメリカ軍は、アメリカの主要な５大化学企業を併せたものよりも５倍以上の有機物質を排出している。さらに核実験によって、1300万以上の人々に被害を与えることができる放射線を出している[5]。戦時においては、武器の爆発や焦土作戦、劣化ウランのような毒性の高い兵器の使用、地雷や不発弾などによって広い範囲の土地を使用不能にすることにより、環境に対する損害はさらに大きいものとなる。

　また軍国主義は、持続可能な開発の最大の障害となっている。毎年８兆ドル以上の資源を消費しており、その資産のわずか一部でも、適切に使用されれば、貧困を撲滅することができる。たとえば国連は、持続可能な開発のすべての目標を達成するために必要な金額は、２兆ドル弱、すなわち全世界の軍事予算の20％以下であると試算した[6]。それらの目標には、清潔な水を全世界に供給すること、飢餓の除去、全ての人に対する教育、エネルギー需要の充足、森林破壊の阻止、オゾン層の修復、排出ガスによる気候変動の安定化、健康管理とエイズの抑制、発展途上国の債務の放棄、すべての人のための適切な住居、人口調整などが含まれる。

　グリーンピース[7]という例外を除いて、環境および持続可能な開発を主張する団体は、軍国主義と環境および持続可能な開発の関係について十分な注意を払ってこなかった。2002年にヨハネスブルグで開催された「持続可能な開発に関するサミット」でピース・コーカス（Peace Caucus）[8]は、議題に軍縮を入れようとしたが、ほんのわずかしか支持を得られなかった。この試みは、巨大な

---

[5] The Military's Impact on the Environment, International Peace Bureau, 2002.
[6] United Nations Development Programme, *Human Development Report 1997*, New York: Oxford University Press, 1997, Chapter 19: Disarmament.
[7] Greenpaece 1971年に設立された非暴力直接行動による国際環境保護団体。反核兵器から、反捕鯨など幅広い運動を展開している。<http://www.greenpeace.org/international_en/>
[8] See <http://www.vivatinternational.org/3%20SUSTAINABLE%20DEVT/no_sust_devt_without_peace.htm>.

軍産複合体の存在する国々によって、簡単に阻止されてしまったのである。

　グリーンピースは、世界的な規模で環境保護の支持者の力を有効に使い、時には自ら身の危険を冒しながら、核実験および核廃棄物の海洋投棄を禁止させ、また核武装した船舶の危険性を強調した。こうすることによって、グリーンピースは、軍国主義と環境を関連づけることによって生まれる力を示したのである。1985年にフランス政府がグリーンピースの船舶レインボー・ウォリアー号を爆破したことは⑦、グリーンピースが身の危険を冒していることの単なる一例に過ぎない。

　環境および持続可能な開発を主張する団体は、より積極的に平和と軍縮を求める団体と協力し戦争と軍国主義に反対し、武器に費やす資源を持続可能な開発に振り向けるように政府に要求するよう奨励していかなければならない。環境団体と平和団体が協働することによって、持続可能で環境的な側面から平和を支持する文化の建設の強い力となるのである。

議　員

　自らの所属する立法府で働く議員、あるいは他の立法府の議員と協力する議員は、戦争を志向する動きを抑え、平和を希求する流れをかなり創り出すことができる。2002年から2003年におけるヨーロッパ、カナダ、その他の国々でのイラク戦争に反対する議会行動は、自国政府を戦争に反対させ、安全保障理事会による武力使用の承認の防止に役だった。アメリカ議会の議員達は、時折、アメリカ政府が、特定の軍事活動を行わないように抑制する行動をとってきた。たとえば、核実験、宇宙用の核兵器の開発、軍事的に利用可能な新型の核兵器の開発がそれに含まれる。他方、アメリカ議会は、戦争参加を阻止する権限を利用してこなかった。その上、行政府に要求された以上の軍事予算をしばしば割り当てている。

　ジャヤンタ・ダナパラ（Jayantha Dhanapala）国連軍縮担当事務次長は、当時次のように述べている。

　「世界各国の議会は、政府と市民社会の架け橋である。議会は、政府が国際的な義務を履行することを確実にする防波堤を提供する。議会は、軍縮に視点を与えるだけでなく、背骨、筋肉、そして歯を与えることを助けるものであ

る。」⁹

　市民社会は、議員たちがその力を戦争防止と軍国主義の抑制のために使うように彼らを励まし、支援するために、もっと密接に議員と関わることが、重要不可欠である。核軍縮・議員ネットワーク（PNND）[10]の形成は、このような方向に向けた良い一歩である。これは、国内的および国際的に資源と情報を共有し、協力の戦略をつくり、核軍縮やその他の行動に取り組むための国際的な超党派の議員フォーラムである。

第18章　訳注
① オランダの都市、国際司法裁判所が置かれている。
② Mahatma Gandhi 1869-1948　インドの宗教家、政治指導者。インドのグジャラート州ポルバンダル生まれ。「マハトマ」は「偉大なる魂」の意味の尊称。非暴力主義の提唱者で、インド建国の父と呼ばれる。
③ Martin Luther King 1929-1968　アメリカの牧師。ジョージア州アトランタ生まれ。黒人解放運動に取り組み、1964年ノーベル平和賞を受賞。
④ Mother Theresa 1910-1997　インドの修道女。ユーゴスラビアのスコピエ生まれ。インドのカルカッタで、貧民、孤児、ハンセン病患者、身よりのない老人の収容施設を開設、献身的な救済活動を行った。この活動に対して、1979年ノーベル平和賞を受賞。
⑤ 2003年3月20日以降のイラク戦争におけるアメリカ軍側の死者は、Iraq Coalition Casualty Count＜http://icasualties.org/oif/default.aspx＞によれば、アメリカ軍1,108人、イギリス軍68人、その他72人となっている（2004年10月27日現在）。イラクの民間人の死者は、Iraq Body Count＜http://www.iraqbodycount.net/＞によれば、13,928人〜16,053人の間であると推計されている（2004年10月27日現在）。
⑥ Women's International League for Peace and Freedom（WILPF）　1915年創設、最古の女性平和組織。創立メンバーのジェーン・アダムス（Jane Addams）とエミリー・ボルチ（Emily Greene Balch）は、それぞれ1931年と1946年にノーベル平和賞を受賞している。＜http://www.wilpf.int.ch/index.htm＞
⑦ レインボー・ウォリアー号事件 1985年7月10日、南太平洋におけるフランスの地下核実験に抗議するためにグリーンピースが派遣したレインボー・ウォリアー号が、ニュージーランドのオークランド港に係留中、フランスの工作員の仕掛けた高性能爆弾により爆破され、沈没した事件。乗組員1名が死亡。その後、男女2名のフランス工作員が、ニュージーランド当局により逮捕され、国際問題に発展した。

9　UN Under-Secretary-General Jayantha Dhanapala, British House of Commons, July 3, 2000.
10　Parliamentary Network for Disarmament. ＜http://www.gsinstitute.org/pnnd/index.html＞〔また、国際的な「核軍縮・議員ネットワーク」の日本支部として、2002年7月24日に「核軍縮・議員ネットワーク日本」が発足した。〕

第19章

軍　縮

産業構造転換

　兵器や戦争に向けられた巨額の支出を、平和目的に転換する様々な方法を強く意識することは、最も重要なことである。「剣を鋤に鋳直せ」ということは、文明がはじまって以来、理想主義者の夢であった。〔旧約聖書の〕イザヤ書のこの言葉は、すべての代表団に、外交官としての職務の指針とすべきものを想起させるために、国連のホールに刻み込まれている。

　アイゼンハワー将軍は、「製造されたすべての銃、進水したすべての軍艦、発射されたすべてのロケットは、最終的には、空腹でも食料を与えられず、寒くても衣服を与えられない人々から盗まれた物を意味する」[1]と述べ、このことをはっきりと指摘した。

　支出に関する最近の統計や、兵器や戦争に費やされる金額の一部分で貧困を緩和し戦争の原因を除去するために何がなし得るのかということに関する情報を広めることは、命を購入できる何倍もの金額で、死を購入するために用いられてきた公共財の配分が著しく異常であることに、世論が敏感になることに役立つ。

　あらゆる職場は、死の工場から生命の工場へ転換するための最善の方法を考案するための委員会を設立することができる。このようなことが実現されれば、実際に雇用の機会は増加するだろう。この問題に関しては、産業構造転換の価値と可能性について世界中を指導し、示唆を与える国際的な委員会を設置することができるだろう。

1　Lawson and Micheels-Cyrus, *op. cit.*, p.62.

ハーグ行動会議（Hague Action Convention）は、かつてこの問題を財政の問題として取扱い、「今日、約27,000人が、飢餓と病気に関連する栄養失調により死亡した。飢餓は、1日1人あたりわずか50セント、あるいは13,500ドルで防ぐことができたのである。今日、世界は22億ドル以上を軍事費に使ったのにである」[2]と述べた。

軍需産業の削減

　戦争が永久になくならない主な原因の一つは、軍需産業の存在である。軍需産業は、単に自衛のために兵器が必要な場合に、それを供給する存在ではない。軍需産業は、紛争を積極的に助長するのである。というのも、軍需産業は、紛争の上に栄えるものだからである。紛争は、軍需産業の存続が懸かっているビジネスであり、世界中のどこかに紛争の兆しが現れたとき、そこに利益を見出せないのは無能な武器商人である。

　武器製造が正当なビジネスとなって以来、このことは続いてきたし、死の兵器の売買が、今日の世界では最も大きい産業となったのも、こういう哲学に基づいてのことである。19世紀、兵器製造業者は、太平洋の素朴な村人たちにライフルを贈った。すると、彼らは、隣人達にその力を示した。すると今度はその隣人達が、太平洋にその産業を定着させるための投資として贈呈された何倍もの金額のライフルを買い求めた[3]。需要があれば紛争の両当事者に供給する、そして需要は自ら増殖するという原理は、現在でも同じである。軍需産業が議会に及ぼす危険な影響を、最も強く主張したのは、最大規模の戦争と平和の両方を経験した人、すなわちアイゼンハワー将軍であろう。彼は、次のように述べた。

　「軍産複合体が意識的に求めようと、求めまいが、我々は、彼らが不当な影響力を獲得することから議会を守らなければならない」[4]。

　アメリカは、発展途上国に対する最大の武器供給国であり、他の安全保障理

2　Lawson and Micheels-Cyrus, *op. cit.*, p.64.
3　See C. G. Weeamantry, *Nauru: environmental damage under international trusteeship*, New York: Oxford University Press, 1992, p.22.
4　Lawson and Micheels-Cyrus, *op. cit.*, p.37.

事会の常任理事国がこれに続いている。武器取引に関与した全ての企業、政府機関に関する公的な記録を作成することが重要である。

死の兵器の製造が世界で最も利益のあがる産業であるなら、平和の達成は不可能だろう。国際的な法律家や平和運動家は、軍需産業が目的を達成するために、その過程でしばしば政府を買収し、あらゆる国際法規範を無視する数多くの方法を、調査するために結集しなければならない。エマ・ロスチャイルド（Emma Rothschild）が雄弁に語っているように、防衛予算は「過去の戦争と未来の戦争という亡霊が、詰まったものである」[5]。

税に占める軍事費の割合を精査すること

税の不払いも、抵抗の実際的な方法である。市民には、税として支払う１ドルのうち何セントが戦争目的のために使用されたのかを知る権利があり、納税者の良識に合わない目的のための税金の使用を承認しないことを表明する権利がある。このようなことは、1970年の母の日にある１人の作家によって生き生きと描写されている。彼女は、次のように述べている。

「わかったわ。私たちは戦争を買わないつもりだわ。悪いことに、私たちは実際には、戦争を買ってしまった。４月15日に１ドルの税金を支払ってしまった。私たちは政府に『ほら、この税金は私のために賢く使って。市場に行って、生活をよくするために必要なものを買ってください』と言った。しかし私たちは、彼らに買い物リストを渡さなかった。だから、忙しくて、けちな予算委員の連中は考えた。そして、私たちも同じことを繰り返した。過去、現在、未来にわたって１ドル毎に65セントで戦争を買っている。１ドル毎に65セントで死と破壊を買っているのだ」[6]。

全ての納税者は、このような現実の当事者なのだ。

軍縮と発展

大量破壊兵器の削減と撤廃は、氷山の一角にすぎない。軍国主義崇拝者達が徐々に排除される必要がある。軍国主義は、発展を遅らせる主な原因の一つで

5　Lawson and Micheels-Cyrus, *op. cit.*, p.9.
6　Lawson and Micheels-Cyrus, *op. cit.*, p.13.

ある。

　軍備と発展の欠如の関連は、1986年12月 4 日の「発展の権利に関する宣言」①の中で明らかにされている。この宣言は、前文において軍縮と発展に密接な関係があることを指摘している。軍縮の分野における進歩が、開発の分野における進歩をかなり促進するであろうということ、そして軍縮によって解放された資源は、経済的および社会的発展と全ての人々、特に発展途上国の人々の福祉に向けられるべきであるということが規定されている。次の表は、これらを比較した資料から抜粋したものである[7]。

アメリカ国内の60万人のホームレス家族に住居を建設する額	＝590億ドル＝	陸軍コマンチヘリ計画481億ドル＋統合スタンドオフ兵器計画112億ドル
世界の24億人の人々に清潔な水を供給する 1 年間の額	＝100億ドル＝	海軍航空母艦（CVN6-B） 2 隻
「落ちこぼれゼロ法〔包括的教育改革法〕」で、2003年の連邦予算に財源が与えられていない部分。この部分は、貧困地域の学校を支援するためのものである。	＝40億ドル＝	C-130航空電子近代化計画
世界的な結核予防の計画に必要な 5 年分の資金	＝91億ドル＝	E-8C 統合監視・目標補足レーダーシステム計画
アメリカの老朽化した校舎の修繕費	＝268億ドル＝	統合戦闘攻撃機計画の見積もり金額の1/3

　条約で認められた核兵器国②に対して、完全な核軍縮へ向けて行動することを要求している核不拡散条約 6 条③は、積極的に履行されるべきである。同様なことは、生物兵器条約のような大量破壊兵器に関する他の条約にも当てはまる。

軍国主義の廃絶

　軍国主義を完全に廃絶した唯一の国が、コスタリカである。卓越した指導者で、ノーベル賞を受賞したオスカル・アリアス・サンチェス④は、次のようにのべている。

　7　Seymour Melman, War Economy Papers, ＃4,4/17/03.＜http://www.aftercapitalism.com/archive/war/looting_our_cities.pdf＞

「平和は、全身全霊をこめて望むという現実の中に存在する。私の小さな祖国、コスタリカの住民は、エラスムスのこの言葉を実現した。私の国では、国民は武装しておらず、子どもたちは戦闘機、戦車、軍艦を決して見たことがない」[8]。

「私の国は、教師たちの国である。それ故、平和の国である。私たちは、自分達の成功や失敗を全く自由に議論する。私たちの国は、教師たちの国だから、軍事キャンプを閉鎖した。子供たちは、背中にライフルを担ぐことなく、手に本をもって歩き回っている。私たちは、対話や合意を信じており、意見を一致させられると信じている」[9]。

同じ事柄について、アルバート・シュバイツアーは次のように述べている。「平和の問題について私が述べなければならないことは、必ずしも新しいことではない。問題の解決には、倫理的な理由、すなわち戦争は我々に残酷な犯罪を犯させるという理由から、戦争を拒絶することであると私は深く確信している」[10]。

平和のための世界会議の重要な議題は、実際的にも法的にも完全に戦争を廃絶することである。様々な国際的なグループが、この目的のために献身的な働きをしている。

たとえば、「戦争防止グローバルアクション」⑤、「ハーグ平和アピール」⑥、「核時代平和財団」⑦などである。主に核兵器廃絶に取り組んでいる国際反核法律家協会（IALANA）も、この目的を、完全に支持している。

アイゼンハワー将軍は次のように述べている。「管理された、普遍的な軍縮は、我々の時代の緊急な課題である。自分自身やその子ども達の遠い将来を強く懸念している何億もの人々による軍縮の要求は、私の希望するところであるが、普遍的かつ一貫したものとなり、いかなる人間もいかなる国家の政府も阻むことはできないものとなるのである」[11]。

---

8 Irwin Abrams (ed.), *op. cit.*, p.21.
9 Irwin Abrams (ed.), *op. cit.*, p.21.
10 Irwin Abrams (ed.), *op. cit.*, p.33.
11 Lawson and Micheels-Cyrus, *op. cit.*, p.225.

第19章　訳注
① General Assembly Resolution 41/128.
② 核不拡散条約では、「この条約の適用上、『核兵器国』とは、千九百六十七年一月一日前に核兵器その他の核爆発装置を製造しかつ爆発させた国をいう」（9条3項）と規定したうえで、核兵器国のみに核兵器の保有を許容する。この定義に当てはまる国は、アメリカ、イギリス、フランス、ロシア、中国のみである。
③ 核不拡散条約6条
　　各締約国は、核軍備競争の早期の停止及び核軍備の縮小に関する効果的な措置につき、並びに厳重かつ効果的な国際管理の下における全面的かつ完全な軍備縮小に関する条約について、誠実に交渉を行うことを約束する。
④ Oscar Arias Sanchez 1941-　元コスタリカ大統領。中米和平構想を推進した功績により、1987年ノーベル平和賞受賞。
⑤ Global Action to Prevent War（GAP).＜http://www.globalactionpw.org/index.html＞
⑥ Hague Appeal for Peace.＜http://www.haguepeace.org/＞
⑦ Nuclear Age Peace Foundation.＜http://www.wagingpeace.org/＞

第20章
国連改革

国際連合における国際主義の精神

　国連改革は、最も重要な課題であろう。新たな国連文化を発展させなければならない。最も威厳のあるこの世界的な議会においてさえ、投票や支持に関する争いが常に行われている。このような不幸な事実のために、新たな国連文化の発展は遅れてきた。誘惑ではなく原則に基づかなければならない投票行動に影響を与えるような、取引、誘導、威嚇が行われている。国連文化はこれを受け入れてしまっている。これを拒絶することが必要であり、まったく新しい雰囲気と気風が確立されることが求められる。

　国際社会の法的な場面においては、自由主義（リベラリズム）から文言至上主義（リテラリズム）へと振り子が定期的に振れる傾向がある。特に、大規模な戦争の直後においては、第2次世界大戦後の国連憲章のように、自由主義および高尚な価値へと向かう傾向がある。第2次世界大戦によって作り出された改革のための圧力が、いったん落ち着いてくると、現状に満足しゆっくりとした揺り戻しがおこり、戦争のトラウマに鼓舞された理想主義は衰える傾向がある。国連憲章が成立してから50年後の今、法律家が、実証主義的であり、またあまり利他的でない傾向と述べるものへと振り子が揺り戻される局面にある。最近の事件のトラウマが、高尚な価値への回帰のきっかけになることが望まれる。しかし、被害の程度と危険の大きさが、世界中の人々に十分に認識されない限り、そのような回帰は生じないだろう。

　第2次世界大戦、そして高い理想への動きが国連憲章と国際連合という制度で具体化されて以降、国連はしばしば、高貴な原則ではない要素が各国の投票行動を決定する場へと堕落してしまった。今回のように世界秩序の軽視が起き

たのは、このような理由による[1]。イラクに関する決議が実際にそうであったように、安全保障理事会の構成国に対してさえ、投票行動に影響が及ぼされることの悲しい証拠は、数多く目撃されてきた。アメリカは、国連における投票の自由が損なわれることの主な原因の一つとなってきた。すべての中小国がその力と決意を国連、特に国連総会に結集するなら、この支配に打ち勝つことができる。もし、そうせずに、脅迫されたり、甘言による誘導を受け入れ続けるのであれば、それらの中小国は他国に責任を転嫁することはできなくなる。結局、これは、中小国自身の責任なのある。

国連における投票自由の原則に対する干渉は、少なくとも1、2カ国が超大国からの圧力に抵抗する決意を固めさせるものとなった。

今回のことは、分岐点になるかもしれない。そして、これこそが本書のテーマである。つまり、威嚇と誘導が、国際社会のより大きな利益のために否定されるべき時がきているのである。

我々は、変化を起こす強力なきっかけと成り得るものを、まさに目撃したばかりである。すなわち、国際法の根本的な諸原則の否定を含むにもかかわらず、そして世界中の世論が強く反対を表明したにもかかわらず、一方的な武力行使がなされたということである。我々が次の世界大戦を待望しているのでなければ、この事実は、世界政府の実現に向けて姿勢を改めるきっかけとなる。

文明が生き残るべきであるなら、国際正義と法の支配という基本原則が優先されなければならない。とりわけ、大国以外の国々や地球市民は、国連やその他の場所において、それらの原則に反する事業を推し進めようとする様々な圧力に屈するという支配的な文化を、改革するためにこの機会を利用する必要がある。

今日まで、自国の利益を求めることは、時代の要請であった。中小国は、生き残ることさえ厳しい状況を何とか打開すべく努力してきた。しかし、世界政府を確立するために原則的な立場をとることは、誘導と威嚇に屈して短期的に得られるものよりも、長期的には非常に良い結果をもたらす。中小国が一つの

---

[1] 1990年代の戦争に関してアメリカが行った賄賂や脅迫については、The Documentation by US Representative Henry Gonzales in HR 86,102 Cong. 1991 を参照。イエメンは、その否定的な投票により、数百万ドルの援助計画のすべてを削減された。

原則の下に結集するならば、それは力強い。

　国連における精神の変化を出現させる舞台装置は、すでに与えられている。この機会を利用しなければ、世界はアルマゲドン〔世界最終戦争〕前夜のような無法状態に陥るだろう。逆に、この機会を捉えることができるなら、哲学者が夢見てきたような、すばらしき新世界①へと進むことができるだろう。

国連総会の強化

　国連総会は、巨大な力と影響力を享受しているが、それを常に行使しているわけではない。その主な理由は明らかに、原則的な問題に関して総会の構成国が結束できないことにある。国際法の世界における最近の重大事件によって刺激された国連の意識の変化は、安全保障理事会と同等な地位を有するにもかかわらず、しばしば同等なパートナーとして行動してこなかった国連総会の力の強化に役立つ可能性がある。

　これに関連して、1950年11月3日に採択された「平和のための結集」決議②を想起できる。この決議は、安全保障理事会が、国際の平和と安全の維持のための主要な責任を果たさない時、かつ、平和に対する脅威、平和の破壊、もしくは侵略行為が明白であると思われる時には、国連総会は必要な場合には武力行使を含む集団的措置を勧告することを考慮に入れて、直ちに当該事態を検討すべきであることを示している。

　これは、国連総会の能力を示すものであった。しかし、そのような国連総会の能力は、めったに使われず、ほとんど知られていない。決議の前文に明記されているように、国連加盟国は、国連憲章に基づき国際の平和と安全を維持する責任をもつのである。

　その責任と能力を自覚した、より活発な国連総会は、国連が現在よりも一層代表的機能を強め効果的な機関になることに大いに役立つだろう。

　現在の事態は、世界議会として国連が新しい意識の空気に支配される状況を創り出す上で、絶好の機会を提供している。このことは、超大国が法を自らの手中に収め、それゆえ国連の権威だけでなく国際法自体の権威も傷つけられている様を、力無く眺めているのとは異なるのである。

国際司法裁判所の十分な活用

　国際司法裁判所（ICJ）は、国連システムの中で十分に活用されていない機関である。ICJ の管轄権は同意に基づくものであり、同意しない国家に出廷を命ずることはできないという意味で、強制的な管轄権を有していない。
　しかし、法律問題に関して勧告的意見を要求するという方法によって、様々な問題を ICJ に提起することができる。国連総会や世界保健機関のような国際機関は、ICJ に勧告的意見を要求することができる。実際に、両者は、核兵器の使用の合法性に関して勧告的意見を求めた。その際、この問題に関する一般市民の感情の深さを示すものとして、世界中から数百万人の署名が裁判所に提出された。勧告的意見は、単なる学術的なものではなく、それ以降の核問題に関して国際法的に権威のある声明となるのである。
　例えば、国連総会がイラク侵攻が合法か否かに関して勧告的意見を求めるなら、ICJ の意見は、直ちに具体的な結果を生み出すことができる。裁判所が、侵攻は違法であると判断するなら、先行する違法行為の結果としてとられたすべての行為が、不法な行為となる。例えば、違法な政府による復興や石油の契約は違法となる。
　ICJ による判断が、権威ある声明と見なされる以上、莫大な補償請求が起こりうることになる。最も重要なことは、武力の先制使用の禁止が再確認されることにより、多くの国家が武力の先制使用の先例としてイラクの例を主張し、国際的な無秩序状態へ突入することを、防ぐことができるのである。
　問題は、国連総会や他の機関の側に必要な決議を通過させるための断固とした態度が欠けていることである。アメリカやイギリスの行為が問題か否かについて投票する際に、国連総会の構成国が、誘導あるいは威嚇によって、賛成票を投じないよう説得、強制されるからである。このような行為が支配的であるべきではないなら、他の場所でも見られるような国連における支配的な文化は変更される必要がある。
　ICJ を活用するもう一つの方法は、ICJ に付託された条約の解釈あるいは適用についての紛争に関して、その条項を含む条約や協定の解釈に助言を求めることである。このような条約は、300以上存在し、実際にはすべての国際的活

動は、このような多数国間条約に規律されている。ICJ の一般的管轄権を受諾していないアメリカのような国家でさえ、このような条約の多くに加盟しており、それゆえ、そのような条約の下で提起される主張についてアメリカを ICJ の前に引き出すことができるのである。輸送、通信、健康、環境保護のような多くの国際的活動は、これらの条約の下で行われていることから、ICJ の一般的管轄権を受諾しない国家をも拘束している条約に基づいて、ICJ は判断を下すことができるのである。ICJ のそのような判断は、戦争に関する活動についてさえも影響を与えることができる。

国際裁判所の創設

国際犯罪、そして人道に対する罪を裁く国際的な司法手続の信頼性が確立されることは重要である。旧ユーゴスラヴィア国際刑事裁判所[③]やルワンダ国際刑事裁判所[④]のような戦犯法廷は、特定の地域に関してではあるが、すばらしい仕事をしてきた。これに対して、ローマ条約によって設立された国際刑事裁判所（ICC）[⑤]は、継続的かつより広範な規模で裁判を約束するものである。

国際社会がより広範囲でローマ条約を受諾することを通して、ICC がより大きな力と信頼性を獲得していくことはきわめて重要である。アメリカのような諸国家が、ICC から距離を置くことは、その威信と権威を大いに弱めることに繋がる。ICC の管轄権がより広範に受け入れられるために、宣伝活動が行なわれる必要がある。

国際的な裁判の知名度を上げるための一つの方法は、国際的に高名な人々によって構成される民衆法廷を設置することである。ラムゼー・クラーク元司法長官の主導で開かれた民衆法廷は、1991年の湾岸戦争の行為を詳細に調査した。そして、当時のアメリカ国民が、詳細をすべて知っていたならば、衝撃を受けたに違いない幾つかの事実を発見した[2]。このような非公式な調査でさえ、湾岸戦争に関する問題をずっとよく見えるものにし、アメリカ市民の一般的な態度の特徴である根拠のない自己満足を揺さぶることができる。民衆法廷は、湾岸戦争のような事態が繰り返されることを防ぐための視点を持った世論の確立

2　Ramsey Clark, *op. cit.*, p.33.

を支援することができる。
　ローマ条約13条ｂ⑥に注目することは有用である。そこには、国連憲章第7章の下で考慮される事態について、安全保障理事会がICCに管轄権を付与する決議を採択することができると規定されている。これは、2002年7月1日以降に行われた犯罪に関してのみ適用できる。もちろん、その期日はイラク戦争以前なのである。
　また、国際犯罪は、犯罪が行われた地域と特定のつながりがあるかどうかにかかわらず、より多くの国家が自国の裁判所に普遍的管轄権を与えるならば、一定程度チェックを行なうことができる。普遍的管轄権は、いわゆる国際法上の犯罪を訴追するために管轄権を国内裁判所に与えるものである。例えば、戦争犯罪あるいは人道に対する罪を犯したという確固たる証拠があれば、その国の領域を通過する他国の国家元首を訴追することさえ可能なのである。ベルギーは、このような管轄権を確立してきた国であり、他の国家もこの例に従うことができる⑦。
　それに必要な原則は、国際法の中に見いだすことができる。例えば、慣習国際法、法の一般原則、伝統的な国際人道法（特に1949年ジュネーヴ諸条約、第1、第2追加議定書）そして国際人権法が援用できる。たとえば、「拷問およびその他の残虐な、非人道的な若しくは品位を傷つける取り扱い又は刑罰を禁止する条約（拷問等禁止条約）」の義務が援用可能である。

早期警告制度

　国連やその他の組織を通じて、紛争が起りそうな地域を予見する早期警告制度が設置され、紛争が大火になる前にその炎を消し止める制度が稼働することは有益である。暴力が行なわれそうな時に、国際社会に警告するための委員会を、すべての地域に設置することは可能である。そして、平和構築グループが直ちに活動を起こし、その場所を訪れ、当事者に面会し、問題点を議論して、調停者として行動することもできるだろう。
　ほとんどすべての大きな不満は、小さな不満として始まる。緊張と不快感の源である不満は、常に注意を払うことによって、つぼみの段階で摘み取ることができる。

その上、多くの国際的な合意は、火を消すことよりも、むしろ煽ることに利益を有する人々をその事態へと引き付ける。武器商人、多国籍企業の利権、近隣諸国、大国はすべて、分け前にありつきたいのである。早期に発見できれば、そうしたことを防ぐことはできる。

戦争のない世界をつくるためには、早期警告制度は必要不可欠な制度なのである。

第20章　訳注
① 本書の原タイトルは、*Armageddon or Brave New World* である。著者は、イラク戦争を「アルマゲドン（Armageddon）」か「すばらしい新世界（Brave New World）」の選択という重要な機会と捉えている。なお、原タイトルに含まれる Brave New World という言葉は、シェークスピアの『テンペスト』の第5幕第1場のミランダの台詞である。
　　How beauteous mankind is !
　　O brave new world
　　That has such people in't !
② "Uniting for Peace" Resolution. General Assembly Resolution 377(V). 安全保障理事会が拒否権のため、その責任を遂行できない時に、それに代わって国連総会が一定の集団的措置を勧告できることを定めたもの。
③ International Criminal Tribunal for the former Yugoslavia（ICTY）. 旧ユーゴスラビア領域における民族紛争の解決と平和の回復を目的として、この領域内において国際人道法の重大な違反を犯した個人を訴追・処罰するための国際裁判所。国連憲章第7章に基づき、安全保障理事会決議827号（1993）により設置された。<www.un.org/icty>
④ International Criminal Tribunal for Rwanda（ICTR）. ルワンダ領域内において国際人道法の重大な違反を犯した個人を訴追・処罰するための国際裁判所。国連憲章第7章に基づき、安全保障理事会決議955号（1994）により設置された。<http://www.ictr.org/>
⑤ International Criminal Court. 個人の国際犯罪を裁く、常設的な国際刑事裁判所。1998年7月17日に国連外交会議において採択された国際刑事裁判所規程（ローマ条約）に基づき、オランダのハーグに設置された。60カ国以上の批准を受け、2002年7月1日に発効。アメリカは、ローマ条約に署名したものの、後に署名を撤回している。<http://www.icc-cpi.int/home.html>
⑥ ローマ条約13条　管轄権の行使
　　本裁判所は、次に掲げる場合、第5条に定める犯罪に関して、本規程の規定に従い、その管轄権を行使することができる。
　　a　このような犯罪の1以上が行われたと思われる状況が、14条に従い、締約国によって、検察官に通知されている場合
　　b　このような犯罪の1以上が行われたと思われる状況が、国際連合憲章第7章に従い、安全保障理事会によって、検察官に通知されている場合
　　c　検察官が、第15条に従い、このような犯罪に関して、捜査を開始している場合
⑦ 1993年に成立したベルギーの「人道法違反処罰法」は、戦争犯罪、ジェノサイド（大量虐殺）など人道上の重大な犯罪を、普遍主義に基づき犯行場所や犯罪者・被害者の国籍を問わずベルギーの裁判所に持ち込めるようにした法律である。湾岸戦争時にはブッシュ（父）大統領、チェイニー国

防長官、今回のイラク戦争においては、ブッシュ大統領、ラムズフェルド国防長官などが告訴されていた。これに対しアメリカは、その廃止を求めていた。2003年8月に、改正案が可決され、普遍主義に基づく管轄権行使は否定された。

第21章
発展のための協力

世界共同体における緊張原因の除去

　国際法の重要性を支持するために必要なすべての手段が実行されなければならない。しかし、そのための行動は、戦争の主な原因を除去するためにこれまで採られてきた方法よりも意義のある方法でなされる必要がある。戦争原因の主な二つのカテゴリーは、貧困、そして異文化に対する無知である。後者については、別に扱うが、あらゆる形の貧困をなくすことが、戦争原因を根本的に取り除くことになる。

　ラルフ・バンチ①の言葉を借りれば、次のようになる。

　「平和は、単に人間が戦うか、戦わないかという問題ではない。平和の時も戦争の時も苦しむことしか知らなかった多くの人々にとって、平和は、パン、米、住居、健康、教育、自由、そして人間の尊厳というように堅実で良質な生活という意味を持たなければならない。平和を揺るぎないものとすべきなら、長い間苦しみ、飢えてきたが、世界中から忘れ去られた人々、特権のない人々、十分な栄養が与えられていない人々に、新たな日々と生活という約束を実現させなければならない」[1]。

　そのような困窮は、それが起きた後で、飢えている人々に食料を与えることによってではなく、それが起きる以前に、飢えた人々に自ら食糧を生産する機会と手段を与えることによって取り除く必要がある。これは、機会の均等を普及させることを意味する。

　世界平和を維持するためのこうした実際的な側面に大きな関心を示したウィ

---

[1] Irwin Abrams (ed.), *op. cit.*, p.13.

リー・ブラント②は、平和を次のように捉えていた。

「今日、戦争がないだけで感謝している国もあるが、平和とは、戦争がないこと以上のものである。永続する公平な平和のシステムに必要なものは、すべての国家に平等に発展の機会が与えられることである」[2]。

このような目標は、企業が利益追求という要求に支配されているとすれば、そのような企業の力に支配されている世界では達成することができない。企業の利益追求は、責任ある企業、そして企業の説明責任という概念（これについては、次の節で短く言及する）と一致させることを急がなければならない。

責任ある企業の倫理

今日の世界は、企業の力によって支配されていると言っても過言ではない。多くの企業は、多くの国民国家を遥かに超える富を手中にし、絶対的な支配を確立している。利益の創出は、企業の主な推進力であり、企業役員の行動規範となるほど重視されている。収益性は、企業の望ましさや、行動の基準となっている。

本書の第17章において、企業倫理規範の必要性については、すでに言及した。しかし、企業の本拠地であれ、活動する地域であれ、企業努力の一部分は社会的に有益な活動にも向けられるべきであるということが、必要条件として制度化されることが必要である。非常に多くの場合、企業の活動する地域は発展途上国であり、必ずといってよいほど、利益は既に貧困である国の協力により得られている。すべての企業、特に発展途上世界で活動する企業は、社会に向けた活動を公表することが倫理となるべきである。数十年も前に企業責任について記述し、会計監査と同様に毎年、企業がどのような社会的な事業を実行したかということを世界に公表するというような、企業の社会的サービスに関する監査を提案した人達がいる[3]。そうした監査が定期的に行われるようになれば、企業は、年間の社会的サービスの記録を最上のものにするために互いに競争す

---

2 Irwin Abrams (ed.), *op. cit.*, pp.16-17.
3 See George Goyder, *The responsible company*, Oxford: Basil Blackwell, 1961, pp.62 et seq. 〔邦訳として、ジョージ・ゴイダー著（喜多了祐訳）『第三の企業体制：大企業の社会的責任』春秋社、1963年〕; C. G. Weeramantry, *The Law in Crisis, op. cit.*, pp.255 et seq.

るであろう。
　また、基本的人権と公正な取引行為に反するような多国籍企業の活動を検討する定期的な会議が必要である。
　多国籍企業は、実際には政権を打倒するところまで干渉を行っているが、力のある企業が受入れ国に政治的な干渉を行ってはならないということを、倫理規則の一部とすべきであろう。このような規則の実施状況は、監視される必要があり、国連の下に適切な監視システムを設置する必要がある。

「発展の権利」の発展

　発展の権利は、すでに人権として確立されている。しかし、空疎な宣言という段階に留めておくことは十分なことではない。この権利を実現するためには、活発な活動が必要である。
　世界の資源利用における今日の不均衡は、何らかの方法で是正する必要がある。なぜなら、この不均衡が世界の緊張の多くの原因となっているからである。例えば、世界人口の4％を占めるにすぎないアメリカ市民は、世界中の資源の25％を消費している。これは、平均的なアメリカ市民が、平均的な地球市民の資源消費の数倍を消費していることを意味する。残りの資源が、〔世界人口の〕96％により平等に消費されていない事実を考慮しても、少なくとも〔世界人口の〕10％の人々が、不均衡なほど大量の資源を消費しているといえる。このことは、先進国の平均的な市民が、地球資源をあまりにも不均衡に消費していることを意味するのである。
　地域を瞬時に横断する通信手段が急速に地球を小さくする中で、この格差は、当然に、ねたみを生みだし、地球村における緊張の原因とならざるを得ない。それは、多くの人が困窮状態にある村において、僅かな富裕層が著しく不均衡な生活様式で生活していることにより引き起こされる緊張と同じである。
　これに関連して、1973年12月17日の国連総会決議③に基づいて1974年11月16日に〔ローマで〕開催された世界食糧会議（World Food Conference）において採択され、1974年12月17日の国連総会決議④によって支持された「飢餓と栄養失調の根絶に関する世界宣言」が参照されなければならない。
　1条は、すべての男性、女性若しくは子どもは、肉体的又は精神的能力を十

分に発達させ維持するために、飢餓と栄養失調から解放される誰からも奪われない権利を保持すると明記している。今日すでに社会は、十分な資源、組織的な能力及び技術を備えており、この目的を達成する能力も備えているのである。したがって、飢餓の根絶は、国際社会のすべて国々、特に援助を行なえる立場にある先進国その他の国の共通目的とされなければならない。

第10条は、すべての先進国とその能力をもつすべての国に対して「農業生産のために土地や水資源の拡張に努めている発展途上国、また、肥料、化学薬品、高品質の種子、資金、技術のように農業に投入すべきものが、公正な価格で利用できる機会を早急に拡大することを求めている発展途上国に対して」、技術的・財政的に協力を行うことを要請する。「これに関連して、発展途上国間の協力もまた重要である」と述べている。

戦争が根絶されるべきであるなら、その原因が根絶されなければならない。このことが、国際社会から十分な注目を受けるのであれば、我々は、戦争を招く緊張を排除することに向かって進んでいることになるだろう。国際社会は、このような国際的な合意文書に明確に規定されている義務を果たすよう協力する必要がある。

持続可能な開発

将来の国際法の基本的な規範の一つは、持続可能な開発の概念であろう。持続可能な開発は、将来の国際法における最も重要なものとなるだろう。この規範は、先進国と結びついた開発の概念と、将来に続く世代のための持続性の概念を融合するものだからである。後者は、伝統的社会の知恵の一部である。

開発は、一般的に短期的な利益の概念と結びつけられているが、持続性は、長期的な永続性の視点を取り入れている。持続可能な開発という概念は重要なものと見なされるようになったため、2002年に南アフリカ〔のヨハネスブルグ〕で開催された「持続可能な開発に関する世界サミット」のテーマとなったのである。世界の主要な裁判官による会議も、それに先行して同じ問題を扱った[4]。

4　See <http://www.unep.org/dpdl/symposium/Judges_symposium.htm>.

国連環境計画（UNEP）やカナダのマッギル大学の「国際持続可能開発法研究所」[5]のような特別な機関は、将来の国際社会の幸福を左右するこの問題に、特別な注意を払っている。大規模で短期的な開発事業が、長期的な持続性を犠牲にして世界中で行われている。未来の世代は、このようにして生まれながらの権利を奪われているのである。

　現代法の視点は現在に中心を置くものであり、世界中の伝統的システムの英知を取り入れていない。メラネシアン、ポリネシアン、オーストラリアの先住民族、アメリカの先住民族、アフリカそしてアジアのあらゆる制度は、現代法が失ってしまった地球資源の受託者という概念に基づいた未来の世代の権利を保持している。このような概念は取り戻さなければならない。というのも、現在における世界の幸福の大部分（未来においてはその割合は増大するが）は、このような概念に懸かっているからである。

水の保存

　世界の水資源の保存は、将来の世界平和の重要な前提条件である。

　現在、10億以上の人々が、安全な飲料水を入手できない。また、2025年までには、世界人口の3分の2が清潔な水の不足を経験すると予想されている。多くの国が、生活用、農業用、工業用、環境保全に必要な水資源に不足するであろう。

　2003年3月〔16日から23日まで〕、京都〔大阪、滋賀〕で開催された「〔第3回〕世界水フォーラム」は、これらの問題のいくつかを取り扱うことを試みたが、大きな成功には至らなかった。しかし、この会議は、常に取り組むことが必要なこの問題の重要性を明らかにすることにおいて先駆的であった。

　問題の一つは、事業の長期的な持続性を考慮するよりも、利益を最大化するという原則を追求する民間企業による水の支配が増加していることである。したがって、公共水道事業の民営化は、大いに憂慮される事柄である。

　資本家や世界銀行に動かされている民間水企業は、世界の水システムに関する支配を強めている。例えば1990年には、民間水企業はおよそ12カ国で活動し

---

[5] The Centre for International Sustainable Development Law (CISDL). <http://www.cisdl.org/index.html>

ているに過ぎなかったが、12年後の2001年には、56ヶ国で活動している。

　水は、伝統的に基本的な人権として発展途上の社会において最も貧しい人々でさえ容易に得られるものであった。将来は、水が、商品としてますます高価な値札をつけるという危険がある。

　そのうえ、非常に多くの国は、水の供給を他国に依存している。経済的な圧力によって水が入手できなくなれば、生活ができなくなる。

　水を公的な領域から私的な領域へ移行させる経済政策を、真剣に検討することが必要である。この経済政策によれば、水は、強者が弱者を支配する道具となるからである。世界の水供給に占める第１世界〔先進国を指す〕の都市や産業による水の消費の割合は増加しており、これらは、次第に貧しい国の手が届かないものになっていることである。例えば、南アメリカ諸国の中で最貧国の一つであるボリビアでは、民間水会社が水の値段を200％から300％値上げした。このようにして、何百万という小農家が被害を被れば、社会不安と政治的不安定が発生する。国際法は、世界的水企業がダムの所有権や水路についてさえ、支配しつつあるという事実に留意する必要がある。水に対する人権が、十分に確立された人権の一つとして認められるためには、なんらかの行動が必要である。

エネルギー

　エネルギー問題は、過去においては、世界的紛争の原因の一つであった。現在のイラクにおける交戦状態は、この地域に石油があることが原因であると多くの人が考えている。したがって、石油に代わるエネルギー資源を見つけることが必要である。

　これまで、石油会社による圧力やその他の理由で、十分な財源や人的資源が代替エネルギー資源の探査に費やされてこなかった。特に太陽エネルギーは、世界のエネルギー需要の大部分を供給できる可能性を秘めている。しかし、太陽エネルギーの研究は、資金を欠いていた。同様に、風力・水素エネルギーやその他の可能性のあるエネルギー源の研究は、強化する必要がある。

　もし、科学者達が主張するように、これらの代替エネルギー源が、世界中の需要を満たすことが可能であれば、より集中的な研究計画のテーマとすべきで

ある。それによって、国際紛争の重要な原因を取り除くのである。

グローバリゼーションの封じ込め

　力、利益、生産性を結集させた影響力の下で、急速に勢いを増して進行するグローバリゼーション⑤の過程は、地球のあらゆる地域の伝統的な価値と生活様式を飲み込んでしまう脅威となっている。グローバリゼーションは危険なことに、国内及び国家間で、持つ者と持たざる者の隔たりを広げている。グローバリゼーションの持つ地球的な規模の力は、世界の貧困の根絶を助けるものと期待されているにもかかわらず、富の集中を助長させている。その力は恐ろしく大きいものであるので、非常に高い倫理規範によって制限される必要があるにもかかわらず、その原動力と価値判断の基準は、商業本位の倫理である。グローバリゼーションは、長期的で持続可能な発展を計画する財源を持っているにもかかわらず、短期的利益の原理で動かされている。

　グローバリゼーションは、数十億の人々及び多数の国の経済的安全保障を損なっている。グローバリゼーションは、地球規模の繁栄を広げることによって平和を約束していたのにもかかわらず、富が一部に集中することを促進することによって戦争とテロをもたらしている。また、経済的な不安定と排除を創り出すことによって、過激主義と原理主義を促進しているのである[6]。

　アメリカの資本家に支配されている資金は、1980年には1兆9千億ドルであったが、2003年には17兆ドルに増加した[7]。このことは、彼らが自由にできる力を途方もなく増大させ、彼らがビジネスを行なう相手である国も含めて、貧しい存在に対して自らに有利な取引条件を押しつける力を増している。先進国から発展途上国へ向かうべき資本の流れは、しばしば逆になり、貧しい国家が、より豊かな国家に資本を多く輸出することになっている。

　政治的な世界と同様に企業の世界においても、「全ての権力は腐敗する。絶対な権力は絶対的に腐敗する」[8]ということが、世界的に認識される必要がある。

6　See generally Vandana Shiva, "Globalization and its Fall Out" *Post-Neoliberal Review,* May/June 2003.

7　Jeff Gates, "History's Greatest Heist" *Post-Neoliberal Review,* May/June 2003.

8　Lord Acton in a letter to Bishop Mandell Creighton in Louise Creighton, *Life and letters of Mandell Creighton/by his wife,* New York: Longmans, 1904.

グローバリゼーションは、伝統的工芸や伝統産業を抑圧し、伝統的価値を窒息させ、商業的倫理を新たな世界的な倫理規範として広め、時代の試練を乗り越えてきた古い文化様式の上に新たな文化様式を覆い被せる。したがって、グローバリゼーションを制御するための倫理規範、国際条約、監視システム、人権の諸原則、公正な取引の実行、多国間条約を通じて、そうしたよりよい認識を高めることができる。これらの中には、個人優先の商業主義の姿勢に対して、共同体を優先する伝統的な姿勢があり、また環境や、伝統的社会の特徴である世代間の権利を尊重する態度などがある。

グローバリゼーションは、国際的な開発機関、世界貿易機関（WTO）のような国際的審判所、国際的な銀行システムからの支援も受けている。このような面については、途上国の視点からの詳細な検討が必要である。

グローバリゼーションには、世界の状況を改善する偉大な力がある。しかし、その能力は、人類のために活用されていないし、その巨大な力は、ほとんど誤った使い方をされている。このような理由でグローバリゼーションは、地球規模の不満を強力に誘発しているのであり、すべての段階でより批判的な検討が必要である。

　　　　　　　　　＊　　　　＊　　　　＊

これまでの章では、平和のために意義のある様々な活動の中で、代表的なものを紹介してきた。ゆっくりではあるが、それらは戦争と平和に関する世界の考え方の背景となるものを変化させている。我々は、戦闘行為が実際に起こるのを待つ必要はない。戦争と平和の問題は、実際に戦闘が起こる前に生じる様々な要素によって決定されるからである。

世界中の人々から支持される国際法の新らたな時代を打ち立てるためには、様々な方法がある。国際法の新らたな時代は、人民の力や平和を愛する世論、そして国際法の新らたな時代を支持するために数億人規模で集まるような、世界中の物事を正しく考える人々により支えられるだろう。

超大国は、この支持を無視することは出来ないし、超大国の国民の中でさえ戦争に訴えることに反対する数千万の人々がいる。ノーベル平和賞を受賞者したアルヴァ・ミュルダール[6]の言葉を借りれば、彼らは「戦争は殺人である。

潜在的な大きな紛争のために軍事的に準備することは、大量殺人である」[9]ということに気づくだろう。

イマニエル・カント⑦は、その偉大な著作『永遠平和のために』(1795年)⑧の中で、法の禁止に従うことなく武力を行使する国家に対して厳しい言葉を用いている。近代国家は「未開人は、法的な強制に従うよりも争いあうことの方を好むことを深い軽蔑をもって眺めている」ことを見てとって、「われわれはこのことをひどく軽蔑し、粗野で野蛮、人間性の動物的な失墜と見るが、そうだとすれば、それと同じように、ひとは当然次のように考えるであろう。すなわち、開花した（それが自分たちで一国家へと合一している）諸民族は、このような非難される状態から一時も早く脱出しようと急いでいる、と。だが、これに反して、諸国家は、法を軽視して武力を行使することに固執するのである」とカントは述べた。カント主義者による批判は、法を軽視することによって導かれるジャングルの掟への回帰を強く思い起こさせる。とりわけ、それが世界の指導者によって実行されたときには、より著しいものとなる。

特に大量破壊兵器が拡散している核時代においては、ジャングルの掟への回帰は、文明の消滅と取り返しのつかない地球汚染につながるだろう。そのような事実と危険性が知らされていれば、世界の人々は、この抗しがたい大義のために、いかなる超大国も彼らの意思に反対することができないような強さで、ただちに団結するだろう。

このようにして、国際法は最終的に至高のものとなり、古代の賢人の言葉を借りれば、「将来の世界の主権者」となるのである。

第21章　訳注
① Ralph Johnson Bunch 1904-71　アメリカの外交官。国連事務次長（1967-1971）を務める。パレスチナ紛争の調停により、1950年ノーベル平和賞を受賞。
② Willy Brandt 1913-1992　ドイツの政治家、西ドイツ首相（1969-1974）。東ヨーロッパとの和解政策を推進した功績により、1971年ノーベル平和賞を受賞。
③ United Nations General Assembly Resolution 3180（ⅩⅩⅧ）.
④ United Nations General Assembly Resolution 3348（ⅩⅩⅨ）.
⑤ 市場主義とアメリカ的価値観や社会システムを世界的に展開しようとする戦略。

9　Nobel Lecture December 11, 1982.<http://nobelprize.org/peace/laureates/1982/myrdal-lecture.html>

⑥ Alva Myrdal 1902-1986 スウェーデンの社会学者、政治家、外交官。軍縮運動の功績により1982年ノーベル平和賞を受賞。邦訳として、アルヴァ・ミュルダール著(豊田利幸、高榎堯訳)『正気への道：軍備競争逆転の戦略Ⅰ・Ⅱ』岩波現代選書、1978年参照。

⑦ 第14章訳注⑤参照。

⑧ 『永遠平和のために』(*Zum ewigen Frieden*)は、1795年ケーニヒベルクで初版が出版され、翌1796年に新たに第2補説を加えた増補版が出版されている。なお、訳出にあたっては、カント著(宇都宮芳明訳)『永遠平和のために』岩波書店、1985年を参考とした。

付　録

2003年1月、ハーグにて

コフィ・アナン国連事務総長閣下へ〔の書簡〕

世界の青年たちによる平和の訴え

　地球の平和は国際法ばかりでなく、全世界の宗教的伝統にとって第1義的な目的であります。平和という大義のため文明が合流する必要があるいま、文明の衝突についておおいに忌憚のない意見表明がなされています。世界のいたるところにいる善意の人民が、平和という、われわれみなが強く信奉する価値を擁護するために、団結する必要があります。

　今世紀初頭の数年間、戦争に訴えろと叫ぶ声は大きく、しかもはっきりしています。平和を求める声は、ほとんど聴きいれられていません。現代世界の青年たちは、いかなる戦争にもせよ、その主たる犠牲者となるでしょう。というのは、自分たちがつくりだしたものでない戦闘の最前線に、無理やり押し出されるからです。地球の平和を希求して、われわれは声をあげなければならないのです。

　尊敬されている政治家たちや哲学者たち、また将軍たちは、長年にわたって、戦争の残忍さと愚かさを警告してきました。ジョン・F・ケネディは次のように警告しました。「人類は戦争を止めねばならない、でなければ、戦争が人類を死滅させることになる」と。著名なルネッサンス期哲学者であるエラスムスは、その驚くべき鑑識眼でもって見抜きました、すなわち「戦争を甘美なものとみるのは、戦争を知らないものたちだ」と。〔また〕同時代の他のだれよりも戦争のことをよく知っていたダグラス・マッカーサー将軍は次のように言いました。「戦争は敵にも味方にも壊滅的打撃を与える、だから戦争は国際紛争解決の手段として無益なものになっている」と。それなのに、世界はいまなお、戦争に訴えています。

　年があけたいま、われわれは共に、すべての宗教の教えを、すなわち憎悪は

憎悪の連鎖を絶ちえず、暴力は暴力の連鎖を絶ちえないということを、自覚しましょう。地球上いたるところで、軍国主義の声が平和や調和、また善意というものを押し殺してきましたが、しかし平和などの中にこそ、われわれはみな共通の利益を持っているのです。われわれは、人間家族を分裂させている相違点があるにもかかわらず、平和や調和、それに善意というものを活かそうとしてきました、なぜなら平和を希求する声は、全世界に聞き届けられる訴えとなるほどに統一されてこなかったからです。

　われわれは戦争に関する自明の真理を自覚しようではありませんか。ひとたび戦争に従事すると、それは止められません。戦争の帰趨はまた、予測できません。戦争は、無残さと憎悪という遺産の影に隠れ、それは数世代にわたって続くのです。極限状態では、あらゆる兵器が使われがちです。戦争での膨大な犠牲者は無辜の市民たちです。回復できない環境への損害は、現代戦の不可避な産物です。

　数千あるいは数百万の死者の統計について語ることはここではしませんが、戦争評論家のなかには、次のような質問、すなわち、「生き残った者はどう感じたか、誰か知っているか？　不具になった者あるいは心身障害者の中で、意識のあったものは何名だったか？」といった質問をしたものがいたのです。これらがまさに現実であり、これらは統計にはまったく表れない。

　いまという危機一髪の時代に、国際法や国際連合、そして紛争の平和的解決は――これらは闘争と犠牲の数世紀を経て初めて達成された概念ですが――、それらは注意深く安全に保持される必要があります。戦争は、それらすべてを危険にさらすのです。

　すべての人類とすべての文明は戦争が究極の野蛮さであると声高らかに宣言します。われわれはこの緊張の時代にあって、あらゆる国境をこえて活動する平和創造者の役割を果たそうではないですか。こうして、過去数世紀の間なり響いた教訓を、実現しようではありませんか。「幸いなるかな　平和をつくる者。その人は　神の子どもと呼ばれるであろう」。

資料編

A　法律家・法学者の見解

資料1　イラクに対する将来の武力行使の帰結：ブッシュ宛て公開書簡

〔解説〕　この見解は、イラクへの武力行使が始まる約2ヶ月前（2003年1月24日）、「憲法上の権利実現を追求するセンター」（CCR＝ Center for Constitutional Rights）が中心となって、ブッシュ大統領にあてて出した公開書簡である。現在の会長であるミカエル・ラトナー（Michael Ratner）と法学教授であるジュール・ロベールが起案した。

CCRはニューヨークに本部をおく法律家組織であり、市民権運動のなかで、1966年、社会正義を追求する法律家たち、とりわけアーサー・キノイやピーター・ワイズらによって創立されて以来、広い意味での憲法訴訟を提起する活動を継続してきた。

2004年11月現在、CCRはイラクの4名の市民とともに、国際刑事裁判所の管轄権を拒否している米合衆国の国防長官であるドナルド・H・ラムズフェルドについて、アブグレイブ監獄での拷問など犯罪行為をドイツ連邦検察官が関係法律を適用して調査を開始するように、国際的な告発活動を展開している。（浦田賢治）

公開書簡

ジョージ・W・ブッシュ大統領殿
The White House
1600 Pennsylvania Avenue, N.W.
Washington, D. C. 20500

ドナルド・H・ラムズフェルド国防長官殿
1000 Defense Pentagon
Washington D. C. 20301

2003年1月24日

　（主題）　イラクに対する将来の武力行使の帰結

拝啓
　我々、すなわち下記に名を連ねる法学教授並びに合衆国非政府組織（NGO）の代

表は、イラクに対し将来武力行使がなされる際に生じうる国際人道法違反に関する我々の懸念を伝える目的で貴殿に書簡をおくります。この書簡は、将来の武力行使が国際法に基づき適法となり得ることを容認または受け入れるものでは決してありません。また国連憲章33条が求めている、紛争を解決するためのあらゆる「平和的手段」が尽くされたという主張も受け入れるものではありません。実際、国連安全保障理事会の新たな決議を経ないいかなる将来の武力行使も、国連憲章に違反する平和に対する罪又は侵略戦争に該当する行為であると考えております。

　この書簡における我々の最大の懸念は、イラクに対する武力行使の際に、米軍及び多国籍軍が国際人道法、特に目標区別、軍事的必要性及び均衡性という基本的規則を遵守できないとしたら、その結果膨大な数にのぼるであろう文民の死傷者に関する懸念であります[1]。1991年の湾岸戦争期間中、膨大な文民の死傷者数が記録文書に残されております。更に、今回の戦争が勃発すれば、極めて多数の文民の死傷者がでるであろうという情報も公表されております。例えば、最近発表された信頼できる国連報告によれば、将来の戦争の結果、（WHO報告書の推定を引用して）「重症あるいは軽傷の程度の差こそあれ、直接的又は間接的な傷害で50万もの文民が治療を要するであろう」と予測しております[2]。1991年の戦争において、もし米軍及び多国籍軍が、国際人道法をより厳格に遵守していたなら、多くの文民は死を免れることができたはずです。同様に、将来のいかなる武力行使においても、国際人道法の遵守は、文民死傷者数を確実に最小限に抑えるための必要不可欠な前提条件となります。

　総体的に見れば、国際人道法は文民の生命と民生基盤とに対する武力紛争の悪影響を可能な限り最小限に抑えることを目的としております。国際人道法は、敵対行為に一定の制約を課し、文民の生命を保護するために攻撃の手段及び方法の選択においてあらゆる実行可能な予防措置が講じられるべきであることを規定しております。これらの予防措置の中には、兵器又は兵器システムの選択とこれらの兵器が使用される方法の選択とが含まれております。国際人道法は、文民及び民生基盤に対する直接攻撃を禁止しており、そればかりでなく、軍事目標と文民又は民用物とを適切に区別しない攻撃、並びに正当な軍事目標に対するものではあるが、文民又は民用物に均衡性の

1　国際武力紛争に係る敵対行為を規律する規則を最も包括的に述べているのは、1949年のジュネーヴ諸条約に追加される国際的武力紛争の犠牲者の保護に関する議定書（追加議定書Ⅰ）です。この第1議定書は、1977年に採択され、これまでに160カ国により批准されております。アメリカ合衆国は批准しておりませんが、議定書の主要な規定は、合衆国の軍事教範にも取り入れられており、また合衆国がこれらの規定を慣習国際法の宣言とみなしているという趣旨の発言が、合衆国政府高官によりなされてきました。実際、この議定書の基本的規定の多くは、事実上慣習国際法の一部であって、非締約国との関係でも慣習国際法として拘束力があると広く考えられています。

2　Likely Humanitarian Scenarios, United Nations, December 10, 2002.

ない影響を与える攻撃の計画及び実施をも禁止しております。このような原則に従えば、次のような攻撃手段及び方法（どの程度であれ、米軍が参加した最近の武力紛争においてはそのすべてが使用されてきました）は国際人道法に違反することになります。

1. 一般住民が集中していることが知られている場所に対する大規模かつ無差別な航空攻撃
2. 絨毯爆撃
3. 気化爆弾、クラスター爆弾、複数ロケット発射装置又は核兵器（地底深く隠れた目標を破壊する目的で設計された地中貫通型の戦術核兵器である B61-11s を含む）
4. 電力供給に依存している民用の施設、例えば飲料水の供給施設及び処理施設並びに病院への損傷を引き起こすような電力供給施設の過度の攻撃目標化
5. 「危険な威力」を内蔵する工作物又は施設、即ちダム、堤防及び原子力発電所の爆撃
6. 文民を恐怖に陥れること、もしくはその士気を挫くことに特に狙いを定めた爆撃、又は文民に現政権を転覆させることを意図した爆撃

　イラクとの戦争期間中に国際人道法が侵害されるのではないかという我々の懸念は、1991年の湾岸戦争、コソボ、そして最近ではアフガニスタンにおける米国及びこれと連携する諸国による過去の武力行使に関する数々の証拠に基づくものです。これらの紛争中に、すべての当事国が行った国際人道法の違反は、広範囲に渡り記録文書に残されております。このような過去の違反は、イラクに対する将来の軍事行動の際に、国際人道法の要請が再び侵害されるのではないかと想定する合理的な根拠となっています。

　我々と比較して貴殿らが、湾岸戦争、コソボ、及びアフガニスタンにおける過去の武力行使の正確な事実の総体を知る上で有利な立場にあることは明らかですが、我々の懸念は、次のような記録に残されている出来事に基づくものです。ここで問題にしている出来事は、その大半が1991年の湾岸戦争時に起こったものですが、そのすべてが国際人道法に違反しており、実際、ジュネーヴ条約の重大な違反行為であります。

1991年湾岸戦争[3]
1. 違法な攻撃の手段及び方法

---

[3] *Needless Deaths in the Gulf War: Civilian Casualties During the Air Campaign and Violations of the Laws of War*, Human Rights Watch, July 1991.

市街地及びその周辺の目標に対する昼間攻撃
* イラク南部の Nasiriyya の橋梁に対する午後の攻撃により100名が死亡し80名が負傷。
* Samawa 市の混雑した市場近辺の橋梁に対する昼間攻撃により100名の文民が死亡し多数の者が負傷。
* 家庭用燃料の購入のため常時文民が集まることが知られていた燃料配給地点近辺の石油貯蔵タンクに対する午後3時30分の攻撃により約200名が死傷。
* Basra, Falluja, Samawa 及び al-Kut の4都市に対する攻撃中に市街地での無誘導ミサイルの使用により、主に貧民街における約400戸の民家、19戸のアパートといくつかのホテル、2つの病院と2つの診療所、2つの学校と1つのモスク、レストランと商店、並びに市場区域が半壊又は全壊。
* Ameriyya の民間防空シェルターを警告なしに攻撃して、200名ないし300名の文民が死亡。このとき、多国籍軍はこの施設が以前民間防衛（civil defense）のシェルターとして使用されていたことを知っていた。
* 少なくとも320トンの軍用機及び戦車用劣化ウラン弾及び狙撃弾の使用。

2. 非軍事目標に対する攻撃

食料、農業及び飲料水処理施設に対する攻撃
* Diwaniyya 市の四つの政府食料倉庫の破壊。
* Basara から30キロの所にある酪農品生産工場に対する攻撃。
* 製粉工場及び穀物倉庫の破壊。

電力施設に対する攻撃
* イラクの5ヶ所の水力発電所中、4ヶ所を破壊し、このためエネルギー依存社会から産業化以前の社会への変貌を余儀なくされた[4]。

公道での文民車両に対する攻撃
* 公道での民間車両に対する昼間の無差別攻撃により、約60名が死亡。

民用に充てられる物に対する攻撃
* イラク西部のベドウィン人のテントに対する無差別攻撃により、幼児及び子どもを含む46名の文民が死亡。

1995年コソボ[5]

---

[4] 参照、*Report to the Secretary General on Humanitarian Needs in Kuwait and Iraq in the Immediate Post-Crisis Environment*, Martii Antisaari, United Nations Report No. 5122366, March 20, 1991.

[5] 参照、*Civilian Deaths in NATO Air Campaign*, Human Rights Watch, February 2000; *"Collateral Damage" or Unlawful Killings*, Amnesty International, June, 2000; Fatally Flawed:

＊1999年4月14日、Djakovica周辺における超高空からの無差別爆撃作戦により、70名以上のアルバニア系文民が死亡し、100名が負傷。
 ＊1999年4月23日、セルビア・ラジオ・テレビ局本社に対する故意による攻撃のため、16名の文民が死亡。

2000年アフガニスタン[6]
 ＊2001年10月22日、Shaker Qala村に対する昼間のクラスター爆弾攻撃により、9名の文民が死亡し、14名が負傷。
 ＊2001年11月18日、Khanabad近くの前線の村に対するB-52sによる絨毯爆撃により、150名の文民が死亡。
 ＊2002年5月7日、Niの2つの居住地区に対する昼間の攻撃中、クラスター爆弾が市場と病院の近くに投下され、14名が死亡し30名が負傷。
 ＊2002年7月、結婚式のパーティに対する攻撃により、40名の文民が死亡し、60名が負傷。

　上述の国際人道法違反の多くは、個人責任を伴う国際犯罪に該当する違反であると十分に論証できます。半世紀以上にわたり、アメリカ合衆国は、このような罪を犯した者の責任を問う国際努力に参加してきました。ニュールンベルグ裁判所、最近ではシエラ・レオネの特別裁判所の設置がその例として挙げられます。国際刑事裁判所（ICC）に関しては異議を唱えてはいますが、アメリカ合衆国は、国際正義への関与（コミットメント）を、さらにまた人道に対する罪及び戦争犯罪を含む最も重大な国際犯罪の責任者を訴追する必要性を、繰り返し公に再確認してきました[7]。このような理由から、我々は、今回の戦争において人道に対する罪及び戦争犯罪の遂行に責任があると判明した者については、その責任を確実に追及する決意を固めております。この目的のため、アメリカ合衆国及びイギリスの非政府組織と協力して、このような

Cluster Bombs and Their Use by the United States in Afghanistan, Human Rights Watch, December 18, 2002; *A Dossier on Civilian Victims of United States' Aerial Bombing of Afghanistan: A Comprehensive Accounting*, Professor Marc W. Herold, University of New Hampshire, December, 2001.

6　参照、Fatally Flawed: *Cluster Bombs and Their Use by the United States in Afghanistan*, Human Rights Watch, December 18, 2002; *A Dossier on Civilian Victims of United States' Aerial Bombing of Afghanistan: A Comprehensive Accounting*, Professor Marc W. Herold, University of New Hampshire, December, 2001.

7　例えば以下を参照、Speech by U. S. Ambassador for War Crimes Issues, Washington D. C. (May 6, 2002); U. S. Office of War Crimes Issues Fact Sheet, U. S. Department of State (May 6, 2002); John R. Bolton, Under Secretary for Arms Control and International Security, Remarks to the Federalist Society, Washington D. C. (November 14, 2002).

犯罪の責任者が国際刑事裁判所規程の締約国国民である場合には、検察官と共に、当該責任者を国際刑事裁判所で訴追する活動を推し進める所存であります。アメリカ合衆国のような非締約国については、国連安保理に対して国際刑事裁判所規程[8]に従い事件を検察官に付託するよう請願するとともに、その者の責任を問うためのあらゆる他の手段を講ずる所存であります。

人道に対する罪と戦争犯罪は、普遍的管轄権が認められる慣習国際法上の犯罪です。アメリカ合衆国を含む諸国家は、その管轄下で個人を訴追するか、又はそのような意図を持つ国家へ同人を引き渡す国際的な義務を負っています。戦争犯罪に関するこのような義務を認識した結果、合衆国議会は、戦争犯罪法（War Crimes Act）を制定しました。この戦争犯罪法に従い、アメリカ合衆国内の通常裁判所には、ジュネーヴ条約の重大な違反行為を含む特定の戦争法規違反について軍人及び文民のいずれをも裁く権限が付与されています。アメリカ国民が上記の違反行為に従事した証拠が存在するのに、同人に対する訴追が開始されない場合、我々は、戦争犯罪法に基づきこのような申し立てが徹底的に調査され、訴追されることを実現するという決意を固めております。

我々は、このような犯罪遂行者の責任を確実に問うための第一段階として、適切と判断した場合には国際刑事裁判所の検察官への証拠提出を念頭に置いて、国際人道法の違反、人道に対する罪及び戦争犯罪の証拠を検証するための常設民衆法廷（the Permanent Peoples' Tribunal）主催の法廷がロンドンにおいて召集されるものと聞き及んでおります。我々は、このイニシアチブを全面的に支持します。

同様の趣旨の書状が、本日、イギリス及びカナダ政府に送られる予定です。

我々は、貴殿らに対して、万一イラクに対して武力が行使される場合には、その武力行使がこの書簡に詳細に述べられている国際人道法の要件をすべての面において遵守することを確保するため、上記両国及び連携する可能性を持つ他の諸国の政府代表と連絡を図られるよう求めるものです。

敬具

（主唱・提案者）
Professor Jules Lobel
Professor of Law
University of Pittsburgh

---

[8] 13条(b)を参照。犯罪の行為地であるイラクが、国際刑事裁判所の管轄権を受諾し、事件を検察官に付託した場合も、国際刑事裁判所が、このような犯罪を行ったアメリカ国民に対してその管轄権を行使する可能性が考えられます。ICC規程12条3を参照。

Michael Ratner
President
Center for Constitutional Rights
666 Broadway
New York, NY, 10012
(支持者名のリストは省略)

資料2　予防的武力行使に反対する法律家の国際アピール

〔解説〕　国際反核法律家協会（IALANA）は、2002年11月、ドイツのマールブルグで総会を開催し、ウィーラマントリー氏（国際司法裁判所の前判事・次長）を新しい会長に選出した。IALANAは1989年、ストックホルムで設立され、創立時の課題であった「核兵器の使用が国際法に違反する」という主張を、国際司法裁判所の勧告的意見として国際社会に示す成果をおさめた（1996年）。また、「国連国際法の10年」に関連して、「ハーグ平和アピール（HAP）市民社会会議」を開催し、平和と正義の21世紀を展望する課題（ハーグ・アジェンダ）を提起した（1999年）。

　同じく2002年11月、大量破壊兵器にかんする国連安保理決議第1441号がだされ、米英によるイラクへの武力攻撃と国際法の関係がひろく論議された（2003年2月）。IALANAはウィーラマントリー氏を含めて、この問題について論議した結果、下記の国際アピールをまとめ、下記の法律家を含む賛同者・支持者を集めた。

　この国際アピールは、要約すると次のように主張している。「現在構想されているイラクに対する武力の『予防的』行使は、違法かつ不必要なものであり、従って国連はこのような予防的行使の権限を与えてはならず、またいかなる国家も武力の予防的行使に踏み切るべきではない。」

　その理由の要点は、国際法の一般原則に照らし次のとおりである。
- 国家間の紛争は平和的に解決することが要請される。
- 武力行使は、武力攻撃が発生した場合もしくはその攻撃が差し迫っている場合にのみ、又は、国連安保理が平和に対する脅威であると宣言し、かつ非軍事的措置が不適切であると決定して国連の授権がある場合にのみ、許されうる。
    しかるに、侵略行為も、そのような行為の差し迫った脅威の証拠も、現在皆無である。また、武力の予防的行使については、先例がない。
- 国際法の執行は、すべての国家について一貫した形でなされるべきである。
- 様々な懸念に対処するため、予防的武力行使に替わる諸方策が利用できる。

　署名者のなかには、次の人々が含まれている（所属・地位は署名時のものである）。
　　ウィーラマントリー（IALANA会長、国際司法裁判所の前判事・次長、国際

法；スリランカ）
　ピーター・ワイズ（IALANA・前会長、核政策法律家委員会会長；USA）
　リチャード・フォーク（プリンストン大学名誉教授、国際法；USA）
　ソール・メンドロヴィツ（ラトガース大学名誉教授、国際法；USA））
　ジュルス・ロベル（ピッツバーグ大学法科大学院教授；USA）
　ピータ・ベッカー（IALANA事務局長、弁護士；ドイツ）
　フォン・デン・ヴァン・ビーセン（IALANA副会長、弁護士；オランダ）
　ニコラス・グリーフ（ブールネマウス大学教授、国際法；英国）
　浦田賢治（早稲田大学教授、IALANA副会長；日本）
　最上敏樹（国際基督教大学教授；日本）
　新倉　修（青山学院大学教授；日本）
　君島東彦（北海学園大学教授；日本）
日本語文は伊藤勧・山田寿則両氏の共訳である（浦田賢治、2003年2月、2004年12月加筆）

　予防的武力行使に反対する法律家及び法律学者による国際アピール

　世界の様々な法的伝統を背景に持つ、以下に名を連ねる法律家及び法律学者たちは、中東における大量破壊兵器の拡散疑惑を巡る紛争と、この事態に対応して武力が行使される可能性について、極めて憂慮している。
　世界のいかなる地域においても、大量破壊兵器の開発は、このような兵器の取得、保有、及びこの兵器の威嚇又は使用を禁じている普遍的規範に違反する行為であり、このような行為に対しては当然しかるべき処置が講じられるべきである。しかし、現在構想されているイラクに対する武力の「予防的」行使は、違法かつ不必要なものであり、従って国連はこのような予防的行使の権限を与えてはならず、またいかなる国家も武力の予防的行使に踏み切るべきではない。

　国際法の一般原則は、次のように定めている。
・国家間の紛争は平和的に解決することが要請される。
・武力行使は、武力攻撃が発生した場合もしくはその攻撃が差し迫っている場合にのみ、又は、国連安保理が平和に対する脅威であると宣言し、かつ非軍事的措置が不適切であると決定して国連の授権がある場合にのみ、許されうる。
・国際法の執行は、すべての国家について一貫した形でなされるべきである。
　これらの原則を明確にし適用すれば、イラクに対する武力行使は、次のような根拠

に基づき違法行為であると思われる。

紛争の平和的解決が要請されている。
(1) 国連憲章及び慣習国際法は、国家に対して、紛争の平和的解決を求めることを要請している。国連憲章第33条は、「如何なる紛争でもその継続が国際の平和及び安全の維持を危うくする虞のあるものについては、その当事者は、まず第一に、交渉、審査、仲介、調停、仲裁裁判、司法的解決、地域的機関又は地域的取極の利用その他当事者が選ぶ平和的手段による解決を求めなければならない」と規定している。
(2) 国連憲章51条によれば、「武力攻撃が発生した場合に」初めて、武力による威嚇または武力の行使が国家に許されるのである。それも「安全保障理事会が国際の平和及び安全の維持に必要な措置をとるまでの間」に限定されている。
(3) 侵略行為または平和に対する脅威が認定された場合、国連安保理は、国連憲章によって、まず「兵力の使用を伴わない措置」(第41条)を使用することが求められている。このような措置が「不充分であろう」場合、又は「不充分なことが判明した」(第42条)場合に限り、国連安保理は、武力行使の権限を与えることができる。

侵略行為も、そのような行為の差し迫った脅威の証拠も、現在皆無である。
(4) 1991年、国連安保理は、イラクによるクウェートへの現実の侵攻については、平和の回復に必要なあらゆる手段をとる権限を与えることで対応した。しかし今回の場合、イラクが他国を攻撃することを意図している兆候は皆無であり、またこのような攻撃のために軍備を増強しているという証拠も一切存在しない。更に、イラクが係争中の主要国家(例えば、アメリカ合衆国と英国)を攻撃する軍事能力を持たないことは、一般に周知の事実である。

武力の予防的行使については、先例がない。
(5) 敵対国による現実の攻撃あるいはその差し迫った危険が存在しない状態で、予防的措置として武力行使を認める国際法上の先例は皆無である。他方、武力の予防的行使が違法であることを明確に示している法は存在する。ニュールンベルグの国際軍事裁判所は、連合国の侵攻を予防するためノルウェーに対する攻撃を余儀なくされたというドイツの主張を退けている(6 F.R.D. 69, 100-101, 1946)。
(6) 暴力行為の脅威が潜在的で、差し迫っていない状況を根拠に、国連安保理が武力行使の権限を付与したことはない。過去におけるすべての授権は、現実の侵攻、

大規模な暴力行為又は人道上の緊急事態に対応したものであった。
(7) もし仮に、国連安保理が、史上初めて、予防戦争の権限を与えるとすれば、安保理は、武力行使に関する国連憲章の規制を根底から掘り崩すことになるであろう。また、安保理は、諸国が様々な状況において「予防的」武力行使を考慮し、戦争を時代錯誤で禁止された行為ではなく、むしろ再び国際政治の道具としてしまう危険な先例を提供することになるであろう。もし、国際法及び国連憲章の枠外で武力が行使されるようなことになれば、何世代もの時間をかけ、多大な人的犠牲を払った末に確立した国際法及び国連憲章の体系と権威は、いま予見できる時間枠で考えても、著しく損なわれることになるであろう。

国際法は、その一貫性が維持される必要がある。
(8) 国際法が法として国際社会の尊敬を維持し、また強者が弱者を服従させるための道具であるとして国際社会に拒否されないためには、国際法は首尾一貫した形で適用されるべきである。
(9) 湾岸戦争を終結させる停戦条件を規定した国連安保理決議687は、イラクの大量破壊兵器の廃絶それ自体が目的なのではなく、その廃絶は「中東地域に大量破壊兵器のない地帯を設立するという目標へ至る措置を示したものである」と認めている。
(10) 国際司法裁判所は、すべての国家は「厳格かつ効果的な国際管理の下において、あらゆる点での核軍縮に導く交渉を誠実に遂行し、かつ完結させる」義務を負うと全員一致の判断を下している（核兵器の威嚇または使用の合法性に関する勧告的意見、国際司法裁判所、1996年）。この目的を達成するための意味のある措置がすべての国家により講じられるべきであり、また〔他国に対する〕国際法の履行の強制を望む国家は、率先して自らこの要請を満たす必要がある。
(11) イラクの大量破壊兵器の廃絶を確保する活動は、同地域及び世界の他の大量破壊兵器の廃絶を確保する同様な活動と平行して、実施されねばならない。これには、イスラエルの核兵器や、中国、フランス、インド、パキスタン、ロシア、英国及びアメリカ合衆国の核兵器が含まれる。

様々な懸念に対処するため、予防的武力行使に替わる諸方策が利用できる。
(12) 国連安保理は、イラクの大量破壊兵器に関する様々な懸念に対処するため、多くの方策を既に採用してきた。これらの中には、外交圧力、交渉、軍事応用性のある物品についての制裁、貯蔵されている大量破壊兵器の破壊、及び大量破壊兵器の生産に利用可能な性能を備える施設の査察が含まれている。現時点で、この

ような方策は完全でないことが判明しているが、イラクの大量破壊兵器能力のほとんどを破壊・削減するに至るには十分実効的に機能している。

(13) イラク及びイラクの指導者を、重大な人権侵害、戦争犯罪、平和に対する罪及び人道に対する罪の廉で告発する方策も利用できる。この方策には、普遍的管轄権をもつ国内裁判所、国連安保理によるアド・ホック国際刑事裁判所の設置、また2002年7月以降に犯された犯罪に対する国際刑事裁判所の活用、そして国際司法裁判所が含まれる。

　国際法の原則を無視した大国による武力行使は、国際法の構造を脅かすものであり、更なる違反行為、そして暴力行為と無秩序の循環を拡大させるおそれがある。
　我々は、国連及びすべての国家に対して、国際法を遵守する道を追求し、大量破壊兵器に起因する脅威及び他の平和に対する脅威について、あくまで平和的な解決を図る路線を引き続き推し進めることを要求する。
　・これ以上の情報については、国際反核法律家協会（IALANA）のWebsite: www.ialana.org を、参照してください。

資料3　日本の国際法学者の見解「イラク問題に関する国際法研究者の声明」

〔解説〕　日本の国際法研究者たちからは、対イラク攻撃に反対する以下のような声明が公表されている。これは2003年3月18日に外務省に提出された。
　この声明では、国連憲章に照らして、対イラク攻撃は許容されないとして、その理由を次のように述べる。国連憲章が認める武力行使禁止原則の例外として、自衛権の行使と安保理が決定する集団的措置があるとした上で、まず、自衛権については、その発動要件である武力攻撃が発生していないことを指摘し、加えて、先制的自衛を認める法原則はないことを言明する。つぎに、集団的措置については、その要件である平和に対する脅威等の事実が存在していることに疑問を投げかけ、安保理は（決議1441号においても）武力行使に同意を与えてはいないことを指摘する。最後に、国連とIAEAによる査察が不十分ながらも成果を上げつつあることを指摘したうえで、法による支配を強化して国際の平和と安全を確保するために、国連を育んでいくべきことを訴えている。（山田寿則）

　声明　イラク問題に関する国際法研究者の声明
　私たちは、日々、国際法の研究と教育に携わるものとして、国際法に照らして、イラクに対する武力行使は許容されないと考えるので、以下にその理由を表明したい。

国連憲章は、伝統的に個々の国家に認められてきた戦争の自由を否定し、国際関係における武力の行使と武力による威嚇を禁止した。憲章が認める武力行使禁止原則の例外は、次の二つだけである。一つは、武力攻撃が発生した場合、安全保障理事会が必要な措置をとるまでの間、国家に認められる個別的または集団的自衛権の行使であり、もう一つは、平和に対する脅威、平和の破壊または侵略行為に対する集団的措置として、安全保障理事会が決定する行動である。

　現在、第1の、自衛権発動の要件である武力攻撃が発生しているのか。答えは否である。この要件をかわすために、将来発生するかもしれない武力攻撃に備えて、今、先制的に自衛しておくという論理が主張されている。しかし、このような論理を認める法原則は存在しない。もし、まだ発生していない武力攻撃に対する先制的自衛を肯定するような先例を今ここで作ってしまえば、例外としての自衛権行使を抑制する規則は際限なく歯止めを失っていくであろう。

　では、第2の、集団的措置を発動するための要件である平和に対する脅威等の事実が存在しているのか。その存在を認定し、それに対して武力の行使を容認するか否かを決定するのは、安全保障理事会である。5常任理事国はこの決定に拒否権をもっており、1ヶ国でも反対票を投じればこの決定は成立しない。安全保障理事会によって容認されない、すなわち明確な各別の同意を得ない武力行使は、違法であろう。安全保障理事会決議1441は、そのような同意を与えたものではない。

　国連における協力一致のためには、拒否権の行使は慎まなければならないという声がある。本来、拒否権は、国際の平和と安全の維持には常任理事国の協力一致が不可欠であり、常任理事国が分裂している状況で行動することはかえって平和を害することになるという考えを反映している。現下の問題は、2常任理事国が実行しようとしている武力行使に対して、他の3常任理事国が強い異議を呈していることである。拒否権は乱用されてはならない。しかし、行使されなければならない状況の下では、適正に行使されるべきである。5常任理事国には、それだけの権利とともに責任が付託されているのである。

　国連は脆弱だと言われながら、成立以来50余年、多くの困難を凌いで生き続け、とりわけ冷戦後は、国際紛争の平和的処理の主な舞台となっている。イラク問題についても、安全保障理事会が適時に招集され、15の理事国の意見が闘わされ、世界中にその模様がTVで中継されてきた。国連と国際原子力機関による査察も、十分とはいえないまでも、着実に成果を上げつつある。国連という平和のためのツールが、21世紀の国際社会で、その役割を果たすためようやく成長しようとしているのではないか。力による支配ではなく、法による支配を強化して国際の平和と安全を確保するためには、このような国連を育んでいくほかに、私たちには道がないのである。

声明参加者（50音順）2003年3月18日正午現在
　吾郷　眞一（九州大学法学研究院・教授）
　五十嵐正博（金沢大学法学部・教授）※
　岩間　徹（西南学院大学法学部・教授）
　大沼　保昭（東京大学大学院法学政治学研究科・教授）
　小畑　郁（名古屋大学大学院法学研究科・教授）
　北村　泰三（熊本大学法学部・教授）
　古賀　衛（西南学院大学法学部・教授）
　坂元　茂樹（関西大学法学部・教授）
　佐藤　哲夫（一橋大学大学院法学研究科・教授）
　佐分　晴夫（名古屋大学大学院法学研究科・教授）
　杉原　高嶺（京都大学大学院法学研究科・教授）
　芹田健太郎（神戸大学大学院国際協力研究科・教授）
　田中　則夫（龍谷大学法学部・教授）
　中村　道（神戸大学大学院法学研究科・教授）
　藤田　久一（関西大学法学部・教授）
　古川　照美（法政大学法学部・教授）※
　牧田　幸人（島根大学法文学部・教授）
　松井　芳郎（名古屋大学大学院法学研究科・教授）※
　松田　竹男（大阪市立大学大学院法学研究科・教授）
　最上　敏樹（国際基督教大学教養学部・教授）
　薬師寺公夫（立命館大学法学部・教授）
　山崎　公士（新潟大学法学部・教授）
　山下　泰子（文京学院大学経営学部・教授）
　　　計23名（※は発案者）
第2次賛同者　2003年4月1日15時現在　60名

B　イラク世界法廷

資料4　ニューヨーク法廷におけるピーター・ワイズの陳述

〔解説〕　米英等による対イラク攻撃に対しては、世界の多くの NGO が非難の声をあげている。ここに紹介するイラク世界法廷（World Tribunal on Iraq）に関する資料もその一つである。この運動は、国家や国際組織が設置する裁判所ではなく、市民の立場から市民により設立された裁判所において、国際法に照らしてイラク攻撃に関する米英の行為を裁こうというものであり、運動形態としては、ベトナム戦争に際してバートランド・ラッセルが提唱した1966年のラッセル法廷にその起源をもつ。イラク世界法廷の運動は、2003年10月にイスタンブールにおける NGO 諸団体による会議で計画の概念、形態、目的が決定され、すでに世界各地で法廷が開催されている。2005年3月20日のイスタンブール最終法廷で終了する予定である。

　なおイラク世界法廷の詳細については以下の URL を参照されたい。
　イラク世界法廷について：http://www.worldtribunal.org/（英語）
　同法廷の広島公聴会に関して：http://www.h3.dion.ne.jp/~nowar/wti/（日本語）
　以下の資料は、2004年5月8日に開催されたニューヨーク法廷におけるピーター・ワイズの陳述である。ピーター・ワイズは、アメリカの弁護士であり、IALANA の副会長として、また、アメリカの NGO である核政策法律家委員会（LCNP）の委員長として反核運動の立場から、9・11を契機とするアメリカによるアフガニスタン攻撃にもイラク攻撃にも批判的主張を展開してきている。

　この陳述において、彼は、「われら連合国の人民は」との言葉で始まる国連憲章前文を引用し、国連は国家により構成される国際組織である前に、人民の意思に基づく世界組織であり、その主役は私たち一人ひとりであることを強調することから陳述を始める。そしてこの前文に謳われている国連設立の趣旨（共同の利益のためにのみ武力を用いる）の観点から、国連憲章で規定される武力行使の根拠条文、つまり、51条（自衛権の規定）と39条以下（安保理の強制措置）を紹介した上で、アメリカのイラク攻撃がこれらの条文に違反することを論じている。つまり、自衛権については、発動要件である武力攻撃が存在せず、安保理による強制措置については、安保理が39条以下の規定を利用していないことは明らかだと指摘する。とくに、安保理決議1441号については、武力攻撃の権限を付与するものではないと論じている。さらに米英が採用しているイラク攻撃の論理（イラクが決議687の諸条件に違反した結果、決議678号が復活するとの理論。資料6参照）については、本書を引用して批判を加えている。最後に、核保有国が核廃絶を達成することこそが先決であること等、5項目の結論を

述べている。(山田寿則)

　　　　　出典：http://www.worldtribunal-nyc.org/Document/Case_1_A_Weiss.pdf
　　　　　　　　　　　　　　　　　　〔　〕は訳者が付したものである。

イラク世界法廷
ニューヨーク法廷
ニューヨーク、クーパー・ユニオン
2004年5月8日

ピーター・ワイズによる戦争の違法性についての陳述

　それでは始めさせていただきます。第2の「すべての戦争を終焉させるための戦争」であった第2次世界大戦のヨーロッパ戦線は、ちょうど58年前の今日に終結しました。それから2ヶ月も経たない1945年6月26日に、サンフランシスコにおいて国連憲章が採択されました。アメリカでは、国連憲章は拘束力ある条約として1945年10月24日に効力を発生しました。我々にとって最も世界憲法に近い国連憲章は以下のような言葉で始まります。

1)　われら連合国の人民は(WE THE PEOPLES OF THE UNITED NATIONS)、われらの一生のうちに2度まで言語に絶する悲哀を人類に与えた戦争の惨害から将来の世代を救……〔うこと〕を決意して……
　すこしだけ、この詩的な言葉を考えてみてください。「われら、国家は」ではなく、「われら、州は」でもなく、「われら、政府は」でもない。「われら、人民は」なのです。「われら、人民は」、つまり私とあなたはこの文書の主役なのです。このゆえに、国連憲章を曲解・中傷・破壊から守ることは我々にかかっているのです。ある意味で、これが本日この場所で我々が取り組んでいることだといえるでしょう。
　起草者が構想したように、国連の中心的な目的を定義するこの前文をもっと考えてみてください。我々自身を救うのではなく、無私無欲に「将来の世代」を救うのです。何から救うのでしょうか。戦争の惨害からです。ここには、馬に乗りサーベルをふるう男の像で広場を落ち着かなくさせるような戦争の栄光は何もありません。そして、前世紀の最初の50年に起こった2つの大戦争が人類にもたらした「言語に絶する悲哀」について言及されているのです（ここで人類（mankind）という用語は女性（women）が認められる以前に用いられたもので、humanity という意味です）。
　基本的人権に関する信念と条約その他の国際法の源泉から生ずる義務の尊重を含む、

国連のその他の目的を列挙した後、憲章は以下の様に続いています。

2) 並びに、このために…
……共同の利益の場合を除く外は武力を用いないことを原則の受諾と方法の設定によって確保し……

武力は共同の利益においてのみ用いられるものである、つまり、国益最優先のブッシュ・ドクトリンにまさに対立する義務であることに注意してください。

この前文は、どこかあわてて召集される「有志連合」などではなく、「われら連合国の人民」が以下のように声明することで結ばれています。

これらの目的を達成するために、われらの努力を結集することに決定した。

そこで、我々は戦争法についての憲章の定義の要石に到達します。それは、法律家によってユス・アド・ベルームと呼称されている、いつ武力が行使されるのかを支配する法です。この条項は下記のように規定されています。

3) 2条4項 すべての加盟国は、その国際関係において、武力による威嚇又は武力の行使を、いかなる国の領土保全又は政治的独立に対するものも、また、国際連合の目的と両立しない他のいかなる方法によるものも慎まなければならない。

この条文は、ものすごく明瞭な禁止条項のように聞こえませんでしょうか。しかし、O'Reilly Factor〔アメリカのTV番組〕や閉鎖的なネオコンの集まりであなた方がお聞きになるかもしれないこととは反対に、憲章は狂信的な平和主義者によって起草されたのではなく、第二次大戦がヒトラーのあからさまな侵略行為によって引き起こされたという事実を深く理解していた世界の指導的な為政者たち（Leading statesmen）（女性（Women）が含まれないとは思わないでいただきたいのですが）によって起草されたのです。したがって、憲章第7章では前文および第1章の反戦というテーマに現実への留意を取り入れたのです。

第7章
4) 39条 安全保障理事会は、平和に対する脅威、平和の破壊又は侵略行為の存在を決定し、並びに、国際の平和及び安全を維持し又は回復するために、勧告をし、又は41条及び42条に従っていかなる措置をとるかを決定する。
41条 安全保障理事会は、決定を実施するために、兵力の使用を伴わないいかなる措置を使用すべきかを決定することができ……

42条　安全保障理事会は、41条に定める措置では不充分であろうと認め、又は不充分なことが判明したと認めるときは、国際の平和及び安全の維持又は回復に必要な空軍、海軍又は陸軍の行動をとることができる。この行動は、国際連合加盟国の空軍、海軍又は陸軍による示威、封鎖その他の行動を含むことができる。

　　これら三つの条項は安全保障理事会が武力行使の権限を付与することができる諸条件を規定しています。下記の条項は、個々の加盟国が、個別的または集団的に、自衛のために武力を行使できる条件を規定しています。

5)　51条　この憲章のいかなる規定も、国際連合加盟国に対して武力攻撃が発生した場合には、安全保障理事会が国際の平和及び安全の維持に必要な措置をとるまでの間、個別的又は集団的自衛の固有の権利を害するものではない。この自衛権の行使に当って加盟国がとった措置は、直ちに安全保障理事会に報告しなければならない。また、この措置は、安全保障理事会が国際の平和及び安全の維持又は回復のために必要と認める行動をいつでもとるこの憲章に基く権限及び責任に対しては、いかなる影響も及ぼすものではない。

　熟慮の上詳細に規定されている、この戦争開始の権限を与えるシナリオを2003年3月20日に米英軍がイラクに対して開始した戦争に、どのように適用するのでしょうか。明らかに、イラク戦争は憲章51条の下の自衛の場合ではありません。国連加盟国に対してイラクによる武力攻撃は存在していないからです。また39条、41条そして42条の要件を満たしていません。安全保障理事会は、39条あるいは42条を用いることができたはずなのに、戦争開始の合図を決して出してはいなかったのです。これに最も近かったのは、2002年11月8日に採択された安保理決議1441号においての下記の文言でした。

6)　安全保障理事会は
…12．国際の平和および安全を確保するための関連する全ての安保理決議の全面的な履行に向けての状況及びその必要性について考慮するため、上記4項または第11項に従った報告を受け取った際に、直ちに会合を召集することを決定し、
　13．これに関連して、その義務違反の継続の結果として、イラクが深刻な結果に直面するということを、理事会がイラクに対して繰り返し警告してきたことを想起し、
　14．この問題に引き続き取り組むことを決定する。
　しかし、一定の条件が満たされない場合に会合の再召集を決定することや、「深刻な結果」の警告を想起することは、国連またはいずれかの加盟国が武力行使の権限を

付与する重大な措置をとることとは大きく異なります。現実に、決議1441号に「自動性」は無かったということを主張した代表も存在しましたし、アメリカを含む他の代表すべてがそれに同意していました。この意味するところは、UNMOBIC（国連監視検証査察委員会）およびIAEA（国際原子力機関）によるあらゆる場所への無制限の立ち入りと、イラクの大量破壊兵器計画の全面的な申告とを求める厳格な条件をイラクが履行しないからといって、イラクに対する武力行使を自動的に導くことはできないということです。特別の戦争開始権限を獲得しようとするアメリカによるその後の試みは、フランスの拒否権行使の脅威のためばかりではなく提案された決議に安保理の15カ国のうちから自己の票以外に3票しか集めることができなかったために失敗したのでした。

このように、アメリカによる長期的なイラク侵攻計画への国際的正統性獲得の試みが挫折したために、アメリカは1990年以来の安保理決議678号と1991年以来の決議687号を根拠としました。非常に懐疑的な世界の聴衆に対して、その主張は以下のように展開されました。すなわち、前者はイラクをクウェートから撤退させることおよびこの地域の平和と安全を回復するために武力行使の権限を付与しており、後者はイラクに大量破壊兵器を破壊する義務を負わせたのだから、イラクによる不履行は決議678号を復活させ、それに伴い武力行使の権限付与を復活させるものである、と。その著書『アルマゲドンかすばらしき新世界か』〔本書のことをさす〕において、著名な国際法律家であり国際司法裁判所の前次長であるC・G・ウィーラマントリーは、なぜこの曲解した主張が不合理で説得力を有しないのかについて36もの理由を挙げています。その理由を一つだけ挙げてみましょう。

7) 決議1441号〔の採択〕以前には、武力行使を許可するためには、12年前に出された決議678号とは別の追加決議が必要であることについて、すべての安保理理事国の側にはっきりした理解があり、それ故に決議1441号のなかに授権条項を入れるために莫大な（そして結局失敗した）努力がなされたということ。〔（ ）内はピーター・ワイズによる付加〕

このゆえに、アメリカは「予防戦争」という新たな外交政策を残すのみとなったのです。「予防戦争」は国際法上のあらゆる根拠を欠くだけでなく、国連憲章における戦争規制の構造全体を揺るがすものです。そのうえ、今やご承知のとおり、この傲慢な外交政策は偽造された嘘の連続に基礎づけられているのです。

結論

1. その著書 Disarming Iraq〔邦訳として、ハンス・ブリクス著（伊藤真・納家政

嗣訳)『イラク大量破壊兵器の真実』DHC、2004年〕において、ハンス・ブリクスは以下のように述べています。「核兵器が、『大量破壊兵器』という一括した表現で生物・化学兵器と同一視されるのが日常的だとはいえ、これらの兵器がそれだけで一つの類型をなしているということは明白である。もし、核兵器の能力を獲得するイラクの率先した行動が行われてこなかったなら」、そしてもう一つ加えるなら、いまや周知のとおり、すでに1995年という過去に終了していたこれらの率先した行動について、ブッシュ政権が世界に向けて嘘をついてこなかったならば、「イラクの兵器についての外部世界の関心は、決して大規模な問題とはならなかったのであろう」(Hans Blix, Disarming Iraq, Pantheon Books 2004, p. 260)。このゆえに、2000年の核不拡散条約再検討会議において、「核軍備の全面的な廃絶を達成する」とした「明確な約束」を、核保有国に維持させることが肝要です。核兵器が存在する限り、核兵器は、アメリカであれ他の国であれ、1996年の核兵器事件において世界法廷の所長が「究極の悪」と述べた兵器から世界を救済するという態度をとる国家が遂行する「予防戦争」に口実を与えるでしょう。

2. 主に政府あるいは政府に指名された判事によって作り出される国際法は、平和と正義を達成するための完璧なスキームであるとはいえません。しかし、ブッシュ大統領やその取り巻きのラスプーチン達が信奉し服従する、帝国主義者の無秩序なレジームと比べるならば、国際法は比較にならないほどましなものであるといえましょう。イラク戦争はアメリカの歴史においての最初の帝国主義戦争ではありません。実際に、疑わしい情報に基づいてポーク大統領によって開始され、カリフォルニア、アリゾナそしてニューメキシコを併合することになった1846年の対メキシコ戦争に際して、ある一期目の下院議員は議会で熱烈な〔反対〕演説をおこないました。この演説によって、その議員は再選を逃しましたが、10年も経たないうちに政界に復帰し、講壇からもう一つの有名な演説を行ったのです。おそらくはすでにご推察のことかと思いますが、彼の名はエイブラハム・リンカーンです。だからこの政権によって帝国主義戦争が発明されたわけではないとはいえ、今日まで帝国主義戦争が至極恥知らずな「増大する脅威に対する予防攻撃」という外交政策に基礎づけられたことは一度もないのです。この外交政策はジャングルの掟を法典化しただけだといえましょう。

3. 国際刑事裁判所はいまだ侵略の罪を定義づけることに苦労していますが、イラク戦争については当然ですが、国連憲章に基づく正統性が欠けた戦争はすべて、侵略戦争であることは明確です。そして、そのような戦争を先導した個人やグループはすべて侵略の罪で有罪であり、その犯罪への関与ともたらされた結果につき裁判をうけるべきです。

4. 国連憲章の起草者たちは、武力行使に真の正統性を与えることに関心を持つ者が追求するに値するある考えをもっていました。それには、いまだ設置されてはいないですが、軍事参謀委員会が必要とされます。軍事参謀委員会は平和創造あるいは平和維持任務を監督するもので、すでに言及した国連憲章第7章に規定されています。もしビートルズがここにいたならば、「第7章にチャンスをくれ」と呼ばれるナンバーを歌うはずです。しかし、国連改革の一部として、それがいつか行われるとするならば、軍事参謀委員会は、常任理事国であり、拒否権をもちそして核兵器をふるう5加盟国に限定されている現在の構成を越えて、相当に拡大されなければならないでしょう。

5. 国内法であれ国際法であれ、人民、国連憲章の言葉でいえば「諸人民」(the peoples)の最も深い切望が反映されないならば、法は無益なものでしょう。このゆえに、人民の声は地に満ちなくてはならないのです。これは、本法廷の次のパートで取り組まれることです。

資料5　ニューヨーク法廷における「良心の陪審員による最終声明」

〔解説〕　以下の資料は、ニューヨーク法廷の結論にあたる「良心の陪審員による最終声明」である。この陪審員団は資料末に掲げる13名の有識者（大学教授や作家、反アパルトヘイト活動家など）からなる。この最終声明においては、イラク攻撃がより広い視点で扱われている。つまり、イラク攻撃が自衛権行使や安保理の集団的措置に該当しないため侵略の罪にあたると判断されているだけでなく、イラク攻撃に際して米軍や有志連合軍の側に国際人道法違反が存在したことを認定し、さらに、イラク攻撃に引き続く占領もまた違法であることを認定している。最後にアメリカの違法性や責任者の処罰の必要性を認定するだけでなく、関係国によるイラク人民への賠償や地球規模での反戦運動の展開なども勧告している点が注目される。（山田寿則）

　　　出典：http://www.worldtribunal-nyc.org/Document/jury_final_statement.pdf

イラク世界法廷
地球平和運動プロジェクト
2004年5月8日

良心の陪審員による最終声明

前文
　イラクに対する戦争は、最近記憶に残るもののなかで、最も挑発的で、挫折感が強

くかつ一触即発的な国際危機状況の一つとなっている。

　2004年5月8日、ニューヨーク市クーパーユニオンで開廷中の「イラク世界法廷」は、提出された証言及び証拠を聴取し、慎重に検討した結果、次のような一連の結論に達した。

　その着想からその遂行及び現在なされている占領から判断して、事実、法及び論理が歪曲されてきたのであり、更にいかなる国際規範も不正な侵略戦争としか見なし得ない事態を合理化し、かつ正当化するため、事実、法及び論理が捏造されてきた。

　サダム・フセイン政権自体が、イランおよびクウェートに対し、また政権による恐怖と腐敗の支配を黙認しなかったイラク国民に対して不正な侵略戦争を仕掛けたことについては疑問を差し挟む余地はない。しかしながら、この事実により、2003年3月20日から現在に至るまで絶えることなく続いているイラク国民に対する暴力、破壊及び名誉毀損行為が正当化されることには絶対にならない。

　イラク国家の将来を決定する責任は、国外勢力、国外の軍事力、ましてや以前、いくつかの最も暴力的な逸脱行為においてサダム・フセインを後押しし、協力関係にあった国家などではなく、常にイラク国民の双肩にかかっている。

　国際法は、外国の占領に抵抗する正統な権利を常に認めてきた。イラク国民を、この十分に確立した慣習国際法の原則に対する例外であると見なすことは不可能である。

　戦争は、人間の理性の根本的な破綻であり、創意の挫折でもある。だから戦争は、常に国連憲章を厳格に遵守してのみ遂行される絶対不変の最終手段であるべきである。現在イラクに対する戦争と占領は、国際法の最も基本的な原則を無視し、かつ真理、子孫たち及び人間のすべての行為を律すべき道徳を明白に侮辱して遂行された。この結果、イラクの占領と植民地化、及び経済の破壊、圧倒的多数のイラク国民に対する増加の一途を辿る暴力行為と不安定な局面という事態を招いている。世界の人々は、逆らうことなく座して、地球の未来が引き続き荒廃していく事態をただ見守っているわけにはいかない。

　国際刑事裁判所（ICC）は、国際規模での法の支配を拡大かつ強化する機会を提供している。残念なことに、ワシントンの現政権は、法の支配の尊重を支持する高まりつつある国際世論から離脱する政策を選択したばかりでなく、国際刑事裁判所およびその他の法制度に反対する行為を通して、法の支配を弱体化させる政策さえ選択している。アメリカ政府は国際刑事裁判所に反対する活動をしているが、しかしアメリカの大多数の職業法律家協会は国際刑事裁判所への支持を表明している、こういう事実に着目する必要がある。

申し立て　1

　陪審員に提起された問題：これは違法な戦争だったか？

　戦闘の開始を支配する法規は、国連憲章に由来する。国家が合法的に戦争に訴えることのできる状況は以下の二つだけである。

1.　自衛。
2.　世界の平和及び安全に対する「共同の利益」に関する決定を下す権限を付与されている国連安全保障理事会の承認がある場合。

　この法廷に提出された証拠に基づく評決は、次のとおりである。アメリカ合衆国政府は下記の理由により侵略の罪を犯したのである。

1.　問われるべき正統性のある自衛問題は存在しなかった：
　　a．長期間にわたりイラク戦争への事前準備と強い野望があった。
　　b．イデオロギーに基づく行動計画によって、捏造及び歪曲が推し進められた。
　　c．アメリカ国民の支持を獲得するためなされた恐怖の扇動の中には、イラクをアルカイダ及び９月11日の攻撃と関連づける虚偽が含まれていた。
2.　差し迫った危機的脅威は存在しなかった：
　　a．査察の継続を求める数多くの請願があった。
　　b．大量破壊兵器が存在しないという査察官からの多数にのぼる専門的な陳述があった。
　　c．予防的戦争という教義が、この戦争の準備段階で圧倒的な影響力を振っていた。
3.　この戦争は、イラク、中東地域および世界の不安定化を助長している：
　　a．国連安全保障理事会は、軍事行動を是認しなかった。
　　b．この戦争に対し前例のない大規模な世界的反対運動が起こった。

申し立て　2

　この戦争において、武力が合法に行使されたか？
　戦争犯罪がなされたか？
　国際人道法（IHL）違反に法的責任を負うのは、誰か？

　評決は次のとおりである。
　数多くの国際人道法違反が米軍及び有志連合軍によりなされた。ジュネーヴ諸条約と第１追加議定書の重大な違反行為に対して文民指導者は法的責任と説明責任を負っている。

1.　アメリカはジュネーヴ諸条約の当事国であり、従って諸条約はアメリカに対す

る法的拘束力を有する。
2．ジュネーヴ諸条約の第1追加議定書は慣習国際法を構成しており、従って普遍的な法的拘束力を有する。
3．重大な違反行為には訴追が必要とされている。

当法廷の結論が根拠とした証拠は次のとおりである。
1．攻撃目標としてのイラク指導者に対する「排斥」攻撃は、必要性、均衡性及び軍事目標主義の諸原則に違反すること。
2．焼夷性兵器及びクラスター爆弾の使用は、これらの形態の兵器が本質的に無差別でありかつ不必要な苦痛を引き起こすことから戦争犯罪となること。さらに、文民がきわめて多い区域においてこれらの兵器を使用することは、文民に対する攻撃の禁止に違反する。
3．「検問所」で文民を司法手続きによらずに殺害する行為は、文民に対する攻撃禁止、戦闘員と非戦闘員の区別および均衡性の諸原則に違反する。

アメリカの軍と政府は、これらの違反行為に対して責任を負い、ジュネーヴ条約に基づき訴追を受けることになる。アメリカは国際人道法に違反してきたのである。

申し立て　3

占領下におけるイラク問題に関しては、当陪審は数多くの問題に対処した。第1の認定は占領自体が違法だったし、また今後も引き続き違法であるというものだった。

国際法上、諸国には自決の権利がある。国際法上、アメリカは占領国として、アメリカとイラクが共に当事国であるジュネーヴ諸条約上の義務を負い、かつイラクが当事国となっている他の諸条約上の義務を負っている。

アメリカはこれらすべての要請に違反してきている。提出された証拠によれば、治安の欠如、恣意的な抑留と拷問の継続、不法な攻撃、生存に不可欠な設備の破壊および経済的植民地化を含めイラク国民の不安感が増大していることが明らかである。

結論

イラクに対する予防的攻撃という名の下に、合衆国政府は一連の虚偽を捏造した。イラクに対する戦争は、大量破壊兵器が存在すること、またサダム・フセインとアルカイダとは関連があること、これらの理由の故に遂行されたのだと説明されてきた。われわれが聞かされてきたのは、アメリカの政府当局は、サダム・フセインの統治下にあるイラク国民とその惨状を深く憂慮していることであり、また米政府当局者たちはイラク国民の解放と民主主義を熱望しているということだった。これがすべて真実

ならば、何故大量破壊兵器がいまだに発見されていないのか。何故、アルカイダを発見するどころか、米政府当局はアルカイダを招き入れてしまったのだろうか。イラク国民に救いの手を差し伸べるどころか、何千人ものイラク国民の殺害、飢餓、不具化、拷問、そして、水と医療施設を含む社会基盤の破壊がもたらされている。民主主義の名の下に、実質的にイラク国民からイラクを盗み続けている企業の専制支配が生み出されてきた。刑務所にいるイラク国民に対して米政府当局は戦争犯罪を犯し、移動と言論の自由を実質上不可能にしている。これこそが米政府によりなされたことである。米国民にも責任がある、従って自分たちの政府の責任の所在を明確にする必要に迫られている。

この結果、良心の陪審員である我々は、以下の結論及び勧告を確認するものである：

1. アメリカと有志連合諸国は、イラク国民の市民的権利、政治的権利および人権のあらゆる侵害を直ちに停止すべきである。
2. イラクの軍事占領は、直ちに終了されるべきである。
3. イラク国民に対する戦争犯罪に責任を負うすべての者は、国際法に基づき裁判にかけられるべきである。
4. この戦争及び占領によりもたらされた損害について、責任を負うすべての当事国からイラクの人民に対して賠償が支払われるべきである。
5. われわれは、地球規模での反戦運動の普及強化に努めるべきである。
6. パレスチナ、アフガニスタンおよびその他すべての植民地化地域の占領は違法であり、直ちに終了されねばならない。

Rabab Abdulhadi, Sinan Antoon, Dennis Brutus, Hamid Dabashi, Bhairavi Desai, Eve Ensler, Jenny Green, Lisa Hajjar, Motarilavoa Hilda Lini, Elias Khoury, Robert van Lierop, Kiyoko McCrae, Ibrahim Ramey

C　米英首脳と国連安保理

資料6-1　ブッシュ米大統領の演説

〔解説〕　以下の演説は、2003年3月20日の対イラク攻撃に先立ち、17日に全米国民に向けてなされたブッシュ米大統領によるテレビ演説である。アメリカがなぜイラクを攻撃し、サダム・フセインを排除しようとするのか、その理由と根拠を説明している。また、サダム・フセイン等に対して48時間以内のイラクからの出国を求め、イラク攻撃に向けての最後通告としての意味をもつ演説でもある。

　まず、イラクはアメリカの努力にもかかわらず、大量破壊兵器の保有を隠蔽し、テロリストをかくまっていると指摘し、イラク（フセイン）の危険性を強調する。つぎに、アメリカは自国の安全を確保するために武力行使の権利があることに言及したうえで、アメリカは国連とともにこの危機に取り組もうとしてきたと指摘し、現在も有効な安保理決議678号と687号は大量破壊兵器廃棄のためにアメリカ等が武力を行使することを承認していると述べている。そして、安保理はその責任を果たさなかったため、アメリカが立ち上がったのだと決意を表明している。さらに、イラク国民に対しても、アメリカの標的はイラク国民ではなくイラクを支配する無法者たちであることを述べている。

　この演説では、イラク攻撃の法的根拠は必ずしも明確ではない。自衛権という用語は用いられていないものの自国の安全を確保するために武力を行使する権利を保持していることに言及する一方で、安保理決議678号と687号も援用しているからである。法的説明という点では、資料6-3のネグロポンテ書簡がより精緻ともいえるが、政治性を帯びた超大国の指導者の発言には、現行法を乗り越える新たな秩序の萌芽が含まれていることにも注意したい。（山田寿則）

　　　出典：http://www.whitehouse.gov/news/releases/2003/03/20030317-7.html

2003年3月17日のブッシュ大統領の国民向け演説

　親愛なるアメリカ国民の皆様。イラク情勢は今、最終的な決断の時を迎えています。10年以上にわたり、アメリカとその他の国々は、戦争に訴えることなくイラク政府を武装解除するため、忍耐強く、そして高貴な努力を続けてきました。イラクは1991年に湾岸戦争を終結させる条件として、全ての大量破壊兵器を開示し、廃棄することを誓約しました。

　それ以来、世界は12年にわたり外交努力を続けてきました。我々は、国連安全保障

理事会において12以上の決議を採択しました。我々は、イラクの武装解除を監視するために何百人もの査察官をイラクに派遣しました。しかし、我々の信頼が報いられることはありませんでした。

イラク政府は、外交を時間稼ぎと有利な立場を得るための策略として利用してきました。完全な武装解除を求める安全保障理事会決議を一貫して無視し続けてきました。長年にわたり、国連の兵器査察官は、イラク政府職員による脅迫を受け、電子的に盗聴され、また組織的に欺かれてきました。イラク政府を平和的に武装解除する努力は、何度も失敗してきました。なぜなら、我々が相手にしているのは平和的な人間ではないからです。

アメリカ政府やその他の国々の政府が収集した情報によると、イラク政府が最も破壊的な兵器のいくつかを保有し、隠蔽し続けていることは疑いないことです。イラク政府は、すでに近隣諸国やイラク国民に対し、それらの兵器を使用しました。

イラク政府には、中東において無謀な侵略を行ってきた歴史があります。アメリカやその友好国に対し、深い憎しみの念を抱いています。さらにイラク政府は、アルカイダの工作員を含むテロリストを支援し、訓練し、かくまってきました。

危険は明らかです。テロリストたちは、イラクの支援により入手した生物・化学兵器、そしていずれは核兵器を使用することにより、アメリカやその他の国々の罪の無い数百万あるいは数十万の市民を殺害し、その野望を成し遂げるでしょう。

アメリカやその他の国々は、それに値するいかなる行為も行っていません。そして、そうした危険を招く行為も行ってはいないのです。しかし、我々はそのような行為を阻止するために、あらゆることを行うつもりです。我々は、悲劇の発生をただ受動的に受け入れるのではなく、安全の確保を目指します。恐怖の日が訪れる前に、あるいは手遅れになる前に、危険は取り除かれなければならないのです。

アメリカは、自国の安全を確保するために武力を行使する権利を有しています。この義務は、最高指揮官として、それを全うすると宣誓した私にあります。

連邦議会は昨年、我が国が直面する危機を認識し、圧倒的多数でイラクに対する武力行使を承認しました。アメリカは国連と共に、この危機に取り組もうとしてきました。なぜなら、我々は、この問題を平和的に解決することを望んでいたからです。アメリカは、国連の使命を信じています。第2次世界大戦後に国連が創設された目的の一つは、侵略的な独裁者が罪の無い人々に危害を加え、平和を破壊する前に、このような行為を積極的かつ早期に阻止することでした。

イラクに関して安全保障理事会は、1990年代初期には行動を起こしました。現在も効力を有する決議678号および687号は、アメリカと同盟国がイラクの大量破壊兵器を廃棄するために、武力を行使することを承認しています。これは、権限の問題ではな

く、意志の問題なのです。

　昨年9月、私は国連総会において、この危機を解決するために国際社会が一致協力するよう呼びかけてきました。11月8日に安全保障理事会は、イラクの重大な義務違反を認め、イラクが完全かつ即時に義務を履行しない場合は、深刻な結果に直面することになるという決議1441号を全会一致で採択しました。

　今日、イラクが武装解除したと主張できる国は一つもありません。サダム・フセインが権力を掌握している限り、武装解除は不可能でしょう。過去4ヶ月半、アメリカと同盟国は、安全保障理事会の枠組みの中で、長年にわたる安全保障理事会の要求をイラクに履行させるための努力を行ってきました。しかし、いくつかの安全保障理事会の常任理事国は、イラクに武装解除を強制するいかなる決議にも拒否権を行使すると公式に宣言しました。それらの政府は、我々と危機についての認識を共有していますが、それに対決する決意を持っていないのです。しかし、多くの国々は、平和に対する脅威に対して行動する強い決意を持っています。国際社会の正当な要求を達成するための広範な連合が形成されつつあります。国連安全保障理事会は、その義務を果たしていないのです。だからこそ、我々が立ち上がるのです。

　最近、いくつかの中東諸国が、自らの役割を果たそうとしました。彼らは、イラクの独裁者に対し、武装解除を平和的に行うためにイラクを去るよう、公的、私的にメッセージを送ってきました。しかし、サダム・フセインは、これを拒絶しています。欺瞞と残虐の数十年は、いま終焉を迎えました。サダム・フセインとその息子たちは、48時間以内にイラクを退去しなければなりません。彼らが拒絶するのであれば、アメリカは自らが選択した時期に軍事行動を開始することになります。ジャーナリストや査察官を含む全ての外国人は、安全のために、すみやかにイラクを出国するよう要請します。

　今夜、多くのイラク人が、ラジオ放送を通じて私の演説を聞くでしょう。私は、彼らに伝えたいことがあります。もし、我々が軍事行動を開始しなければならないとしても、標的はあなた方ではなく、あなた方の国を支配する無法者たちです。我々は、彼らを権力の座から追放し、あなた方が必要とする食料と医薬品を提供します。我々は、恐怖の組織を破壊し、イラク国民が繁栄を享受できる自由で新しいイラクの建設を支援します。自由なイラクは、近隣諸国に対して侵略戦争を行うこともなく、毒物工場もなく、反体制派の処刑もなく、拷問室も虐待部屋もないのです。暴君は、まもなく去るでしょう。あなた方の解放の日は、近いのです。

　サダム・フセインは、もはや権力の座にとどまることはできません。しかし、イラク軍は、大量破壊兵器を除去する連合軍を平和的に受け入れることにより、名誉を持って行動し自国を守ることができるのです。連合軍は、イラク軍部隊に対し、攻撃や

破壊を回避するための行動について明確な指示を与えるでしょう。私は、全てのイラク軍と情報関係者に、もし戦争が始まっても、いずれ崩壊する政府のために戦うべきではないと訴えたいのです。その政府は、あなた方が生命を賭ける価値はないのです。

全てのイラクの軍人も文民も、この警告を注意深く聞くべきです。いかなる紛争であっても、自らの運命は自らの行動に懸かっています。イラク国民の富の源泉である油井を破壊すべきではありません。また、だれを標的にするのであれ、大量破壊兵器を使用せよという命令に従うべきではありません。戦争犯罪者は、処罰されます。そして「私は、ただ命令に従っただけ」という抗弁は通用しません。

サダム・フセインが対決を選択した場合でも、アメリカ国民は、戦争回避のためにあらゆる手段が講じられてきたこと、そして戦争に勝利するためにあらゆる手段が取られることを知っています。アメリカ国民は、戦争の代償も理解しています。なぜなら、我々は過去において代償を払ってきたからです。犠牲を伴うということ以外に、戦争に確実なものはありません。

戦争の被害を抑え、期間を短縮するための唯一の方法は、我々の軍事力の全てを投入することです。我々は、この準備ができています。サダム・フセインが、権力にしがみつこうとするなら、彼は最後まで危険な敵であり続けるでしょう。自暴自棄となったサダム・フセインとテロリスト集団が、アメリカ国民や友好国の国民に対しテロ行為を行う可能性があります。テロ行為が、必ず起きると断言することはできませんが、その可能性は否定できないのです。この事実こそ、我々が脅威の下では、生きていけない理由なのです。アメリカや世界に対するテロリストの脅威は、サダム・フセインが武装解除される瞬間まで軽減されることはないのです。

アメリカ政府は、このような危険に対し警戒を強めています。イラクでの勝利を確実なものとするための準備を整えると同時に、我々はアメリカ本土を防衛するために、さらなる行動をとっています。最近、アメリカ政府は、イラクの情報機関と関係を持つ何人かの人物を国外追放しました。この他にも、空港警備の強化や沿岸警備隊による主要な港湾の監視強化を指示しました。国土安全保障省は、各州の知事と密接に協力し、アメリカ全土の主要施設の武装警備の強化を進めています。

敵が我々の国を攻撃する場合、パニックを引き起こすことにより注意をそらし、恐怖をかき立てることにより士気を下げようとするでしょう。しかし、彼らの試みは、失敗するでしょう。彼らのいかなる行為も、この国の進む方向を変えさせ、この国の決意を揺るがすことはできないのです。我々は、平和的な国民です。しかし、我々は、脆弱な国民ではないのです。我々は、凶悪犯や殺人者の脅迫に屈することはないのです。敵が我々を攻撃するなら、彼らと彼らの支援者は、おそろしい結果に直面するでしょう。

我々は、現在行動しています。なぜなら、何も行動しない危険性の方が、はるかに大きいからです。1年あるいは5年以内には、イラクが全ての自由な国に危害を加える能力は数倍以上になっているでしょう。このような能力を持つサダム・フセインと彼と関係するテロリストたちは、彼らが最も強力になった時を選んで、破滅的な攻撃をしかけることができるのです。我々は、攻撃が我々の上空や都市を突然襲う前に、今ここで脅威に立ち向かうことを選択します。

　平和の大義のために、全ての自由な国は、新たなそして否定できない現実を認識することが必要です。20世紀には、ジェノサイドや世界大戦を招いた残忍な独裁者との宥和をはかった国も存在しました。邪悪な人物が、生物・化学兵器さらには核兵器によるテロを企てている今世紀において、宥和政策は地球上にかつて起きたことのないような破滅をもたらすおそれがあります。

　テロリストとテロ国家は、これらの脅威を公式な宣言により、公正な形で明らかにすることはないのです。そのような敵に攻撃されてはじめて反撃するのは、自衛ではなく自殺行為なのです。

　世界の安全を確保するためには、サダム・フセインを即座に武装解除することが必要なのです。

　我々は、世界の正当な要求を実行すると共に、我が国の持つ重い義務を果たします。我々はサダム・フセインとは異なり、イラク国民は、人間としての自由に値し、その能力があると信じています。そして、独裁者がいなくなれば、イラク国民は活力ある、平和で統治能力を有する国民として、すべての中東諸国に模範を示すことができるのです。

　アメリカはその他の国々と協力し、この地域で自由と平和を促進していきます。我々の目標を、一夜にして達成することはできないでしょう。しかし、いずれ実現できるものなのです。人間の自由が持つ力と魅力は、すべての人やすべての国に認められています。自由の最も偉大な力は、憎しみと暴力を克服し、全人類に与えられた創造的な能力を平和の追求に向かわせることです。

　これが、我々が選択する未来なのです。自由な国は一致協力して、暴力から国民を保護する義務があります。そして今夜、アメリカとその同盟国は、これまでと同様にこの義務を受け入れます。

　お休みなさい、そして、アメリカに引き続き神のご加護がありますように。

資料6-2　ブレア英首相の演説

　〔解説〕　以下の資料は、2004年3月20日、米英軍による対イラク攻撃開始に際して、ブレア英首相によりなされた英国民に向けてのテレビ演説である。

ブレア首相もまた、テロリストと大量破壊兵器の結びつきをイギリスと世界に対する脅威として強調し、イラクによる生物・化学兵器等の大量破壊兵器の保有を示唆したうえで、サダム・フセインの危険性を指摘している。また、イギリスはイラク国民の敵ではないこと、中東和平に尽力することを付言している。
　ブレア首相の演説もまた、イラク攻撃の法的根拠を明晰に説明するものとはなっていない。イギリス政府の法的立場としては、本書46頁以下で引用されているゴールドスミス法務総裁の意見がもっとも明確であろうと思われる。（山田寿則）

　　　　　　　出典：http://www.number-10.gov.uk/output/Page3327.asp

2003年3月20日のブレア英首相による英国民にむけての演説

〔　〕内は訳者による

　木曜夜〔2003年3月20日〕、私は英国軍に対してイラクにおける軍事行動に参加するよう命令を下しました。
　今夜、英国軍の男女隊員たちは、陸海空からの行動に従事します。彼らの任務は、サダム・フセインを排除し、イラクに大量破壊兵器を廃棄させることにあります。
　この行動方針が、わが国の世論を大きく二分してきたことは承知しています。しかしまた、いまわれらの軍隊に思いを致し祈りを送るに際しては、英国民は団結するであろうことも承知しております。彼らは世界で最もすぐれた者たちであり、その家族の方々が、そしてすべての英国人が彼らに大きな誇りを抱いております。
　いまや英国に対する脅威は、私の父母の世代のそれとは異なっています。大国同士の戦争はほとんどないでしょう。ヨーロッパは平和になりました。冷戦はもう過去のものです。
　しかし、この新しい世界は、新しい脅威に直面しています。大量破壊兵器で武装した、イラクのような野蛮な国や、過激なテロリスト集団が生み出す、無秩序と混沌という脅威です。どちらも、われらの生活や自由、民主主義のあり方を憎んでいるのです。
　私が深く恐れていることは、これは一部諜報機関の情報に基づくものですが、これらの脅威がいっしょになって、わが国と世界全体に破滅をもたらすことなのです。これら専制国家は、人命の尊厳を省みません。テロリストは喜んで人命を奪うのです。
　私たちが動けば攻撃目標にされる、という人もいます。実際には、諸国民すべてが攻撃目標なのです。バリ島はけっして対テロ行動の前線ではありませんでした。アメリカがアルカイダを攻撃したのではなく、彼らがアメリカを攻撃したのです。
　英国は後ろに隠れる国であったことは一度もありません。たとえそうであるとして

も、それでは助からないのです。

　万が一、テロリストたちが、いまや製造されつつあり世界中で取り引きされようとしているこの大量破壊兵器を手にしたなら、私たちの経済や安全、世界の平和に対して彼らがもたらす大惨状は、私たちの最も生々しい想像をも超えるものとなるでしょう。

　私は、首相として、この脅威は、現実のものであり、かつ高まりつつあるのであり、英国がこれまでに直面したことのある、わが国の安全に対する通常の脅威のどれともまったく異なっていると、判断します。

　12年間、世界はサダムを武装解除しようとしてきました。何十万人もが死んだ戦争の後で、国連の兵器査察官たちは、イラクには、炭疽菌やVX神経剤、マスタード・ガスといった大量の生物兵器や化学兵器が未解明のまま残されていると述べています。

　ですから、我々の選択は明らかです。後に戻って、サダムに巨大な力を持たせるのか、それとも、前に進んで、力で彼を武装解除するのかです。後退すれば、一息つけるかもしれませんが、われらの弱さを後悔する年月が待っている、と信じます。

　サダムが唯一の脅威ではないのは確かです。しかし、われら英国人が知っているように、平和裏に将来の脅威に対処する最善の方法は、強い決意をもって現在の脅威に対処することであることもまた真実なのです。

　サダムを排除することは、イラクの人々に対する祝福となるでしょう。400万人のイラク人が亡命しています。人口の60％が食糧援助に依存しています。毎年数千人の子どもたちが栄養失調や疾病により亡くなっています。数十万人が家を追われたり殺されたりしました。

　イラクの人々にこのメッセージを聞いてもらいたいと望んでいます。われらはあなた方とともにいます。われらの敵はあなた方ではなく、あなた方の野蛮な支配者たちなのです。

　サダム後の人道活動へのわれらの関与は全面的なものとなります。われらはイラクが民主主義国家へと移行する手助けをします。そして、イラクの石油からの資金は国連の信託基金に充当し、それは他の誰でもないイラクの利益となるのです。

　また、イラクにのみ関心を向けるべきでもありません。ブッシュ大統領と私は、イスラエルの国家としての安全を図り、パレスチナの国家としての存立を確保することに基づく中東の和平に関与してきました。われらは、これを達成すべく尽力いたします。

　しかし、これらの課題や、われらが直面している他の課題、つまり貧困、環境、疾病の惨害に取り組むには、秩序のある安定的な世界が必要です。サダムのような独裁者やアルカイダのようなテロリスト集団は、このような世界の存在そのものを脅かし

ているのです。

　このような理由から、私は、今夜わが部隊に行動することを求めたのです。かつてしばしばそうであったように、わが国を守る英国男女の勇気と決意に、多くの諸国民の命運がかかっているのです。

　ありがとうございました。

資料6-3　ネグロポンテ米国連大使の安保理議長宛書簡

〔解説〕　以下は、米英軍による対イラク攻撃開始に際して、ネグロポンテ米国連大使が国連安保理議長に宛てた書簡であり、アメリカ政府の見解を公式に表明したものといえる。米英の行動は、安保理諸決議、とりわけ決議678号、687号、1441号に違反するものではなく、むしろ、1441号により認定されたイラクによる安保理諸決議（とくに687号）の違反により停戦の根拠は失われ、それ以前の678号による武力行使の授権が復活するとの論理を展開している。この論理は、本書で引用・検討されるイギリスのゴールドスミス法務総裁の意見とほぼ同趣旨である。（山田寿則）

出典：United Nations Documents S/2003/351

2003年3月20日の米国国連常駐代表発安保理議長宛書簡（S/2003/351）

　有志連合軍はイラクにおいて軍事行動を開始いたしました。この行動は、安保理決議1441号を含む関連する諸決議における武装解除義務のイラクによる継続的な重大な違反に照らして、必要であります。この行動には実質的な根拠があり、かつこの義務の履行を確保するでしょう。この行動を実施するにあたり、わが軍は、文民被害を回避すべくあらゆる必要な予防措置をとることでしょう。

　この行動は、安保理決議678号（1990）および687号（1991）を含む既存の諸決議の下で、権限を付与されております。決議687号（1991）は、最も重要な、広範な武装解除義務を含む一連の義務をイラクに課しており、これは、この決議の下で成立した停戦の条件となっておりました。この諸義務の重大な違反が停戦の基礎を取り除き、決議678号（1990）の下での武力行使の権限を復活させることは、ながきにわたり承認され、了解されております。これは、過去における連合軍による武力行使の基礎となってきており、安保理によって受諾されてきております。例えば、イラクによる決議687号（1991）の重大な違反に続いて1993年1月に事務総長が発した公式声明、連合軍は決議678号（1990）に従って武力を行使する権限を安保理から委ねられているとする声明により明らかなように、であります。

　イラクは、安保理が決議1441号（2002）で確認しているように、決議687号（1991）

の武装解除義務の重大な違反を続けております。国連憲章七章の権限に基づいて行動して、安保理は、全会一致で、イラクがその義務の重大な違反をなし、かつ違反の状態にあることを決定し、イラクが義務違反を継続する結果としてイラクは深刻な結果に直面するだろうことをイラクに対して繰り返し警告したことを想起しました。さらに、決議1441号（2002）では、イラクに対して、義務を履行する「最後の機会」を与えましたが、この決議における大量破壊兵器計画の現状での正確で、全面的かつ完全な申告を提出する義務およびこの決議を履行しその実施に全面的に協力する義務のイラクによる違反は、さらなる重大な違反となることを特に述べております。

　イラク政府は、決議1441号（2002）における最後の機会を利用しないことを決定し、あきらかに追加的な違反を犯しました。イラクの重大な違反に照らせば、停戦の基礎は取り除かれたのであり、武力行使の権限は、決議678号（1990）の下で付与されているのであります。

　イラクは、武装を解除し、大量破壊兵器と関連計画の全面的査察を許可する義務を履行するよう手助けするための外交上の提案、経済制裁および他の平和的手段に応えることを、長い期間にわたって、繰り返し拒否してきました。連合軍がとっている行動は、適切な反応であります。それは、米国と国際社会をイラクによる脅威から防衛し、この地域における国際の平和および安全を回復するために必要な措置であります。さらなる遅滞は、たんに、イラクが違法で脅威となる振る舞いを続けるのを許すだけなのであります。

　イラク政府こそが、安保理の決定を自身で無視したことの深刻な結果に全面的な責任を負っているのであります。

　本使は、本書簡の文面を安全保障理事会文書として回章して頂ければ幸甚に存ずる次第であります。

ジョン・D・ネグロポンテ（署名）

資料7　国連安保理決議678号、687号、1441号

〔解説〕　イラク攻撃を考えるに際して見落とすことのできない三つの安保理決議を収録する。

　1990年11月29日に採択された決議678号は1990年〜1991年の湾岸戦争に際して多国籍軍派遣の根拠となった（賛成12反対2棄権1）。イラクにより侵攻をうけ併合されたクウェートに協力する米英等の国連加盟国に対して、安保理が「必要なすべての手段」をとる権限を与える（authorize）とした決議であった（2項）。このとき、「必要なすべての手段」には武力行使が含まれると米英は解した。このような武力行使権限の付与は国連憲章上明記されていないため、このような授権決議にもとづく多国籍

軍が、国連憲章上どのように位置づけられるかについては、その合憲性も含めて議論が存在する。もっとも、湾岸戦争以後、国連では多国籍軍派遣の実行が積み重ねられている。

1991年4月3日に採択された決議687号は、湾岸戦争を終結させるにあたって安保理がイラクに対して停戦の条件を示した決議である（賛成12反対1棄権2）。この条件には、イラクが大量破壊兵器等を廃棄し国連の査察を受け入れることが含まれており、イラクがこの条件の受諾を通告することで停戦は発効すると規定された（33項）。1991年4月11日、安保理がイラクによる受諾を確認して停戦が正式に発効した。

決議1441号は、2003年のイラク侵攻に先立ち2002年11月8日に安保理が採択した決議である（全会一致）。ここでは、イラクによる安保理決議687号を含む従来の諸決議に対する「重大な違反」が存在することが認定され（1項）、軍縮義務履行の最後の機会として、イラクに対して査察に協力する追加的な義務が規定されている（2項以下）。最後に、イラクによる義務違反が継続される場合には、イラクは「深刻な結果」に直面するとの警告が想起されている（13項）。もっとも、12項においてはイラクによる義務不履行の報告を受けた場合、安保理は会合を開いて検討することも規定されていることに注意しなければならない。

なお、この三つの決議を含め、すべての安保理決議の原文（英文）は、国連の以下のHPから入手することができる。http://www.un.org/documents/scres.htm なお、訳文は『国際条約集2004年版』有斐閣より引用した。（山田寿則）

安全保障理事会決議678号

　　　採　択　1990年11月29日（安保理第2963回会合）

安全保障理事会は、

1990年8月2日の決議660号(1990)、1990年8月6日の決議661号(1990)、1990年8月9日の決議662号(1990)、1990年8月18日の決議664号(1990)、1990年8月25日決議665号(1990)、1990年9月13日の決議666号(1990)、1990年9月16日の決議667号(1990)、1990年9月24日の決議669号(1990)、1990年9月25日の決議670号(1990)、1990年10月29日の決議674号(1990)および1990年11月28日の決議677号(1990)を想起し、かつ、再認識し、

国際連合のあらゆる努力にもかかわらず、イラクが安全保障理事会に対する甚だしい侮辱をもって決議660号(1990)およびそれに引き続く右の関連諸決議に従うのを拒否していることに留意し、

国際連合憲章の下での国際の平和と安全の維持および確保についての安全保障理事会の義務と責任を想起し、
　安全保障理事会決定の完全な遵守を確保することを決意し、
　国際連合憲章第7章に基づいて行動して、
1　イラクが、決議660号(1990)およびそれに引き続くすべての関連諸決議を完全に遵守することを要求し、かつ、すべての安全保障理事会決定を維持しつつ、善意の猶予として、イラクに対して諸決議の完全遵守のための最後の機会を与えることを決定する。
2　イラクが、1991年1月15日以前に、前記第1項に示されたように、前述の決議を完全に履行しない限り、クウェート政府に協力している加盟国に対して、決議660号(1990)およびそれに引き続くすべての関連諸決議を堅持し、かつ、履行し、その地域における国際の平和と安全を回復するために、必要なすべての手段をとる権限を与える。
3　すべての国に対して、本決議第2項を履行するためにとられる行動に適切な支援を与えるよう要請する。
4　関係諸国に対して、本決議第2項および第3項を履行するためにとられる行動の進捗状況について、安全保障理事会に定期的に報告するよう要請する。
5　この問題に引き続き取り組むことを決定する。

安全保障理事会決議687号（抄）

　　　採　択　1991年4月3日（安保理第2981回会合）

安全保障理事会は、
　1990年8月2日の決議660号(1990)、1990年8月6日の661号(1990)、1990年8月9日の662号(1990)、1990年8月18日の664号(1990)、1990年8月25日の665号(1990)、1990年9月13日の666号(1990)、1990年9月16日の667号(1990)、1990年9月24日の669号(1990)、1990年9月25日の670号(1990)、1990年10月29日の674号(1990)、1990年10月28日の677号(1990)、1990年11月29日の678号(1990)および1990年3月2日の686号(1991)を想起し、
　クウェートの主権、独立および領土保全の回復ならびに同国の正統政府の復帰を歓迎し、
　クウェートおよびイラクの主権、領土保全および政治的独立をすべての加盟国が尊重することを確認し、かつ、決議678号(1990)第2項に基づいてクウェートに協力し

ている加盟国により表明された、決議686号(1991)第8項に合致するようイラクにおける自国軍の存在をできる限り速やかに終了させるとの意図に留意し、

イラクによる違法なクウェートへの侵攻および同国の占領にかんがみ、イラクの平和を希求する意図を確認する必要があることを再認識し、

1991年2月27日にイラク外相から送付された書簡および決議686号(1991)に従って送付された書簡に留意し、

(中略)

1925年6月17日にジュネーヴにおいて署名された「窒息性ガス、毒性ガス又はこれらに類するガス及び細菌学的手段の戦争における使用の禁止に関する議定書」に基づく義務に反して兵器を使用するとの威嚇がイラクによりなされたこと、および同国が過去に化学兵器を使用したことを認識し、それらの兵器のイラクによるさらなる使用が重大な結果をもたらすであろうことを認識し、

1989年1月7日から11日までパリで開催された1925年のジュネーヴ議定書の締約国および他の関係国の会議に参加したすべての国によって採択された化学兵器および生物兵器の全面廃棄を目的とする宣言にイラクが賛同したことを想起し、

さらに、1972年4月10日の「細菌兵器(生物兵器)及び毒素兵器の開発、生産及び貯蔵の禁止並びに廃棄に関する条約」にイラクが署名していることを想起し、

イラクがこの条約を批准することの重要性に留意し、

(中略)

イラクが弾道ミサイルを先制攻撃に使用したこと、それゆえイラクに配置されているそれらのミサイルにつき具体的な措置をとる必要があることを考え、

イラクが1968年7月1日の「核兵器の不拡散に関する条約」に基づく義務に反して核兵器計画のための物資を入手しようとしたという、加盟国が有している報告に懸念を抱き、

中東地域に非核兵器地帯を設立するという目的を想起し、

同地域の平和と安全に対してあらゆる大量破壊兵器がもたらす脅威、および中東地域にそれらの兵器のない地帯を設立することに向けて作業を行うことの必要性を認識し、

(中略)

最近の紛争の間イラクがイラク国外の標的に対してテロリズムを行うと威嚇したことおよび人質をとったことを非難し、

事務総長の1991年3月20日の報告および1991年3月28日の報告に重大な懸念をもって留意し、かつ、クウェートおよびイラクにおける人道的必要性を緊急に満たすことが求められていることを認識し、

同地域における国際の平和と安全の回復という、最近の安全保障理事会決議において定められた同理事会の目的を念頭に置き、

憲章第7章に基づいて行動して次の措置をとる必要があることを認識して、

1 この決議の目的(正式な停戦を含む。)を達成するため以下において明示的に変更されたものを除いて、前記13のすべての決議を確認する。

   A

2・3 (略)

4 上記国境の不可侵を保障し、そのために適当なあらゆる措置を憲章に従ってとることを決定する。

   B

5 (略)

6 事務総長が安全保障理事会に国連監視隊の展開が完了したことを報告し次第、決議678号(1990)に従ってクウェートに協力している加盟国がイラクにおける自国軍の存在を終了させるための条件が、決議686号(1991)に沿って達成されることになることに留意する。

   C

7 (略)

8 イラクが、次に掲げるものを国際的監視の下で破壊、撤去または無害化することを無条件に受け入れるべきことを決定する。

(a) すべての化学兵器および生物兵器ならびにすべての化学剤および生物剤の在庫ならびにすべての関連補助装置および構成部分ならびにそれらに関連するすべての研究、開発、援助および製造のための施設

(b) 射程距離150キロメートルを超えるすべての弾道ミサイルおよび主要関連部品ならびに修理および生産施設

9 第8項の実施のため、次のとおり決定する。

(a) イラクは、この決議採択後15日以内に、第8項に定めるすべてのものの所在地、数量、種類を明らかにする申告書を事務総長に提出し、次に定める緊急現地査察に同意しなければならない〔shall agree to〕。

(b) 事務総長は、適当な政府、また適当と認める場合には世界保健機関事務局長と協議して、この決議採択後45日以内に、安全保障理事会の承認を得るために、当該承認後45日以内に次の行動の完了を求める計画を作成し、理事会に提出する。

 (i) イラクの生物兵器、化学兵器およびミサイルの能力の即時現地査察を実施する特別委員会の設置。この査察は、イラクによる申告または特別委員会自

身による所在地の追加指定に基づいて行われる。
- (ii) 第8項(a)に定めるもので、(i)の下で特別委員会により追加して指定される所在地にあるものを含むすべてのものを、公共の安全の必要性を考慮しつつ、破壊、撤去または無害化するため、イラクが特別委員会に引き渡すこと、および、第8項(b)に定めるすべてのミサイルの能力（発射装置を含む。）をイラクが特別委員会の監視の下に破壊すること。
- (iii) 第12項および第13項で求められている、国際原子力機関事務局長に対する特別委員会の援助および協力の提供

10　さらに、イラクが第8項および第9項に定めるすべてのものを使用、開発、建設または取得しないことに無条件に同意すべきことを決定し、事務総長に対し、特別委員会と協議して、イラクがこの規定を遵守することを将来にわたって継続的に監視し、かつ、検証するための計画を作成し、この決議採択後120日以内に安全保障理事会の承認を得るため理事会に提出することを要請する。

11　（略）

12　イラクが次のことに無条件に同意しなければならない〔shall〕と決定する。同国は、核兵器、核兵器に利用されうる物資、核兵器のいかなる補助装置もしくは構成部分またはこれらに関係するいかなる研究、開発、援助もしくは製造のための施設の取得または開発も行わない。同国は、この決議採択後15日以内に、前記のすべてのものの所在地、数量および種類を事務総長および国際原子力機関事務局長に申告する。同国は、核兵器に利用できる同国が有するすべての物資を、第9項(b)にいう事務総長の計画に定められる特別委員会の援助と協力の下での保管および撤去のために、国際原子力機関による排他的管理の下に置く。同国は、第13項に定める取極に従って、緊急現地査察および前記のすべてのものを適宜破壊、撤去または無害化することを受け入れる。ならびに、同国は、第13項にいう同国のこれらの約束の遵守を将来にわたって継続的に監視し、検証するための計画を受け入れる。

13　国際原子力事務局長に対して、事務総長を通じて、また第9項(b)にいう事務総長の計画が定める特別委員会の援助と協力の下で、次のことを行うよう要請する。イラクの申告および特別委員会による所在地の追加指定に基づいて、イラクの核能力の現地査察を直ちに実施すること。第12項に掲げるすべてのものの破壊、撤去または無害化に関する計画を安全保障理事会に45日以内に提出するため作成すること。同計画を理事会の承認後45日以内に実施すること。および、核兵器の不拡散に関する条約に基づくイラクの権利と義務を勘案しつつ、第12項をイラクが遵守することを将来にわたって継続的に監視し検証するための計画（国際原子力

機関の保障措置がイラクのすべての関連原子力活動に適用されることを確認するため、同機関の検証および査察の対象となるイラクのすべての核物質の一覧表を含む。）を作成し、この決議採択後120日以内に理事会による承認を求めるため理事会に提出すること。
14 （略）
（DおよびE（略））
　　　F
20―23 （略）
24 安全保障理事会により新たな決定が行われるまでの間、すべての国が決議661号（1990）およびそれに引き続く関連諸決議に従って、自国民によりもしくは自国領域から、または自国旗船もしくは自国航空機を利用して次のものをイラクに販売もしくは供給し、または販売もしくは供給を促進もしくは助長することを引き続き防止すべきことを決定する。
　(a) 武器およびあらゆる種類の関連物質（とくに、準軍事的組織に対するものを含むあらゆる形態の通常軍事装備、これらの装備のための交換部品および構成部品、ならびに、これらのものの生産手段の販売または他の手段による移転を含む。）
　(b) 第8項および第12項で特定され定義された品目で、(a)に該当しないもの
　(c) (a)および(b)に定めるものの生産、利用または貯蔵のために許諾取極その他の移転取極に基づいて使用される技術
　(d) (a)および(b)に定めるものの設計、開発、製造、使用、保全もしくは維持に係る訓練もしくは技術援助のための人員または物資
25 すべての国および国際組織に対して、契約、合意、許諾取極その他のいかなる取極の存在にかかわらず、厳格に第24項に従って行動することを求める。
26 （略）
27 すべての国に対して、第24項の規定を遵守するため、必要に応じて、第26項の下で安全保障理事会が定める指針に合致するよう、国家による管理および手続を維持し、ならびにその他の行動をとることを求めるとともに、国際組織に対して、このような完全な遵守の確保を支援するためにすべての適当な手段をとることを求める。
28 イラクによるこの決議の遵守および当該地域における軍備管理に向けての全体的進捗状況を勘案しつつ、第8項および第12項で特定され定義された品目に係るものを除く第22項から第25項までの決定を、定期的に、かつ、いかなる場合もこの決議の採択後120日以内に、再検討することに合意する。

29 (略)
    (GおよびH(略))
        I
33　イラクが前記の諸規定を受諾する旨を事務総長および安全保障理事会に公式に通告することによって、イラクとクウェートおよび決議678号（1990）に従って同国に協力している加盟国との間に正式の休戦の効力が発生することを宣言する。
34　この問題に引き続き取り組み、この決議を実施し、当該地域の平和と安全を確保するために必要なさらなる措置をとることを決定する。

安全保障理事会決議1441号（抄）

　　　　採　択　2002年11月8日（安保理第4644回会合）

安全保障理事会は、
　従前のすべての関連諸決議、とくに1990年8月6日の決議661号(1990)、1990年11月29日の決議678号(1990)、1991年3月2日の決議686号(1991)、1991年4月3日の決議687号(1991)、1991年4月5日の決議688号(1991)、1991年8月15日の決議707号(1991)、1991年10月11日の決議715号(1991)、1995年4月14日の決議986号(1995)および1999年12月17日の決議1284号(1999)ならびにすべての関連する安全保障理事会議長声明を想起し、
　また、2001年11月29日の決議1382号(2001)およびそれを完全に実施する安全保障理事会の意思を想起し、
　イラクによる安全保障理事会決議の不履行ならびに大量破壊兵器および長距離ミサイルの拡散が国際の平和と安全に与える脅威を認識し、
　決議678号(1990)が、1990年8月2日の決議660号(1990)および決議660号(1990)に続くすべての関連諸決議を堅持かつ実施し、その地域における国際の平和と安全を回復するために、加盟国に対して必要なすべての手段をとる権限を与えたことを想起し、
　さらに、決議687号(1991)が、その地域における国際の平和と安全の回復という同決議に定める目的を達成するために必要な措置として、イラクに義務を課したことを想起し、
　　　　（中略）
　さらに、イラクが、国際連合特別委員会（UNSCOM）および国際原子力機関（IAEA）により指定された場所への即時、無条件かつ無制限の立ち入りを繰り返し

妨害し、決議687号(1991)で要請されている、UNSCOMおよびIAEAの兵器査察官との十分かつ無条件な協力を行わず、最終的には1998年にUNSCOMおよびIAEAへのすべての協力を停止したことを憂慮し、

　安全保障理事会が、UNSCOMの後継組織として決議1284号(1999)によって設立された国際連合監視検証査察委員会（UNMOVIC）およびIAEAに対してイラクが即時、無条件かつ無制限の立ち入りを認めるよう繰り返し要請したにもかかわらず、関連諸決議で要請されている大量破壊兵器および弾道ミサイルの国際的な監視、査察および検証が1998年12月以降イラクで行われていないことを憂慮し、また、その結果この地域で危機が長期化し、イラク国民が苦しんでいることを遺憾とし、
　　　（中略）
　特別委員会の後継組織としてのUNMOVICおよびIAEAの効果的な活動が、決議687号(1991)および他の関連諸決議の実施のために不可欠であることを想起し、
　　　（中略）
　安全保障理事会の決定の完全な履行を確保することを決意し、国際連合憲章第7章に基づいて行動して、
　1　イラクが、とくに国際連合査察団およびIAEAへの協力ならびに決議687号(1991)第8項ないし第13項に基づき要求されている行動の完全実施を怠っていることによって、決議687号(1991)を含む関連諸決議に基づく義務の重大な違反を犯してきたこと、また現在もなお犯していると決定する。
　2　前記第1項を承認しつつも、本決議により、イラクに対して、安全保障理事会の関連諸決議に基づく武装解除の義務を遵守する最後の機会を与えることを決定し、そのために、決議687号(1991)およびそれに続く安全保障理事会の関連諸決議により設定された武装解除の過程を完全かつ検証可能な形で完了する目的をもって、強化された査察体制を構築することを決定する。
　3　イラク政府が、その武装解除義務の遵守を開始するために、UNMOVIC、IAEAおよび安全保障理事会に対して、すでに求められている年2回の申告書の提出に加え、本決議の採択の日から30日以内に、化学、生物および核兵器、弾道ミサイルならびに無人の飛行体および航空機での使用を意図した散布手段その他の輸送手段の開発計画（そのような兵器、構成部分、副構成部分、作用物の在庫ならびに関連物資および機材のすべての保有状況および正確な所在地、その研究、開発および生産施設の所在地および作業を含む。）ならびにイラク政府が兵器の生産または物資に関連のない目的のためであると主張するあらゆるものを含むその他のすべての化学、生物および原子力計画のすべての側面に関連する現時点での正確、十分かつ完全な申告書を提出することを決定する。

4 本決議に従ってイラクにより提出された申告書中の虚偽の供述または遺漏、ならびにいかなる時点においてであれイラクが本決議を遵守せず、実施のための完全な協力を行わないことは、イラクの義務のいっそうの重大な違反を構成し、かつ、後記の第11項および第12項に従って、評価のために安全保障理事会に報告されることを決定する。

5 イラクが、UNMOVIC および IAEA に対して、UNMOVIC および IAEA が査察を希望する地下を含むすべての地域、施設、建物、機材、記録および輸送手段への即時、円滑、無条件かつ無制限の立ち入りを認めること、ならびに UNMOVIC または IAEA がその権限に基づき選択する態様または場所で、UNMOVIC または IAEA が聞き取りを希望するすべての政府職員およびその他の者への即時、円滑、無制限かつ秘密裡になされる立ち入りを認めることを決定する。さらに、UNMOVIC および IAEA が、その裁量でイラクの国内外で聞き取りを行い、聞き取り対象者および家族のイラク国外への移動を容易にし、ならびに UNMOVIC および IAEA の独自の裁量で、その聞き取りをイラクが政府からのオブザーバーの同席なしに行うことができると決定する。また、本決議の採択の日から45日以内に査察を再開し、その日から60日以内に安全保障理事会に報告することを UNMOVIC に指示し、IAEA に要請する。

6 本決議に附属する2002年10月8日付の UNMOVIC 委員長および IAEA 事務局長からイラク政府のアル・サーディ中将に宛てた書簡を承認し、当該書簡の内容がイラクを拘束することを決定する。

7－10 （略）

11 UNMOVIC 委員長および IAEA 事務局長に対して、査察活動に対するイラクのいかなる妨害、および本決議に基づく査察に関する諸決議を含む、武装解除の義務についてのイラクのいかなる不遵守も直ちに安全保障理事会に報告することを指示する。

12 国際の平和と安全を確保するために、情勢および関連する安全保障理事会決議のすべての完全な履行の必要性を検討するため、前記の第4項または第11項に従った報告を受領したときは、即時に会合することを決定する。

13 その文脈において、安全保障理事会がイラクに対して、その義務の継続的な違反の結果として、深刻な帰結に直面することになると繰り返し警告してきたことを想起する。

14 この問題に引き続き取り組むことを決定する。

D　ウィーラマントリー判事の早稲田大学での講演

資料8　「核兵器の廃絶に向けての法と法律家の役割」

〔解説〕　以下は、2001年8月1、2日に早稲田大学で開催された「ハーグ平和会議記念・早稲田国際会議」において原著者が講演した内容を訳出したものである。この国際会議は、日本国憲法の立憲・民主・平和主義の精神を世界にアピールし、核兵器の「力の支配」に対して、市民が支える「法の支配」を対置し確立することを目的に開催されたものであり、日本反核法律家協会が主催し、早稲田大学と国際反核法律家協会が共催した。

　原著者は、1996年にICJが出した核兵器の使用の合法性に関する勧告的意見について、ICJ判事としてきわめて大部の反対意見を付している。核兵器の使用は絶対的に違法であるとする同判事の立場からすれば、ICJの多数意見が出した結論、つまり、国家の存亡のかかる自衛の極端な場合には、核兵器の使用が合法か、違法かは確定的に結論することができないとする結論は受け入れがたいものであった。本講演は、その長大な反対意見のエッセンスを聴衆に語りかける内容となっている。この講演は、イラク攻撃や9・11以前になされたものであり、内容も核廃絶に関連するものであるが、ここからは、原著者の平和と法のありかたに関する基本的思想、とりわけ、国家の自衛よりも人道が優先するという思想を読み取ることができる。（山田寿則）

ハーグ平和会議記念・早稲田国際会議
2001年8月1日（水）午前9時30分　早稲田大学国際会議場
C・G・ウィーラマントリー（前・国際司法裁判所次長）
基調講演
核兵器廃絶に向けた法と法律家の役割

A　法と法律家の役割 ……………………………………………… 221
B　若干の一般的考察 ……………………………………………… 222
　a）伝統的な文明の価値との衝突
　b）単一使用と複数使用の間にある量的差異
　c）攻撃を受ける側の心理
　d）核保有国の拡散
　e）核兵器の撤廃
　f）政治的目的を達成するための核兵器使用という非論理性

g）核兵器の特異性
　　　h）危険にさらされる人間の文明
　　　i）影響への認識の深まり
　　　j）婉曲語の使用
　C　拘束力を有する若干の法原則 ………………………………229
　　1　戦闘に参加しない国に対する損害の禁止
　　2　一般住民に対する損害の禁止
　　3　ジェノサイドの禁止
　　4　均衡性の原則の否認
　　5　平和の回復の無効
　　6　窒息性ガス及びそれに類する物質の明確な禁止
　　7　人道の法則の違反
　　8　核科学者の法的責任
　D　若干の重大な結果 ……………………………………………234
　　1　誘発される核の冬
　　2　健康上の被害
　　3　将来の世代に与える損害
　　4　食物連鎖に与える損害
　E　関連する若干の条約規定 ……………………………………236
　F　結論 ……………………………………………………………238

　唯一核攻撃の犠牲者となったこの国で、聴衆を前に再び講演し、そして核兵器の法的地位についてみなさんに語れることを、大変光栄に思います。核兵器は、半世紀以上もの間、人類の頭上に吊るされたまさにデモクレスの剣でした。この地球上で、人類が生き残るか滅亡するか、文明が存続するか消滅するか、人類が4000年にわたって営々と築いてきたものすべてが忘却のかなたへ消え去るのかどうか。いずれも、科学によって人類が手にしたこの恐ろしい道具を、我々がどう扱うかに委ねられています。今までのところ、この扱いに関する法構造や法原則がないため、問題は極めて重大です。私は、この機会に、現代の最も偉大な科学者の幾人かにより示された記憶に残る言葉を引用します。彼らは、ラッセル・アインシュタイン宣言の中で、以下のことを人類に思い起こさせました。すなわち、「疑いなく、水爆戦争では、大都市は跡形もなく完全に破壊されるだろう。ただし、これは、我々が直面するにちがいないささいな惨禍の一つである。たとえロンドン、ニューヨーク、モスクワのすべての人々が絶滅したとしても、2、3世紀の間に、世界はこのショックから立ち直るかもしれない。

しかし、我々は、現在、とりわけビキニ水爆実験以降、核爆弾は想像されていたよりもはるかに広範な地域に、破壊力を次第に拡大しうることを知っている」[1]と。

指摘するまでもなく、この宣言以後50年近くで、核兵器の力は極めて増大しています。不幸なことに、この50年で、核兵器の使用を抑制しようとする法の力は、全く増大していません。それゆえ、核兵器の力とこれを抑制する力との不均衡は、縮小するどころか拡大する一方なのです。

A 法と法律家の役割

したがって、最も適切なことは、この人類に対する脅威を終わらせるために、法には何ができるのかという問題に取り組むことです。実際に、法は、この問題を攻略する上で、我々が自由に使える主要な武器の一つです。法と法律家が攻略できない場合、我々は闘いを放棄したも同然です。法と法律家がなすべきことを達成しうる場合、勝利はもたらされます。我々は、これまで、世界のあらゆる法体系と法的伝統の中で利用しうる原則すべてを、次のような分析へと導くことに失敗してきました。すなわち、核兵器が、人権という誰もが知っている原則また国際法の最も基本的な原則の多くを掘り崩しかつ中傷することに関して、一つの包括的でかつ主義に基づいた分析へと。法律家は、人類にとって合法性の受託者として自己にのしかかるこの重い責任を無視したと、残念ながら言わざるをえません。共同体の有するあらゆる法的価値と法原則を消滅させかつ破壊するおそれのある、打倒されるべき怪物が存在する場合、また、この点において共同体の守護者である法の専門家が、法という剣を手に取ることを拒み、共同体のためにこの怪物との闘いに打って出ることを拒む場合、他に誰がそれを行おうとするでしょうか。この怪物が力を強める間、剣を鞘に納めて安穏とすることは、防御者にとって無駄でしょう。私は、核兵器、法、法律家に関する問題を、以上のように理解します。

我々は、一連の諸原則を手中にしています。我々には、これらの原則を強化しうる世界の文明すべてに属する豊かな伝統的素材があります。これらの原則は、理論的には、異論の余地はありません。これらは、疑いなく、ぞっとするような事実に基づいています。これほど悪の力が増大しているのに、どうして怠けていられるでしょうか。したがって、この講演は、世界中の法律家に向けて、この共通目的の下に持てる資源を結集し、我々が自由に使える普遍的に承認された法原則の強度と範囲に関する理解を深めるよう呼びかけるものです。また、世間一般に向けて、この問題に一層の関心を高め、法律家の努力を支持する世論の風潮を醸成するよう呼びかけるものでもあり

1　1955年7月9日、ロンドンにおいて宣言された。

ます。

　世間一般における一層の関心の高まりは、法律専門家における一層の関心を高めるのに寄与しうるものです。そして、この法律専門家の関心の高まりは、人類の未来を苦しめるこの疑問符を取り除きうる、共同体の大きな力となります。

　確かに、国際司法裁判所（ICJ）の勧告的意見は、核兵器の使用は一般的に違法である、と宣言しました。私は、裁判所の裁判官でしたが、この多数意見は満足のいくものではなかったので、反対する必要を感じました。多数意見は、核兵器の使用を望む者に対して、たとえわずかだとしても、使用する機会という窓を開け放しています。私の見解は単純で、「核兵器は違法である。以上」というものです。国際法の最も基本的な原則のいくつかに違反することなく、核兵器を正当に使用しうる状況は、全く存在しません。核兵器の使用は国際法の否認である、ということで締め括ります。

　私は、反対意見の中でそう述べましたし、今もそう言っています。何も変わってはいません。たとえどのようなことがあっても、核兵器の使用を禁止する法原則は、一層強力に発展してきました。

　その原則とは何でしょうか？　すべての原則をみなさんに示すこともできますが、ここでは少しだけにします。

1　不必要な苦痛の禁止
2　均衡性の原則
3　目標区別の原則
4　非交戦国の尊重
5　ジェノサイドの禁止
6　環境への損害の禁止
7　人権法

　これは、言うまでもなく、1925年ジュネーヴ・ガス議定書やハーグ規則23条(a)等の様々な条約や規則から成っています。このガス議定書とハーグ規則23条(a)は、人体に害を与える放射線を放出する、ガス、液体及び他の物質又は考案の使用を禁止します[2]。

　B　若干の一般的考察

　我々が取り組んでいる問題を文脈上設定することに役立つ一般的性格に関して、若干の考察を行うことから始めます。

2　核兵器の違法性に関する事件におけるウィラマントリー判事の意見を参照。

a）伝統的な文明の価値との衝突

　上記のような特定の規則に加えて、核兵器がもたらす損害があまりに甚大であるために、世界の偉大な伝統すべてが一致してその使用を非難していることも、指摘しておかなくてはなりません。

　戦争の目的をはるかに越えるような不必要な苦痛をもたらす兵器が多くの文化において禁止されていることを見るのに、遠くまで歴史を遡る必要はありません。よく知られた二つの具体例を挙げることができます。1215年のラテラノ公会議は、不必要な残虐さを与えると考えて石弓と攻城兵器の使用を禁止しています。もう一つの古代の偉大な伝統であるインドのヴェーダからは、次のようなことがわかります。ラーマーヤーナに記される戦争において、ラーマは、大量破壊兵器を使用できると知りましたが、法の賢人がそれは戦争の目的をはるかに越えると述べたことにより、その兵器の使用を禁止されたということです。あらゆる文化的伝統の背景にある共通の人道（common humanity）は、ある兵器を共同して非難しています。すなわち、地球上の生命大部分とは言わないまでも、巨大な諸都市を破壊する潜在力を有する兵器を。

b）単一使用と複数使用の間にある量的差異

　注目すべき重要な要素は、核兵器による仕返しがありえないと分かっている場合の核兵器一発の単一使用と、攻撃を受けた当事国も核兵器能力を有するか、その能力を有する友好国があることを分かっている状況下での核兵器の使用との間には、量的な差異があるということです。後者の場合には、二国間又は多数国間の反撃があるからです。核兵器が双方に向けて発射されたときには、無差別に反撃が行われることになるでしょう。慎重でかつ熟考された評価は介在しません。そのような評価には、報復的な核使用の意思決定に要するほんの一瞬以上に、多くの時間を必要とするからです。それゆえ、核兵器の無差別的で自暴自棄の使用としか言いようのないものなのです。

　核攻撃を受けて殺されることが分かっている自暴自棄の状態にある国民は、犠牲者となる国自身には生存の望みがほとんどないと考えるので、敵国を破壊するために持てる核戦力のすべてを発動するのにほとんど躊躇しないのももっともなことです。

c）攻撃を受ける側の心理

　我々は、攻撃する側と攻撃を受ける側の心理を理解しなくてはなりません。生存は人類の最深部にある本能の一つですが、生存が不可能であることが明白となったとき、復讐と報復が優勢となります。その結果には、もはや誰も責任がもてません。このような生存本能が、その自暴自棄の雰囲気において優勢となります。このとき、持てる兵器一つひとつを敵に発射するに際して、いかなる制約も存在しなくなるでしょう。

慎重に評価する能力が攻撃により鈍化するために、切迫した攻撃の言辞が歓迎され、爆弾が攻撃に向かい、仕返しが激化しうるのです。攻撃が現実に加えられるより前に、入念に練り上げられた代替案を考慮する時間はないでしょう。使える兵器すべてが放たれることになります。

d）核保有国の拡散

ここで、別の問題に言及したいと思います。それは、冷戦終結後の幸福感の中でしばしば見過ごされています。この幸福感の中で、全世界は、核の対決は過去のものになったという安堵の吐息をつきました。これは、現実とは正反対です。というのも、開かれた「公式の核クラブ」に入る新たな核保有国、また公式のグループではないが核の能力を有するグループに入る他の核保有国によって、核兵器が拡散してきたからです。また、どの非国家主体が既に核の能力を有しているのかについても、我々は知りません。

このシナリオには、ぞっとします。核の引き金に掛かる指は、2本だけではなく、何本もあるのです。実際には、全く気づかれていないものもあるでしょう。この見えざる人々は、核保有国であることを公然と知られているもの以上に、はるかに野放しの状態にあることになります。国家と集団の間に生じる紛争や世界中の小規模な戦争の多くの原因は、そのすべてが発火点となります。核兵器が法的に禁止され、核兵器を追いつめて一掃しようと全世界が共通の努力を行うようになるまでは（全世界の協力がなければ、撤廃はほとんど不可能な作業となります）、我々は危険な世界に生きているのです。

e）核兵器の撤廃

このことは、全世界の協力が獲得されうるのかどうかという問題を提起します。私は、この兵器がもたらす恐ろしい結果に対して、世界中の人々が十分に注意を喚起されるならば、このことは可能であると信じています。核兵器が数十万の死をもたらし、その後にヒロシマとナガサキでみられるような生活が続くことを容認することで、核兵器を黙視することが通例です。示されるべきことは、現実には、これら数十万の死においてだけでなく、生存者の継続する苦しみにおいても、苦痛が伴うということです。このことについて、知っている人はほとんどなく、まためったに考慮されることもありません。また、作物の不作、環境への損害や動物の荒廃という影響についても、言及されません。思うに、世界中の人々、とりわけ子どもたちに、これらの恐怖すべて（ヒロシマの原爆資料館で描かれている類の苦痛）が示されるならば、核兵器に対する断固とした反感が生じるので、長く世界を支配してきたこの不正を終わらせるよ

f）政治的目的を達成するための核兵器使用という非論理性

核兵器の使用には、もう一つの完全な非論理性があります。核兵器は、使用される場合、一定の政治的目的の達成を意図する、戦争の一部として使用されます。すなわち、その目的は、自由、一定の領域の享受や一定の生活様式の確立と言えます。それは、人々が、進んで多大の犠牲を払おうとする目的となりえます。なぜなら、人々が、この目標を達成するためには、それほどの犠牲を払うに値すると感じているからです。しかし、使用される手段が、求める目標そのものを破壊するようなものである場合、作戦全体はばかげた任務となります。なぜなら、求める自由や生活様式あるいは渇望される実際の領域が、これを獲得するために使われる手段によって完全に破壊されることになるからです。さらなる自由やより良い生活様式を得るために〔もし核兵器を使用すれば〕、すでに享受している自由や快適な生活環境をも、永久に破壊することになるのです。そして、獲得しようとする領域は、人間や動物が利用できない荒廃地帯になりさがることになるでしょう。ここには、理性を無視する非論理性、つまり、愚かにも求め叫ぶばかげた任務があります。核兵器が使用される戦争は、核兵器の引き金が引かれるまさにその瞬間から、失敗する運命にあるのです。

g）核兵器の特異性

核兵器は、戦争の歴史において使用された他のすべての兵器とは、一つではなくいくつかの理由から、区別することができます。どの理由も、核兵器を先例のない兵器のカテゴリーに入れるに十分なものです。まさにその特異性のために、核兵器には、必然的に、通常兵器の使用に関して発展してきた規則とは異なる、特別な規則が適用されなくてはなりません。この特異性の一つひとつに関する論説を書くこともできますが、簡潔にするためそれらを列挙します。

核兵器は、他の兵器と異なり、
1　未曾有の規模での死と破壊を引き起こす
2　癌、白血病、ケロイド及び関連する苦痛を誘発する
3　胃腸疾患、心臓血管疾患及び関連する苦痛をもたらす
4　使用後何十年もの間、上記の健康問題を誘発し続ける
5　将来の世代の環境権を侵害する
6　先天的身体傷害、心神傷害および遺伝傷害をもたらす
7　核の冬をもたらす可能性をもつ
8　食物連鎖を汚染し破壊する

9 生態系を危険にさらす
10 致命的レベルの熱と爆風をつくりだす
11 放射線と放射性降下物をつくりだす
12 破壊的電磁波をつくりだす
13 社会の崩壊をつくりだす
14 すべての文明を危険にさらす
15 人類の生存を脅かす
16 文化の荒廃をもたらす
17 何千年もの期間に及ぶ
18 地球上のすべての生命を脅かす
19 将来の世代の権利に不可逆的な損害を与える
20 一般住民をせん滅する
21 近隣諸国に損害を与える
22 精神的ストレスと恐怖症候群を生み出す

　これらの要素を重ね合わせると、次のような実情は反駁しえないものとなります。つまり、核兵器は、戦争法規に人道というベニヤ板を付けただけかもしれない、世に知られている規則をものともしないということです。国連総会が、「核の荒廃の防止に関する宣言」（1981年）において述べたように、「地球上の文明を破壊しうる核兵器の使用に固有の災難と比較すれば、過去の戦争のすべての恐怖および人々に降りかかった他の災難は、見劣りするもの」なのです。

h）危険にさらされる人間の文明
　戦争法規は、これまで、小規模であるとしても、様々な文明にとって非常に重要な文化財と礼拝所を保存することに努めてきました。それらは、過去のメモリアルであり、文明が達成してきたまた達成しうるものを想起させてくれるものです。霊感的な価値は、人間の文化と文明の中心にあります。
　核戦争は、全くの無差別です。住民全体のみならずその人々の文化と文明をも、跡形もなく消し去ります。世界中の歴史的な都市や建造物は瓦礫と化し、芸術作品は無差別に破壊され、図書館は消滅し、データバンクは消去され、そして文明化した諸価値が廃棄されることになるでしょう。
　時折見つける命をつなぐ食べ物のひとかけらを奪い返そうと瓦礫の中で闘っている、わずかな生存者の生命を律するために、ジャングルの掟が復活することになります。文明は、暗黒時代を越えて、さらには石器時代を越えて、最も野蛮でかつ原始的な段階へと戻ることになるでしょう。

これとの関連で思い出されるのは、モンゴルの侵入の際に、征服者が、政策として、かつてあった組織化した生活の痕跡すら消し去ってしまうために、自分たちに反抗する都市すべてを瓦礫と化し、荒れ地へと鋤き返したことです。少なくとも、その土地は、耕され農耕のために利用できるものでした。核兵器は、それ以上に徹底的にやってのけます。都市を更地に戻すだけでなく、その土地を耕作にすら適さない土地にします。数千年もの間！核兵器が戦闘に関係する文明化した規則を遵守していると述べることは、初歩的な論理を無視することになります。

　ｉ）影響への認識の深まり
　核兵器が最初に使用された1945年と、ヒロシマとナガサキの経験から核兵器の影響がいかに残忍で戦慄すべきものかを知った50年後の今日とでは、世界が知りうる知識の状況において、大きく区別がなされなくてはなりません。今日では、はるかに大きな威力を有する核兵器を使用しうること、その一つひとつが、ヒロシマ・ナガサキ原爆の能力の数倍にも増していることが知られています。今では、我々は、環境への影響、核の冬そして食物連鎖への被害に関して、はるかに完全な情報を手にしています。今では、世界の中で幾つもの国が核兵器を保有しており、次に来る核戦争が一方的なものとはならないことも知っています。さらに、核兵器が先天的な身体傷害を生み出すことまでも知っています。

　我々の手中にあるこのような知識から、我々は、核兵器使用の有責性が、今日、1945年の時とは全く異なる様相となっていることを、はっきりと認識しなくてはなりません。たとえ1945年における核兵器の使用が不確かなものであったとしても、21世紀における核兵器の使用は、完全にそして確実に咎められるべきものです。有責性の程度が数倍にも増したと言っても、間違いではないでしょう。私の見解では、今日、核兵器を使用する国が人道に対する罪を犯した責任から免れることは、ありえないでしょう。

　ｊ）婉曲語の使用
　軍事用語は、戦争の恐ろしい影響の体裁を繕うように専門化してきています。文民への被害は、どんなに恐ろしいものであっても、「付随的損害」とされます。都市を焼き尽くすことは、「相当の熱損害」とされます。死傷者の「受容可能な」レベルが語られます。環境の全面的な荒廃は、「環境損害」となります。確実に破壊することは、「抑止」となります。恐怖のバランスを維持することは、「核の準備」とされます。私は、核兵器の合法性に関する私の意見において、このことに注意を喚起し、またこれに関連して、孔子の金言を引用しました。彼は、国において秩序と道徳がいかにし

てつくりだされるかを問われたとき、「名を正すことによって」と答えたのです。

　都市を焼き尽くすこと、人間を蒸発させてしまうこと、大規模な遺伝子傷害を引き起こすこと、癌の誘発、人体を大量に除去すること、文化財の消去、これらはすべて、カーペットにより、つまりあれこれ都合のよい表現により、都合よく隠されるのです。人命の大量喪失は、簿記原簿からの記載事項の消去に匹敵しています。世界は、この子どもじみた言葉の操作をしなくなるほど十分に大人になっています。文明の維持に関係のある人々すべてが、戦争がこのような言葉の誤用に基づくことを言明する必要があります。

　婉曲語はさておき、戦争の現実を語るものがここにあります。

　1859年にソルフェリーノの戦場を訪れたアンリ・デュナンが記した戦争がここにあります。

> 「こちらでは、恐ろしい、物すごい格闘が行われる。オーストリア兵と連合軍の兵はたがいに踏みたおし、血みどろの死体の上で殺し合い、銃尾でなぐり合い、ともに頭の骨をくだき、軍刀や銃剣で腹をさき合う。なさけ容赦もあらばこそ、これはもう屠殺場であり…
> 　他の戦線でも同じような格闘だが、騎兵隊の接近によってさらに恐ろしいことになる。騎兵は疾走して通りすぎ、馬は死んだ者も死にかかっている者もひずめの下に踏みつぶす。あわれなひとりの負傷兵はあごをひっさらわれ、あるものは頭をつぶされ、またある負傷者は、まだ命のあるものを、胸をふみくぼまされる。
> 　さらに向こうのほうでは、砲兵が全速力で走っていく。騎兵につづくのである。砲兵は、なんでもかまわずに、地上に横たわっている死体と負傷者の中に道を開いて行く。そのとき脳みそはふき出し、手足は折れ、砕かれ、からだはだれがだれやらわからなくなり、大地は文字どおり血を吸い、野原は人間の破片でおおわれる。」

これは、20世紀の基準による例です。次に、1945年における最初の核兵器使用の後に、ある目撃者により語られた、20世紀の戦争に関する描写があります。ソルフェリーノの場合と同様に、ここでの犠牲者が戦闘員ではなかったことに注目してください。

> 「恐ろしい光景でした。丘の方へ逃げようとする何百人という傷ついた人達が家の前を通り過ぎて行きました。その人達の姿は見るに耐えないものでした。顔や手は焼け爛れて、膨れあがっていました。まるで案山子のぼろ服のように、大きな皮膚の断片が体から剥がれ落ちて垂れ下がっていました。蟻の列のように歩いてゆきました。一晩中家の前を通り過ぎて行きました。しかし今朝はだれも歩いている者はいませんでした。人々は道の傍らに横たわっているのがわかりました。あまりにも多くの人が折り重なっているので、踏みつけないように通ること

ができないほどでした。
　それに顔がなくなっていました。目、鼻そして口も焼け落ちて、耳も溶けてなくなってしまったように見えました。前か後ろか区別できないほどでした。顔がめちゃくちゃにされ、白い歯だけが突き出している一人の兵士が水をくれと私に頼みましたが、水はありません。私は両手を合わせて、彼のために祈りました。彼はそれ以上何も言いませんでした。水をせがんだのが彼の最後の言葉だったに違いありません。」
21世紀の核戦争からすれば、これらのシナリオすべてが、実際、かなり軽いものにみえるでしょう。
　この恐ろしい現実のすべてを上品な言葉で隠すという誤りに、陥ることのないようにしましょう。孔子が、誤った統治を避けるために人々に助言したように、正しい表現を用いるようにしましょう。我々の場合は、破壊を避けるために正しい表現を用いなくてはなりません。
　我々が不条理という劇場の観客であったとすれば、このすべては驚くだけですむでしょう。我々が人類と文明の将来を演じていることを考えると、大いなる悲劇なのです。

C　拘束力を有する若干の法原則
　さて、適用可能な法原則について、いくぶんか詳細に考えます。

1　戦闘に参加しない国に対する損害の禁止
　この禁止により、もう一つの国際法違反が阻止されます。つまり、戦時においてさえも第3国に損害を生じさせる権利が付与される国はないということです。二つの国が核兵器の応酬を行う場合、核兵器を保有する第3国がその核兵器の応酬に参加しないと仮定しても、それ以外の国すべてが、必然的に、農業をだめにされ、住民を殺されそして経済を混乱させられる程度にまで、影響を受けまた影響を与えることになるでしょう。これは、国際法の第1次的法規に全く反する耐えがたい事態です。そのような事態がいかなる状況においても国際法とは矛盾しない、とみなされることはありえません。

2　一般住民に対する損害の禁止
　戦争に関する第1次的法規の一つは、一般住民を殺傷してはならないというものです。あらゆる国の伝統が、この法規について同意しています。ヒンズー法、中国法、イスラム法そして古代ヨーロッパの伝統は、この法規が普遍的な規則であるとみなさ

れるべきことを明らかにしています。さらに、それは一般的に承認されている慣習国際法上の規則です。

　もちろん、軍事目標が攻撃される際に、文民に付随的な損害が生じることは、承認されてきました。しかしながら、このことは、攻撃の主たる目標は軍事目標であり、一般住民ではないという原則を変えるものではありません。

　航空機による戦争は、爆弾が無差別に人を殺すため、この規則の遵守を一層困難にします。しかし、依然として、爆撃にとって唯一の正当化事由は、その爆撃が軍事目標に向けられることです。

　これに関連して、軍法の標準的な教本を参照するのは重要です。例えば、1914年に英国陸軍省により発行された標準的な軍法マニュアルは、次のように記します。「しかしながら、敵対行為は交戦国の軍隊に限られること、また、武器を取らず敵対行為を避ける対戦国の一般市民は、寛大に扱われなくてはならず、訴訟ないしは事後の正当な裁判を除き、生命ないし自由を傷つけてはならず、さらに原則として私有財産を奪ってはならないことは、普遍的に承認されている国際法上の規則である」と。

　　3　ジェノサイドの禁止
　核兵器について、第1の目標が軍事目標であると主張するのは現実的ではないでしょう。ヒロシマ・ナガサキで使用されたような小型の核兵器でさえ、都市をなぎ倒し都市の全住民をせん滅させます。今日の兵器は、はるかに強力になり、基本的な原則の侵害をより一層目にあまるものにします。おそらく、核攻撃による犠牲者の90％以上が文民となるでしょう。このことは予測しえない結果ではありません。なぜなら、核兵器を使用するものは誰でも、殺されるものの90％以上が文民であること、また、病院、学校、教会さらには民家が一掃されることを知っているからです。

　国際司法裁判所における証人として長崎市長は、ドレスデンに対する773機の英軍機による爆撃とそれに続く450機による65万3千発の焼夷弾のシャワーは13万3千人の死を引き起こし、これはヒロシマにおける1個の原子爆弾により生じた死者の数に匹敵するという、興味深い事実に注意を向けました。その上、ヒロシマの原爆は、今日の基準では小型爆弾である1メガトン級爆弾のわずか70分の1でしかなかったのです。また、世界の核兵器工場は、1メガトン級爆弾だけでなく、数メガトン級爆弾をもストックしています。万一それらの爆弾が使用されることがあれば、全人類は重大な危機に瀕します。

　人は自身の行為により生じる周知の結果を意図していたと推定されなくてはならないことは、標準的な法原則です。したがって、核兵器を使用するものは、一般住民をせん滅させることを意図したと推定されるはずです。このことは、結果が明らかに意

図されたものである場合、他に何もなくてもそれだけで戦争犯罪になります。

　それゆえ、核兵器を使用する理由がたとえどんなものであっても、核兵器使用は、明らかに最も基本的な国際法上の規則の侵害となります。

　また、一般住民のせん滅は、全部であれ部分であれ「人道に対する罪」を構成すると宣言する、ニュルンベルク憲章の6条も参照されるべきです。

　核爆弾の使用による一般住民のせん滅は必然的でかつ予見しうる結果であるわけですから、核爆弾使用が6条に違反することは明らかです。また、核兵器による報復的措置がなされるだろうことは、核兵器を発射する国（民）の熟慮の中にあったと見なくてはなりません。そして、核兵器の応酬を開始する国（民）も、そのことが複数による核兵器の応酬プロセスを開始することとなることを予見していると見なくてはなりません。複数による核兵器の応酬が生じれば、一般住民のせん滅は避けられない結果となります。

　　4　均衡性の原則の否認
　伝統的な戦争法規は、つねに、使用される兵器と攻撃への対応との均衡性を維持していました。ハエを殺すのに大きなハンマーは使いません。同様に、いかに深刻であっても、政治的紛争を解決するために核兵器は使用しません。なぜなら、生じる損害が正されるべき侵害と均衡がとれなくなるからです。

　　5　平和の回復の無効
　アリストテレスは、戦争の目的は公正でかつ恒久的な平和を成し遂げようとする条件の確立であるという原則を策定しました。戦争は、決してそれ自体目的ではありません。

　平和の回復は、「平和」つまり墓地について語ろうとしなれば、不可能でしょう。戦勝者と征服されるものに残されるものは、広大な死の領土だけとなるでしょう。その後に、「平和的共存」について語ることは、我々が有する共通の人道へのあざけりそして侮辱になるでしょう。戦争に関する主要な哲学者であるカール・フォン・クラウゼヴィッツでさえ（彼にちなんで、ナポレオンからヴィルヘルム2世までの戦争の世紀はクラウゼヴィッツの世紀と名づけられていますが）、政治的交際の可能性とは切り離された戦争を「目的を欠く無意味なもの」と記しました。

　　6　窒息性ガス及びそれに類する物質の明確な禁止
　痛みと苦痛の激化に関する原則を論じる際に、我々は、窒息性ガスに関する1889年のハーグ宣言と1925年のジュネーヴ毒ガス議定書という二つの国際文書に言及しまし

た。その原則を全般的に説明することに加えて、それらの文書はより具体的な用語により核兵器類の禁止を構成すると主張することができるでしょう。

　第1の文書の表現は、戦争兵器としてのあらゆる有毒物質ないしは放出物の使用に及んでいます。放射線は、ほぼ疑いなく、有毒な放出物です。実際に、十分な規模であれば、放射線は、全住民にとって致命的である有毒な放出物となりうるものです。

　毒ガス議定書については、1969年の総会決議2603A号が、人間、動植物に直接的に有毒な効果を与えるために用いられる（固体、液状またガス状のものであれ）戦争におけるいかなる化学的手段も、「一般的に承認された国際法上の規則に反する」ことを意味するものと解釈しています。

　1928年にはソビエト連邦が、1975年にはアメリカ合衆国が加入し、多数の諸国が、毒ガス議定書の当事国になっています。このことは、この主張に力を与えています。というのも、同議定書は、ガスだけでなく、固体、液体またガスであれ「類似するすべての液体、物質及び考案」を禁止するからです。放射線は、厳密にはガスではありませんが、類似する破壊的な作用があります。放射線は当時予測されておらず、その時に考えられていたのは、固体、液体そしてガスといった作用のカテゴリーだけでした。しかし、この文書の全般的な趣旨は、明らかにこの種の傷害を包含しようとする意図を示しています。

　これらの文書の違反を申し立てる際に力強い憤りを示すことによって、国際共同体は、これらの文書を実効的にしようとする意図を示してきました。実際、これらの文書は、全体として、意外なことによく遵守されてきました。統制しようとする意図についての、このような力強い国際的なコンセンサスは、当然に核兵器にも及ぼされうるものです。これらの文書には、毒ガス議定書の正確な範囲に関して、諸国により多くの留保が付されてきました。しかし、このことは、前述した解釈の一般原則を変えるものではありません。

　7　人道の法則の違反

　伝統的な戦争法は、実際に戦争を行わなくてはならない場合、その戦争は少なくとも人道の原則に従って行われなくてはならないという原則を基礎にしています。ヒンズー教徒、キリスト教徒、イスラム教徒そしてユダヤ教徒といったすべての伝統が、このことに同意します。それらの体系に関する諸文献では、この原則への参照が豊富になされます。

　人道法のすべては、「恋と戦は道を選ばず」という命題を否認するものとして構築されてきました。捕虜（prisoners）を虐殺したり、病院を破壊したり、敵の病人や負傷者の治療を拒絶したり、あるいは作物をだめにしたりすることはできません。

核兵器がいかなる状況の下でも合法的に使用されるのであれば、我々は、全く不条理な状況にいます。すなわち、人道の原則を侵害するという理由からダムダム弾は使用できないと国際共同体が厳粛に宣言したものの、核兵器は使用できるという状況に！これは、理性のあるいかなる共同体からもあざけりを喚起することとなる、歪められた論理の演習問題です。国際共同体全体が、この一部の愚かさによもや関与することはありえません。

　8　核科学者の法的責任

　核科学者がいなければ爆弾は製造されないという理由から、核科学者の責任についても一言述べたいと思います。大統領、首相、将軍は、核爆弾を欲するかもしれません。しかし、彼らが爆弾を手に入れることができるのは、科学者が爆弾を製造するからにほかなりません。

　ここには、すべての戦争法規に違反するおそれのある兵器を製造するために必要とされる専門知識を知っている科学者にとって、深い良心の問題が存在します。科学者は、自身の製造物に対して負う道徳的責任という結果から逃れられません。

　道徳的責任の問題だけではありません。ご存知のように集団殺害行為の実行者であるあらゆる者がニュルンベルク原則に基づいて負う法的責任の問題もあります。かつて1987年に、私は、ちょうどこの主題に関する本を書きました。この本は、核科学者が負う法的責任に注意を向け、またどうして自身の行為に対して国際法に基づく罪と責任を負うのかを説明しています。この本は、人類の将来に影響を与えるために世界が大規模な破壊を生み出すおそれのある兵器を野放しにしないために、すべての人々に向けて、科学者自身が提出したラッセル・アインシュタイン宣言を引用しています。ここに、その訴えの抜粋を記します。

　　「そのような致死的な放射能を有する粒子がどれほど広く拡散するのか、誰も知らない。しかし、最も権威ある人々は一致して水爆による戦争は実際に人類に終末をもたらす可能性が十分にあることを指摘している。……

　　我々は、人類として、人類に向かって訴える──あなたがたの人間性を心にとどめ、そしてその他のことを忘れよ、と。もしそれができるならば、道は新しい楽園へ向かってひらけている。もしできないならば、あなたがたの前には全世界の死の危険が横たわっている。」

　科学者は人間です。そして、ラッセル・アインシュタイン宣言で強調される責任を負っています。それも、より高度な責任を。科学者が思いとどまれば、それは核兵器による荒廃を避けうる一つの道となります。私は、この点について、科学者の責任に関する法典案を起草しました。これは、追求する価値のある問題として、実際に社会

発明事典（the Encyclopaedia of Social Inventions）に編入されています。

D　若干の重大な結果
1　誘発される核の冬
　このことは、私をもう一つの側面に導きます。つまり、複数による核兵器の応酬は、ほぼ確実に核の冬を招くということです。核爆発による破砕物は、数年とまではゆかなくても数ヶ月の間、全世界から太陽光を奪うまでに、太陽光を覆い隠します。その結果、世界の収穫サイクルが壊され、食糧の供給ができなくなります。生活が荒れ果て獣となり欠乏の状態となるため、人類は、ほとんど生き延びることができないでしょう。都市の廃墟の中で、人々は、生き延びるために虫や根っこを探し求めるようになり、わずか短期間で、地上における人間の生命は死に至ります。
　核の冬に関するデータが最初に収集されたのは、20年近く前のTTAPS研究として知られる論文、「核の冬：複数の核爆発がもたらす地球規模の結果」（1983年12月23日、Science誌に発表）においてであった。この論文では、塵の微粒子が太陽光の遮蔽を引き起こし、地球規模での不作と飢餓をもたらすことが確認されました。

2　健康上の被害
　数十万とまではゆかなくても数万の生命が絶滅することに加えて、同様に注目しておかなくてはならないことは、ヒロシマ・ナガサキの生存者が被っている継続的な被害と苦痛についてです。何千もの生存者が、長い苦しみの後に亡くなりました。国際司法裁判所の書記局は、簡潔に要約することが不可能なほど、この苦痛に関する数多くの文書を受領しました。ヒロシマ・ナガサキにおける生存者、32万人の大部分が、放射線を浴び、様々な悪性腫瘍に苦しめられました。甲状腺癌、胸部の癌、肺癌、胃癌、白内障そして白血病などです。遺伝傷害も増加し、また、外観を損なうケロイド状の腫瘍や精神的トラウマもありました。反対意見の中で、私は、これら医学上の影響のいくつかについて詳細に述べています。
　過度の被爆に関して一般に認められている結果は、人体の免疫機構が抑制されることです。電離放射線は、Tリンパ球を減少させ、Tリンパ球の抑制要因を増大させ、その結果、癌に対する犠牲者の脆弱性を高めます。
　公衆の保健及び衛生に関するもう一つの問題は、数多くの腐乱した遺体や動物の死体、さらに周辺に広がる放置された廃棄物や汚物から生じます。というのも、処理に当たる人々が不足しているからです。これらは、蠅その他の昆虫が容易に繁殖する温床となります。サルモネラ菌、シゲラ症、伝染性の肝炎、アメーバによる赤痢、マラリア、発疹チフス、連鎖状球菌そしてブドウ球菌による伝染病、呼吸による伝染病、

結核などの疫病が、伝染病という形で広大な地域に発生することになるでしょう。

　また、地域的規模や地球的規模での食料供給によって引き起こされる、長期間にわたる健康問題もあります。さらには、核兵器の応酬の後には、壊滅的な伝染病が発生するでしょう。今日では、衛生設備と免疫処置計画により広く克服されている、ペスト、コレラ、腸チフス熱などの疫病が、再び発生することになります。

　組織化の観点からみると、ヘンリー・キッシンジャー博士が核兵器と外交政策に関する著作において考察したように、標準的な条件の下では、病院は、1人の患者を看護するために5名の人員を必要とします。最も原始的な医療条件の下でさえも、ナガサキにおける負傷者は、各生存者がその看護をおこなうとしても2名の人員が必要であったと、推定されています。それゆえ、〔核攻撃で〕影響を受けた地域の全生存者は、負傷しているか、負傷者の看護に従事するかのいずれかであることになるのです。あらゆる組織化した医療業務は、役に立たなくなります。万一、ボストンのような、約300万人もの人口を擁する大都市に1メガトンの爆発が起きたとすれば、約70万人が即死し、70万人以上が負傷して生き残ることになるでしょう。ボストンには1万3千の病床がありますが、その80％は破壊されることになるので、70万人以上の負傷者を看護するには、2千の病床が残るだけです。その上、ごくわずかの医者と看護婦しかいないでしょう。20年前に発表された、モントリオールに関する、もう一つの興味深い統計があります。モントリオールは200万人の都市ですが、重傷者のための病床は2,500しかありませんでした。モントリオールで1メガトンの爆発が起きたら、1万もの重傷患者が出ることになるにもかかわらず。核戦争に対処するための医療設備が全般的に不十分であることは、十分に注意が向けられていなかった要素です。

　チェルノブイリ事故の時点で、核の事故からでさえも、大気における大規模な核汚染という影響が生じることが十分に示されました。大規模な地域が影響を受け、この地域の農畜産物すべてを人間の消費に適さないものにしました。この地域の全市民には、医療処置と医療上の監視が必要でしたが、ソ連の全資源を持ってしても、このためには不十分でした。トラック500台、バス800台、救急車240台、ヘリコプター、特別列車によって、医療要員と医療品が供給されましたが、それでも問題には対処できませんでした。核兵器の応酬がなされた場合には、WHOと全世界の医療機関すべての資源を持ってしても、その後に生じる医療危機に対処するには不十分でしょう。何十万人もの人々が、医療支援の不足により苦しんで死んでいくことになります。それらの人々は、それがあれば、助かっていたかもしれないのです。1回の核兵器の応酬がさらなる応酬を導くならば、おそらく、人間の生命すべてが、失われるとまではゆかないとしても、危険にさらされることとなるでしょう。

3　将来の世代に与える損害

　現代国際法の基本原則には、将来の世代のために環境を保護する義務があります。我々が地球の資源を利用することは、受託者の原則により規律されかつ制限されます。というのも、各世代は、まだ見ぬ世代のための地球資源の管財人であるからです。

　核兵器は、環境に損害を与えます。この損害は、すぐ次の世代を超えて、相当に続きます。生命を維持する体系は、何世代もの間、影響を受けます。例えば、環境に残されたプルトニウム239の放射線の半減期は、2万年にも及びます。プルトニウム240の半減期は、比較的短いとみられており、わずか6570年にすぎません。しかし、人間の寿命から言えば、この比較的短い期間でさえ、200世代を超えます。このように、予測しうる期間中ずっと地球の資源を汚染し続けることは、防ぎきれません。

4　食物連鎖に与える損害

　損害が食物連鎖に生じる場合、それは何世代もの間、続くかもしれません。海洋における一発の核兵器は、はっきりとはしませんがある期間、ほぼ世界規模の漁獲供給に損害を与えるでしょう。これらすべてを考慮すれば、核兵器の使用は、環境に損害を与える原因となるだけでなく、第1級の環境犯罪となります。「環境と開発に関する世界委員会」は、1987年における報告書の中で、次のように述べました。「核戦争によって起こりうる結果は、環境に対するそれ以外の脅威をそれほど重要でないものにしてしまう」と。

E　関連する若干の条約規定

　ここで一章を追加して、すでに言及した原則すべてが、すべての国を拘束する国際条約において承認されていることを示したいと思います。

　ほんの2、3に言及し、それらの範囲に関する考えをみなさんに示します。

　「1949年8月12日のジュネーヴ諸条約に追加される国際的武力紛争の犠牲者の保護に関する議定書（追加議定書Ⅰ）」は、その57条1項で、軍事行動の実施に当たっては、一般住民、文民及び民用物に損害を与えないように不断の注意を払うことを規定します。

　核兵器の使用を計画しているいかなる国も、この義務を満たすことはできず、実際には、この義務に違反する第一歩を踏み出しつつあることは、自明のことです。事実、57条2項(ⅱ)は、攻撃を計画し又は決定する者は、攻撃の手段及び方法の選択に当たっては、巻き添えによる文民の死亡、文民の傷害及び民用物の損傷を防止し、また、少なくともこれらを最小限にとどめるために、実行可能なすべての予防措置をとること、を規定します。57条2項(ⅲ)は、攻撃を計画し又は決定する者は、予期される具体的か

つ直接的な軍事利益との比較において、過度に、巻き添えによる文民の死亡、文民の傷害、民用物の損傷またはこれらが複合した事態を生ぜしめることが予測される攻撃の開始決定を差し控えること、を規定します。

1950年の「戦時における文民の保護に関するジュネーヴ条約」には、住民の一般的保護に関する多くの規定があります。例えば、文民病院は、いかなる場合にも、攻撃してはならない、というものです（18条）。核攻撃は、これらの規定いずれにも直接に違反します。

1970年の「国際連合憲章に従った諸国間の友好関係及び協力についての国際法の原則に関する宣言」は、その前文において、国は、その国際関係において、武力による威嚇又は武力の行使を、いかなる国の領土保全又は政治的独立に対するものも、また国際連合の目的と両立しない他のいかなる方法によるものも慎まなければならないという原則、を復唱しています。二つの国が核戦争に従事する際、それらの国は、隣国からの同意なく隣国の領土保全を侵害しています。というのも、放射性降下物や他の損害を与える結果が、この原則を全く無視することになるからです。

1907年の「陸戦ノ法規慣例ニ関スル条約」は、〔その規則の〕22条において、害敵手段の選択をする交戦者の権利は無制限ではないこと、を規定します。核攻撃以上の無制限な攻撃とは、一体何でしょうか。この規定は、200年以上もの間、諸々の法体系により認められた伝統的な原則を反映するものにほかなりません。実際に、21世紀における成熟した国際法が、200年以上も後退して、文明化した法体系すべてが受け入れている道徳原則を否定したとすれば、奇妙なことになるでしょう。

1925年の「窒息性ガス、毒性ガス又はこれらに類するガス及び細菌学的手段の戦争における使用の禁止に関する議定書」は、文明世界の世論によって正当にも非難されているので、窒息性ガス、毒性ガス又はこれらに類するガス及びこれらと類似のすべての液体、物質又は考案を戦争に使用することを禁止します。

もう一つ考慮すべきことは、様々な地域的グループが、その地域における核兵器禁止のための条約に加盟していることです。例えば、1976年の「ラテンアメリカにおける核兵器の禁止に関する条約」がそうです。これらの国が、このように行動するのは全く正しいことです。核による汚染から自らの地域を守ろうとする努力は、他国間における核戦争によって、その1ヶ国でも地域内に存在するなら、全くくじかれることになるでしょう。

1968年の「核兵器の不拡散に関する条約」は、すべての国に対して、核軍備競争の早期の停止および核軍備の縮小に関する効果的な措置につき、ならびに厳重かつ効果的な国際管理の下における全面的かつ完全な軍備縮小に関する条約について、誠実に交渉を行う義務を課します。この義務は、国際司法裁判所により、その勧告的意見に

おいて、全員一致で改めて強調されました。この意見の中で、裁判所は、厳重かつ効果的な国際管理の下における、あらゆる面での核軍縮に導く交渉を、誠実に遂行しかつ完結させる義務があると、断言しました。

大変残念なことに、勧告的意見が出されてから5年になりますが、世界共同体は、この方向に沿ってほとんど前進していません。この問題に関する裁判所の一致した見解によれば、このような義務は、明らかにすべての国を拘束する義務なのです。

また、次の事実にも言及したいと思います。つまり、冷戦期間は、核兵器の偶発的使用や無許可の使用を防止するために、様々な予防的な協定が、二つの主要な核保有国の間で締結されたという事実です。1971年の「核戦争の発生の危険を減少させるための措置に関するアメリカ合衆国とソビエト社会主義共和国連邦との間の協定」で、両当事国は、事前に他方の当事国に通告することを約束しました。核兵器を保有する加盟国が増加し、また、それらの間にこのような予防的な協定が存在しないという、今日の状況を想像してみてください。その上、偶発的核戦争の可能性は、着実に増大し続けているのです。

これは、国連加盟国の軍備における核兵器の存在によって、絶えず侵害されている原則のごくわずかなサンプルにすぎません。

F　結論

以上に述べたすべての理由から、核兵器は、道徳、人権さらに国際法という周知の規範を侵害するということに、きっと同意していただけると思います。我々には、この危険に直面して無関心でいられるほど余裕はありません。核兵器を撤廃し、この人類にとっての危険を終わらせようとするには、我々は、努力と資源とをしっかりと結集させなくてはなりません。

私は、数多くある人間のアジェンダ（課題）の中でもおそらく最も重要な議題に関心を示した、このシンポジウムの開催者に、祝辞を述べたいと思います。21世紀を平和な世界にしようとするならば、また、我々を待ちうけている世紀において、人類がこの前進を継続できるようにするならば、我々は、この問題に取り組まなくてはなりません。

これまで述べたことから、核兵器による災難と闘うには、利用しうる一群の法原則がいかに強力なものであるか、理解していただけたことでしょう。関係する法律の専門家は、この一群の法原則を、有効であると示すことで、先導することができます。我々は、次のことを忘れてはなりません。すなわち、世界におけるすべての外交当局には忠告する法律家がおり、すべての軍司令官には忠告する法律家がおり、すべての大統領や首相には国家の重要事項について意見を求める法律部門があるということで

す。法律の専門家、とりわけ国際法律家の団結した力は、本人たちが想像するよりもはるかに大きいのです。これら専門家には、忠誠の義務を負う国際法という共通の規律があります。この規律は、きっぱりと彼らに訴えかけます。世界の人々が、彼らに重くのしかかります。彼らは、人類に対する信託について極めて大きな責任を負っています。人類が次にくる世紀に未来を継続させようとするならば、行くべき道ははっきりしています。もし我々がこの進路をとらないとすれば、人類の偉業という書物は、21世紀において閉じられ、二度と開かれることはないでしょう。

解　題

1　ウィーラマントリーの人と学問

1-1　経歴（学位記を含む）

　本書の著者は、名をクリストファー、ミドルネームをグレゴリー、姓をウィーラマントリーといい、現在の通称はウィーラマントリー判事である。1991年2月、国際司法裁判所の判事となり、1997年2月から2000年2月まで、同裁判所次長（あるいは副所長という）を歴任した。現在、国際反核法律家協会の会長であり、スリランカではウィーラマントリー国際平和教育・平和研究所を設立している。また、世界各地での講演を含めて、国内外で活発な活躍を続けている。

　ウィーラマントリー判事は、1926年11月17日、スリランカの首都コロンボでうまれた（現在78歳）。彼はロンドン大学で高等教育を受け、そこから文学士および法学士の称号をえている。彼の父も、ロンドン大学の University College で数学を学び、そこを卒業している。また、ウィーラマントリー判事の子息もロンドン大学で学び、King's College から法学修士の学位をえている。こうしてみると、ウィーラマントリー家の人々は、3代にわたるロンドン大学人である[1]。とりわけウィーラマントリー判事は、1965年に出版した『契約法』研究によって、すでにロンドン大学の法学博士（LL. D.）となっていたが、昨年（2003年3月）、ロンドン大学から名誉文学博士（D. Lit.Hon. Causa）の学位を贈られた。彼はロンドン大学が世界に誇る傑出した人物の一人であることを、これは示していると思う。

　ウィーラマントリー判事の経歴は、21歳でスリランカ最高裁判所の弁護士となったことから始まる（1948年）。これを17年間続けるなかで、スリランカ法学教育協会で講師および試験委員を務めた。1967年、40歳でスリランカ最高裁判所判事となり、5年間勤めた。1972年45歳の時、オーストラリアのメルボルンにあるモナシュ大学から招かれ、そこで19年間、法学教授であったが、64歳

---

[1] Speech given by His Excellency Judge C G Weeramantry at the University of London's External Programme Graduation Ceremony, 13 March 2003.

のとき国際司法裁判所判事に就任したので、オランダのハーグに移った[2]。

1-2　業績

ウィーラマントリー判事には、法学博士の学位請求論文となった著作『契約法』研究を第1作として、法学一般、人権、イスラム法学、そして国際法にも及ぶ、きわめて多数の著書がある。そこで、読者にとって煩雑に感じられることを避ける意味で、そのリストはここには示さず、「編訳者のあとがき」の末尾に掲載することにしたい。だがこの中には、題して『日本の人権』（1979年）という著作があることを特記しておきたい。また、国際司法裁判所の判断に関して、10件を超える個別意見がある。そのうちとりわけ注目されるのは、核兵器使用の違法性に関する勧告的意見（1996年）での個別意見であり、これはそれ自体学問的にも重要な業績である。しかも昨年（2004年）、『国際法の普遍化』と題する大著が公刊された[3]。このことにみられるように、著者の著作リストは、今なお追加されている状態である。

こうした業績の背景には、例えば1980年代に国際連合およびその専門機関で行った国際人権に関する活躍がある。それは、ユネスコ主催人権教育セミナーでのパネリスト（キャンベラ、1980年）を皮切りに、次のように続く。国連大学人権タスクフォースのメンバー（1982）、国連の反アパルトヘイト・センター副議長（1984）、国連大学等主催「核の危機」に関する国際会議のパネリスト（東京、1985）、世界人権宣言40周年を記念する国連人権委員会セミナーの講師（ジュネーヴ、1988）、国連大学および国連人権委員会共催の「科学、技術および人権」共同研究（全2冊）の編者（1988-1990、これには緒方貞子教授らも参加した）[4]、などである。

また客員教授の経歴も、1978年東京大学から客員教授に招かれたことを皮切りに、次のようになっている。ステレンボッシュ大学（南アフリカ、1979）、

---

[2]　Antony Anghie and Garry Sturgess (eds.), *Legal Visions of the 21st Century: Essays in Honour of Judge Christopher Weeramantry*, The Hague: Kluwer Law International, 1998, pp. xv.

[3]　Weeramantry, *Universalizing International Law*, Leiden: Martinus Nijhoff Publishers, 2004.

[4]　これと関連して、著者の日本での講演がある。参照、C.G.ウィーラマントリー著（原善四郎・桜木澄和訳）『核兵器と科学者の責任』中央大学出版部、1987年。なお、この邦訳書の末尾に、桜木澄和教授が執筆した「訳者あとがき」がある（363－369頁）。

パプアニューギニア大学 (1981)、フロリダ大学 (1984)、ペンシルベニア・ラファイエット・カレッジ (1985)、そして香港大学 (1989) である。

さて、現在の顕著な肩書きは、モナシュ大学名誉教授、国際法学会 (Institut) 準会員、国際比較法アカデミー準会員などである。また、先にあげたロンドン大学の二つの博士号のほか、コロンボ大学、モナシュ大学、国立インド大学ロースクールから、それぞれ名誉法学博士号を贈られている。

2 本書の概要

2-1 構成

本書日本語版は、本文と資料で構成されている。本文とは、本書における著者による日本語版への序文から付録までを指し、資料とはそれに続く資料編をさす。本文は、C. G. Weeramantry, Armageddon or Brave New World? Reflections on the Hostilities in Iraq, Sri Lanka: Sarvodaya Vishva Lekha, 2003 の翻訳部分（序言から付録まで）と、日本語版に対して著者が寄せた日本語版への序文から構成されている。資料編は、本書訳出に際して訳者が編集したものであり、イラク攻撃に関するそれぞれの側の主張を資料によって示し、国際法と平和をめぐる問題を多角的に浮き彫りにすることを狙いとしている。各資料についてはそれぞれに付した解説を参照して頂きたい。以下、本文の主要部分を概観してみたい。

2-2 第Ⅰ部

第Ⅰ部は、アメリカがイラク攻撃を開始したことの違法性を国際法に照らして論じている。第1章では、人類3千年の歴史を経て多大の犠牲の上に戦争の違法性という国際法の原則が確立してきたことが述べられ、その確立している戦争の違法性が米英のイラク攻撃により危機に瀕していることが指摘されている。と同時に唯一の超大国となったアメリカも実は、国家は高次法に服するというジョン・ロックの思想に基づき建国されたという歴史が紹介されている。第2章では、国連憲章はその真の精神に基づき解釈されるべきだとの立場から、前文及び1条1項（目的）に照らして、国際の平和と安全の維持は集団的措置によるべきことが主張されている。また米国憲法6条によりこのような国連憲章は米国法の一部となっていることも指摘されている。第3章では、イラク攻

撃によりもたらされる人道的被害について具体的言及がなされ、これらの事実もまたイラク攻撃を法的に評価する際に考慮すべきことが指摘されている。第4章では、国際法の諸原則を列挙し、イラク攻撃がこれら諸原則を侵害していることを論じている。そのなかでイラク攻撃は自衛権行使の要件を満たしていないことも指摘されている。第5章は、国連安保理決議を援用する、米英によるイラク攻撃正当化の理論を検討している。イギリスのゴールドスミス法務総裁の見解、すなわちイラクによる決議687号の重大な違反は決議678号で指摘する武力行使権限の授権を復活させるのであり、決議1441号がその重大な違反を認定したとする見解をとりあげ、これに対して著者は36項目にわたって反論を加えている。第6章では、決議1441号が、イラクによる安保理決議の重大な義務違反が判明した場合にはイラクに「深刻な結果」がもたらされると規定したことを受けて、たとえ強制措置をとる場合においても、安保理は人道法の基本的規則等の諸原則により制約を受けることが論じられている。第7章では、イラク攻撃ではない他にとりえた九つの手段を指摘している。

2-3　第II部

第II部は、イラク攻撃開始後の戦闘状況とイラク占領の実態を踏まえて、法的視点から違法性を指摘するが、それだけでなく、より幅広い視点からイラクにおける戦闘行為のもたらす問題点を考察している。まず、第8章では、文民の被害を始めとして具体的な負の影響を17項目にわたり指摘する。第9章では、米英軍によるイラク占領の実態を紹介しつつ、国際人道法に違反する点を指摘する。第10章では、とくに文化財の保護の問題がとりあげられ、古代メソポタミア文明の遺産を有するイラクにおいて戦闘行為により文化財の破壊・略奪がなされた事実を指摘し、やはり国際人道法の観点からその違法性を指摘する。第11章においては、イラクの大量破壊兵器保有という疑惑を主張する米英の側こそが軍縮義務に反して核兵器を大量に保有している矛盾を指摘する。第12章では、政治指導者、とくにアメリカの政治指導者たちが述べた戦争に強く反対する言葉を紹介している。また第13章では、ヒンズー教、仏教、イスラム教、ユダヤ教、キリスト教の教義において戦争を否定して平和が説かれていることを紹介し、政治的、道義的そして宗教的に戦争は否定されている事実を指摘する。最後に第14章では、にもかかわらず戦争という制度がなぜ維持されている

のかという問題をとりあげ、22に及ぶ理由を列挙し考察を加えている。
　2-4　第Ⅲ部
　第Ⅲ部は、上述の知見を踏まえて現状認識を示すとともに、現状打開のための諸提案を語っている。まず第15章では、著者の現状認識が示される。つまり、このイラク攻撃を期に、一方で前例のない国際法の軽視と同時に他方で前例のない国際法への支持が表明されていると見ていることである。著者は後者の側面に着目し、具体的な現状打開の方策を以下提案していく。但し、それは国連憲章の改正といった長期的な課題ではなく、現在実現可能な事柄に限定されている。第16章では、意識の向上がとりあげられる。国際法違反についての知識を普及することからはじまり、メディアのあり方や、それぞれの文明が相互に影響しあっていることへの理解の深化、情報の自由の必要性に論及している。第17章では、まず諦めないことが重要だと強調され、その上で社会の各階層における倫理規範向上の必要性が説かれている。また、宗教のあり方や人々の相互理解の進展、ゆるしと和解の必要性、良心的兵役拒否の問題が考察される。第18章では、さまざまなNGOのネットワーク化の現状が示され、世界平和実現への貢献の可能性が語られる。第19章は、軍縮問題である。軍縮を妨げる産業構造の転換の必要性などにつき考察が加えられている。第20章では、国連改革が論じられる。著者は、威嚇と誘導により加盟国の投票行動が左右される国連文化の存在を指摘したうえで、国連における国際主義の回復を訴えている。そのための方策として、国連総会の強化、国際司法裁判所の活用、国際刑事裁判所の利用、早期警告制度の設置が提案されている。最終章である第21章では、戦争の主要原因への対処が論じられている。著者は貧困と異文化への無知が戦争の主要原因であるとする。とりわけ貧困の解消との関連で、企業のあり方、発展の権利を発展させること、持続可能な開発の実現、水資源の保存、エネルギー問題、そして最後にグローバリゼーションの封じ込めに論及している。

3　本書の特徴
　3-1　本書の中心命題はなにか？
　我々人類は、国際法の新しい時代に立ち会っている。これが本書の中心命題である。ただし著者は単なる観察者として知見を示すのではない。またすでに

国際法の新しい時代が到来しており、人類の未来は希望に満ちていると指摘するものではない。現状は希望とはまったく反対の様相を示している。米英によるイラク攻撃は国際法の原則に違反するものであり、これを放置するなら、国際社会はジャングルの掟が支配する世界に戻ってしまうとの認識が示されている。しかし同時に著者は、イラク攻撃に反対する世界中の数億の人々による反対運動と国際法への支持が見られたことにも注目している。著者はこの広範な世界の人々の動きに期待し、その動きを確かな方向に導こうとする意図から本書を著したといえる。原書の表題すなわち『世界最終戦争かすばらしい新世界か？』（Armageddon or Brave New World?）はこのことを端的に表現しているといえよう。確かに国際法は踏みにじられている。だが悲観すべきではない。国際社会における法の支配を確立する可能性がこれまで以上に高まっているのも確かである。著者は、このどちらを選択するのかと、読者に問いかけている。

3-2　中心命題の論証は、どのようになされているか？

米英によるイラク攻撃の違法性について言えば、著者の主張は国連憲章や安保理諸決議の単なる文言解釈から導かれるものではない。一方においては、国連憲章に結実した戦争の違法化と国際主義は、人類史的な甚大な犠牲を払って得られたこの上もない貴重な成果であるとの理解から、巨視的に論が展開されている。米英による国際法の軽視は、戦争の違法化にむけて積み重ねられてきた人類の営みを無に帰すものと捉えられている。他方においては、イギリスのゴールドスミス法務総裁見解に対して加えられる批判に見られるように、多角的できわめて緻密な論証も展開されている。

法の支配の確立に向けての著者の諸提案は、国家ないしは為政者よりもむしろ世界の市民に向けられている。著者は、アパルトヘイト廃止を導いた世界的な運動の存在を指摘しつつ、世界中の人々の連帯が法の支配の確立を導くことを論じている。なお昨今、拒否権のあり方を含めて安保理改革の必要性が国連憲章改正問題の中心的テーマとして議論されているが、著者はこのような事柄は長期的な問題であって、現在では実現が困難であるとし、いま世界の人々が現実に取り組みやすい方策を提案している。長期的・遠大な目標を掲げつつも、迂遠のようにみえるが一歩ずつ確実に歩みを進めようとする著者の姿勢が、ここにうかがわれる。

3-3　読者は、本書をどうよむか？――さまざまな視点と示唆

　本書の英文原書が念頭においていたのは、現在の米英の政策に最も影響力を行使しうる米英の市民、とりわけアメリカ市民である。ある個所ではアメリカ建国の精神を訴え、またある個所ではアメリカの指導者たちの言葉を提示しながら、アメリカの市民を説得しようと試みている。しかし、本書の内容は、アメリカのみならず日本を含めた世界のあらゆる人々に読まれるべき価値をもっている。

　著者の視点はきわめて多角的である。国際法の視点のみならず、経済、歴史、文化、宗教、哲学といった学際的な視点からイラク戦争が考察され、その上でこの戦争が示した困難を克服する方途が示されている。また著者は、人類の歴史を概観すると同時に人類の未来を見とおし次世代のあり方まで視野に入れた、いわば時際的な視点から論を展開している。さらには、西欧のみならずイスラム世界や第三世界の視点もとりこんだ論述がなされており、多文明的視角からの考察がなされている。

　本書はイラク攻撃開始をうけて、きわめて短時日のうちに書き上げられた。そのため、全体としての構成がかならずしも整序されていない側面もある。ときには同様のことが繰り返し述べられている箇所もある。しかし、そうであればこそ読者は、さまざまな示唆を本書から受け取り、自らの自由な思索の糧とすることができるはずである。例えばイラク戦争の国際法上の位置づけ（違法性）だけではない、イラク戦争が政治、経済、文化そして人々の生活にもたらすさまざまな困難さに、読者は気づかされるだろう。また、広く戦争がどのように違法化されたのか、それにもかかわらず戦争という制度がなぜ残っているのかについても読者は多面的な示唆をえられるだろう。さらに、世界の平和に向けてどのような改革が必要であり、どのような行動が有益なのかについても発想の糸口を見出すことができるだろう。

　結語：「イラク戦争」の教訓と「国際法の普遍化」にむけて
　国連憲章の下で紆余曲折を経つつも発展してきた武力行使の禁止原則と集団安全保障の制度を無視して、国際社会の多くの反対にもかかわらず、イラクへの武力攻撃は開始された。いわゆるイラク戦争の開始であった。この攻撃は国

際人道法でいう敵対行為である。そしてその遂行過程においても目を覆うような非人道的敵対行為が生じている。これは戦時に適用される国際人道法に違反している。今日、武力行使の禁止原則は一般に国際慣習法化しているとされ、国際人道法の基本原則もまた慣習法ないしは一般法としての地位を認められている。条約法の観点でみても、国際人道法の主要な条約である1949年のジュネーヴ諸条約は国連憲章とともに191の締約国を擁する最も普遍的な条約の一つである。「イラク戦争」は、戦争指導者の戦争犯罪をうみ、人道に対する罪を犯している。この意味で、「イラク戦争」は現存国際法によって、裁かれなければならない。このことを、本書はまず教えている。

　では、国際法の諸規則のなかでももっとも普遍的に受容されているこれらの規範が「イラク戦争」において、なぜ踏みにじられてしまったのか？　また、再びこのような出来事を繰り返さないためにはどうすればよいのか？　著者は前述した最近の著作である『国際法の普遍化』において、別の意味で、国際法を普遍化することの必要性を説いている。著者のいう国際法の普遍化とは、単に国際社会を構成するすべての国を拘束する国際法規が成立するという意味ではない。それはいわば普遍人類社会を構成するすべての人々が国際法を認識し、それを支持し、そして行動するということを意味する。その意味では、著者の念頭に置かれている普遍化した国際法とは世界法に近いといえよう。著者は、このような広範な世界の人々に基盤をもつことによってこそ国際法は真に実効性をもつ法として機能し、真の意味での国際的規模での法の支配が確立すると捉えている。それゆえに、国際法を広く人々に普及していくことが国際法を研究する者の役割であると考えられる。本書は法律専門家だけでなく、さまざまな仕事、職能や地位、年齢や性別などきわめて広い活動領域をもつ人々に向けて書かれている。本書の出版は著者の信条のひとつの実践といえる。

　ウィーラマントリー判事は、いま喜寿を越えてなお世界各地に赴いて精力的に発言し行動し続けている。この行動する知識人の姿勢を読者が知るならば、その知性と理性から教わるばかりでなく、著者の信条と情熱からも学ぶところが大きいだろうと思う。

（浦田賢治・山田寿則）

編訳者のあとがき

　この書物はクリストファー・ウィーラマントリー判事の著書であるが、著者は現に国際反核法律家協会（IALANA）の会長職についている。私はこの協会（IALANA）の副会長のひとりであり、そうした関係から、この書物の英語版が私の手元に送られてきた。実は2003年3月、ロンドンでIALANA理事会が開かれたが、この場で本書を世界に普及しようという意見がだされ、私も賛成していた。

　そこで私は、「核兵器問題フォーラム」（略称・核フォーラム）にはかって、本書の翻訳作業にとりかかることにした。「核フォーラム」は日本反核法律家協会（JALANA）の活動の一環として活動を続けてきた。実績のうち主だったものをあげると、浦田賢治編『モデル核兵器条約』（日本反核法律家協会、1997年）や浦田賢治監訳、伊藤勧・山田寿則共訳『核兵器使用の違法性』（早稲田大学比較法研究所、2001年）などがある。この『核兵器使用の違法性』の中には、国際司法裁判所（ICJ）が示した勧告的意見について、ウィーラマントリー判事が書いた反対意見が収められている。この2冊いずれも、商業出版の市場には出ない著作であるが、心ある関係者たちの強い需要に応えた作品である。

　本書の翻訳作業等について、分担者をあげると、つぎのとおりである。

日本語版への序文および謝辞　　　　　　　　　　　　伊藤　　勧
序　言　　　　　　　　　　　　　　　　　　　　　　浦田　賢治
第Ⅰ部　　　　　　　　　　　　　　　城　秀孝、元　百合子
第Ⅱ部　　　　　　　　　　　　　　　元　百合子、山田　寿則
第Ⅲ部　　　　　　　　　　　　　　　小倉　康久、元　百合子
　付録　世界の青年たちによる平和の訴え　　　　　　浦田　賢治
資料編
　A　法律家・法学者の見解
　　資料1　イラクに対する将来の武力行使の帰結：ブッシュ宛て公開書簡

　　　　　　　　　　　　　　　　　　　　　伊藤　勧、山田　寿則
　　資料2　予防的武力行使に反対する法律家の国際アピール
　　　　　　　　　　　　　　　　　　　　　伊藤　勧、山田　寿則
　B　イラク世界法廷
　　資料4　ニューヨーク法廷におけるピーター・ワイズの陳述
　　　　　　　　　　　　　　　　　　　　　　　　　森川　泰宏
　　資料5　ニューヨーク法廷における「良心の陪審員による最終声明」
　　　　　　　　　　　　　　　　　　　　　　　　　伊藤　勧
　C　米英首脳と国連安保理
　　資料6-1　ブッシュ米大統領演説　　　　　　　　　森川　泰宏
　　資料6-2　ブレア英首相演説　　　　　　　　　　　山田　寿則
　　資料6-3　ネグロポンテ米国連大使の安保理議長宛書簡　山田　寿則
　D　ウィーラマントリー判事の早稲田大学での講演
　　資料8「核兵器の廃絶に向けての法と法律家の役割」
　　　　　　　　　　　　　　　　　　　　　山田　寿則、戸田　修司
解　題　　　　　　　　　　　　　　　　　　浦田　賢治、山田　寿則
編訳者のあとがき　　　　　　　　　　　　　　　　　浦田　賢治
文献目録　　　　　　　　　　　　　　　　　　　　　森川　泰宏
年　表　　　　　　　　　　　　　　　　　　　　　　山田　寿則
索　引　　　　　　　　　　　　　山田　寿則、小倉　康久、城　秀孝

　本書翻訳作業の分担者をこのように列記したが、本書はつぎのような作業に支えられた結果である。
　まず、山田寿則氏が本書の編集作業全般についてご苦労くださったことである。第Ⅰ部、第Ⅱ部および第Ⅲ部には訳註をつけたが、この作業はそれぞれ、城秀孝、山田寿則、小倉康久の3氏があたった。それらの第2次稿について、浦田賢治と山田寿則氏が、それぞれ校閲をおこなった。しかし最終原稿を作成したのは上記3氏であり、この意味での翻訳上の責任はこれら3氏が負うものである。さらに上記両名は「日本語版への序文および謝辞」の第1次稿についても校閲した。また山田寿則氏は「付録」を校閲した。

つぎに、資料編の編集責任者は浦田賢治であるが、その編集作業には、小倉康久、城秀孝、山田寿則の3氏が大きく貢献した。また伊藤勧氏は、今回も急ぎの作業をお願いしたが、これを快く引き受けてくださった。さらに戸田修司氏（明治大学大学院法学研究科博士後期課程）と森川泰宏氏（明治大学犯罪学研究所研究員）は講演原稿の訳出あるいは文献目録の作成をしてくださり、学術的にも重要な資料を掲載することができた。

　勁草書房の竹田康夫氏は、本書の編集実務について貴重な助言をあたえてくださった。ここに謝意を表したい。

2005年2月

早稲田大学法学部研究室
浦　田　賢　治

ウィーラマントリー判事　主要著作目録

Universalising International Law, Martinus Nijhoff Publishers, Leiden, 2004

Armageddon or Brave New World? Reflections on the Hostilities in Iraq, Sarvodaya, 2003（C.G. ウィーラマントリー著（浦田賢治編訳）『国際法から見たイラク戦争』勁草書房、2005年）

The World Court, Its Conception, Constitution and Contribution, Sarvodaya, 2002

Justice Without Frontiers, Vol. II: Protection of Human Rights in the Age of Technology, Kluwer Law International, 1999

The Lord's Prayer: Bridge to a Better World, Liguori Publications, 1998（also published in Spanish and German）

Justice Without Frontiers, Vol. I: Furthering Human Rights, Kluwer Law International, 1997

Impact of Technology on Human Rights: Global Case Studies, United Nations University Press, 1993 – work edited for and commissioned by the United Nations Human Rights Commission and the United Nations University

Nauru: Environmental Damage under International Trusteeship, Oxford University Press, 1992

Human Rights and Scientific and Technological Development, United Nations University Press, 1990 – work edited for and commissioned by the United Nations Human Rights Commission and the United Nations University to commemorate the 40th Anniversary of the Universal Declaration of Human Rights

Islamic Jurisprudence: Some International Perspectives, Macmillan's, London and St. Martin's Press, New York, 1988（Reprinted by Sarvodaya Vishva Lekha）

Nuclear Weapons and Scientific Responsibility, Longwood Academic, New Hampshire, 1987（C.G. ウィーラマントリー著（原善四郎、桜木澄和訳）『核兵器と科学者の責任』中央大学出版部、1987年）

Law: The Threatened Peripheries, Lake House, Colombo, 1984

The Slumbering Sentinels: Law and Human Rights in the Wake of Technology, Butterworths, Melbourne, 1980

Apartheid: The Closing Phases? Lantana, Melbourne, 1980

Human Rights in Japan, Lantana, Melbourne, 1979

Equality and Freedom: Some Third World Perspectives, Hansa Publishers, Colombo 1976

The Law in Crisis: Bridges of Understanding, Capemoss, London, 1975

The Law of Contracts, (2 Volumes), H.W. Cave & Co., Colombo, 1965

イラク戦争関係　主要文献目録（邦文）

※1990年以降のイラク戦争（湾岸戦争、アフガニスタン戦争を含む）に関する国際法関係の文献を中心に収録した。　　　　　　　　　　　　（作成：森川泰宏）

単行本

眞田芳憲　『イラク戦争：イスラーム法とムスリム』中央大学出版部（2004年）
寺島実朗、小杉泰、藤原帰一編
　　　　　『イラク戦争：検証と展望』岩波書店（2003年）
松井芳郎　『湾岸戦争と国際連合』日本評論社（1993年）
松井芳郎　『テロ、戦争、自衛：米国等のアフガニスタン攻撃を考える』東信堂（2002年）
山内昌之・大野元裕編
　　　　　『イラク戦争データブック：大量破壊兵器査察から主権移譲まで』明石書店（2004年）
ウィリアム・リバーズ・ピット、スコット・リッター（星川淳訳）
　　　　　『イラク戦争：ブッシュ政権が隠したい事実：「元国連大量破壊兵器査察官」スコット・リッターの証言』合同出版（2003年）
ハンス・ブリクス（伊藤真訳　納家政嗣監修）
　　　　　『イラク大量破壊兵器査察の真実』DHC（2004年）
ラムゼイ・クラーク（日本国際法律家協会訳）
　　　　　『被告ジョージ・ブッシュ有罪：国際戦争犯罪法廷への告発状』柏書房（1991年）
ラムゼー・クラーク（中平信也訳）
　　　　　『ラムゼー・クラークの湾岸戦争：いま戦争はこうしてつくられる』地湧社（1994年）
アフガニスタン国際戦犯民衆法廷実行委員会・記録編集委員会編
　　　　　『アフガニスタン国際戦犯民衆法廷ICTA公聴会記録(1)～(10)』アフガニスタン国際戦犯民衆法廷実行委員会（2004年）
アフガニスタン国際戦犯民衆法廷実行委員会編
　　　　　『ブッシュの戦争犯罪を裁く：アフガン戦犯法廷準備編（GENJINブックレット33）』現代人文社（2002年）
　　　　　『ブッシュの戦争犯罪を裁くPart 2：アフガニスタン国際戦犯民衆法廷入門編（GENJINブックレット35）』現代人文社（2003年）
　　　　　『ブッシュの戦争犯罪を裁くPart 3：イラク国際戦犯民衆法廷準備編（GENJINブックレット40）』現代人文社（2003年）
　　　　　『イラク戦争・占領の実像を読む：ブッシュ・ブレア・小泉への起訴状（ブッシュの戦争犯罪を裁くPart 4）（GENJINブックレット43）』現代人文社（2004年）

論　文

浅田正彦　「同時多発テロ事件と国際法上の自衛権」法学セミナー47巻3号（2002年）
浅田正彦　「同時多発テロ事件と国際法」国際安全保障30巻1・2号（2003年）
阿部浩己　「『文明全体の戦い』の意味するもの―国際法学からのアプローチ」現代思想2001年10月臨時増刊（2001年）
阿部浩己　「報復戦争の国際法上の問題点」月刊社会民主563号（2002年）
新井　京　「『テロとの戦争』と武力紛争法―捕虜資格をめぐって」法律時報74巻6号（2002年）
新井　京　「テロリズムと武力紛争法」国際法外交雑誌101巻3号（2002年）
五十嵐正博　「米国が国際法にとって代わる危険―『イラク戦争は違法』が学者の一致した考え（特集ワイド1）」毎日新聞朝刊（2003年4月30日）
稲原泰平　「第2次湾岸戦争（2003.3.19〜4.9）の国際法的合法性」金沢星稜大学論集37巻1号（2003年）
稲原泰平　「第2次湾岸戦争後のイラクの国際法上の地位」金沢星稜大学論集37巻3号（2004年）
岩本誠吾　「国際法からみた多国籍軍の武力行使」防衛アンテナ387号（1991年）
植木安弘　「イラクへの査察はどのように行われたか」外交フォーラム180号（2003年）
浦田賢治　「国連憲章と日本国憲法・再考」『小林直樹教授古稀記念、憲法学の展望』有斐閣（1991年）
浦田賢治　「平和的生存権の新しい弁証―湾岸戦争参戦を告発する憲法裁判」浦田賢治編『立憲主義・民主主義・平和主義』三省堂（2001年）
大泉敬子　「イラク・クウェート紛争と国際連合の平和保障機能」世界法年報11号（1991年）
小倉康久　「イラク戦争と国際法」科学・社会・人間 No.87（2004年）
尾崎重義　「湾岸戦争と国連憲章―『新世界秩序』における国連の役割のケース・スタディとして」筑波法政15号（1992年）
尾崎重義　「国際連合による集団安全保障の新たな展開―湾岸戦争とクルド人救援活動の国際法的評価を中心に」レファレンス510号（1993年）
片山善雄・橋本靖明　「テロと国際法」防衛研究所紀要6巻2号（2003年）
勝野正恒　「イラク戦争をめぐる国際法の問題点」恵泉アカデミア8号（2003年）
城戸正彦　「湾岸戦争と国際法」松山大学論集5巻4号（1993年）
倉田英世　「UNMOVICによるイラクの大量破壊兵器査察・廃棄活動の再開に当たって」防衛学研究28号（2003年）
黒沢　満　「国際法の観点から見たイラク戦争」ヒューマンライツ183号（2003年）
香西　茂　「イラクに対する軍事行動の限界はどこまでか多国籍軍と国連軍の違い，それぞれの行動の許容範囲」法学セミナー35巻11号（1990年）
小林宏晨　「対イラク戦争（2003年）をめぐる法と政治」防衛法研究27号（2003年）

小林宏晨　「イラク戦争（2003）の合法性と違法性」防衛法研究28号（2004年）
斉藤　洋　「イラク対クウェート事件に関する国際法的見解」政経研究（政治経済研究所）62号（1991年）
斉藤直樹　「イラク戦争を振り返って―今後に残された課題を考える」平成法政研究8巻1号（2003年）
斎藤惠彦　「戦争と国際人権法―湾岸戦争と人権」自由と正義42巻8号（1991年）
斉藤惠彦　「人道的緊急援助権と国家主権―湾岸戦争が残したある重要問題」法学セミナー37巻4号（1992年）
佐藤哲夫　「国連安全保障理事会機能の創造的展開―湾岸戦争から9・11テロまでを中心として―」国際法外交雑誌101巻3号（2002年）
澤喜司郎　「イラク戦争と国際法」山口経済学雑誌52巻3号（2004年）
臼杵知史　「湾岸戦争と国際環境法」季刊環境研究89号（1993年）
申　惠丰　「テロ事件・アフガン攻撃と国際法」戦争責任研究36号（2002年）
瀬田　宏　「国連安保理と2つの戦争―朝鮮戦争と湾岸戦争の比較」国際政治103号（1993年）
田中明彦　「湾岸戦争―国連が機能した『異例』の戦争」毎日新聞夕刊（1998年12月14日）
田中則夫　「同時多発テロと国際法の立場」前衛746号（2001年）
筒井若水　「国際連合によるイラク制裁」法学教室 No.124（1991年）
中谷和弘　「イラクに対する経済制裁―国際法上の位置づけと有効性を考える」法学セミナー35巻11号（1990年）
中谷和弘　「国際機構による国際法上の義務履行確保のメカニズム―湾岸危機における国連安保理諸決議の履行確保を主たる素材として」『国際機構と国際協力（日本と国際法の100年第8巻）』三省堂（2001年）
長尾龍一　「国際法史の中の湾岸戦争」現代思想19巻5号（1991年）
西海真樹　「国際法上正当化できないイラク攻撃」論座96号（2003年）
西海真樹　「イラク戦争と国際法」白門（中央大学）55巻10号（2003年）
比屋定泰治　「同時多発テロ事件に関する国際法上の問題点」沖縄法政研究所所報（沖縄国際大学）9号（2002年）
広瀬和子　「湾岸危機における法と政治」ソフィア163号（1992年）
広瀬善男　「国際法から見た湾岸戦争」世界週報72巻14号（1991年）
藤井京子　「イラク南部非行禁止空域設定の違法性」名古屋商科大学論集37巻2号（1993年）
藤田久一　「国際法から観たテロ、アフガン武力紛争」軍縮問題資料255号（2002年）
藤田久一　「要件満たさぬ武力行使―イラク戦争を問う」朝日新聞朝刊（2003年3月28日）
藤田久一　「イラク復興特措法案の問題点（特集ワイド1）」毎日新聞夕刊（2003年6月18日）

古川照美 「国際法上のイラク問題―アメリカの違法を追求する方策についての検討を中心に」法と民主主義379号（2003年）
藤田久一 「法的視点から見たフセイン裁判の行方」世界週報85巻36号（2004年）
本間 浩 「国際法・国連・NATOの対応」法学セミナー47巻2号（2002年）
本間 浩 「国際法から見たアメリカのアフガニスタン攻撃」山内敏弘編『有事法制を検証する：「9・11以後」を平和憲法の視座から問い直す』法律文化社（2002年）
前田 朗 「アフガニスタン国際戦犯民衆法廷(1)～(6)」法と民主主義374号、375号、376号、380号、382号、385号（2003年～2004年）
前田 朗 「アフガニスタンにおけるアメリカの戦争犯罪」戦争責任研究42号（2003年）
前田 朗 「イラク国際戦犯民衆法廷の記録(1)～(3)」法と民主主義389号、391号、392号（2004年）
松井芳郎 「国連安保理の活動と国際世論」法学セミナー48巻6号（2003年）
松井芳郎 「湾岸戦争，国際法および国際連合(1)～(4)」法律時報63巻9号～12号（1991年）
松井芳郎 「国連・国際法と中東危機の解決―国連安全保障理事会の討論を素材として」日本の科学者26巻5号（1991年）
松井芳郎 「米国の武力行使は正当なのか」世界695号（2001年）
松井芳郎 「イラク問題を論じるに際しての国際法学の基礎」法と民主主義377号（2003年）
松井芳郎 「パンドラのはこに残されたもの―対イラク戦争における国際法と世論」世界715号（2003年）
松隈 潤 「英国から見た国際社会と法―湾岸戦争を中心として―」法学論集（西南学院大学）28巻1・2号（1995年）
松隈 潤 「イラク問題をめぐる国際法上の争点―武力行使、介入、経済制裁―」法学論集（西南学院大学）35巻3・4号（2003年）
松田竹男 「テロ攻撃と自衛権の行使」ジュリスト1213号（2001年）
松田竹男 「国連・国際法を蹂躙したイラク戦争」前衛764号（2003年）
松田竹男 「イラク戦争と国連・国際法」INTERJURIST No.143（2003年）
松田竹男 「国際テロリズムと自衛権―集団安全保障との関わりの中で―」国際法外交雑誌101巻3号（2002年）
丸山珠里 「イラク戦争と国際法」京都産業大学世界問題研究所紀要20号（2003年）
宮内靖彦 「新たな脅威をとらえる枠組みは？」法律時報73巻13号（2001年）
最上敏樹 「湾岸戦争と国際法―『多国籍軍』の行動は基本的に私的な武力行使である」法学セミナー36巻3号（1991年）
最上敏樹 「正義と人道の法構造―何が法的な正しさを決めるか」法律時報74巻6号（2002年）
森田章夫 「国際テロと武力行使―国際法上の観点からする現状と課題」国際問題516号（2003年）

宮崎繁樹　「イラク・クウェート問題と外交特権・人権」法学教室 No.124（1991年）
宮崎　孝　「9・11テロとアフガニスタン戦争の法的評価」名経法学13号（2003年）
弥永万三郎　「国際法から見た『新しい戦争』」高知短期大学社会科学論集82号（2002年）
山形英郎　「同時多発テロに対する『報復』攻撃」法律時報74巻1号（2002年）
谷内正太郎　「9.11テロ攻撃の経緯と日本の対応」国際問題503号（2002年）
柳原正治　「イラク問題と国際法―武力行使に対する国際法の有効性―」法学教室 No.281（2004）
吉川元偉　「イラク問題と国際連合」国際問題519号（2003年）
横田洋三　「大規模テロに対する国際社会の対応：国連、アメリカ、日本―法的分析を中心に」ヒューマンセキュリティー（東海大学平和戦略国際研究所）7号（2002年）
綿貫芳源　「湾岸戦争における法律家の役割（アメリカ法曹便り）(1)〜(3)」法律のひろば45巻4号〜6号（1992年）
ラムゼー・クラーク（小田成光訳）
　　　　「『湾岸戦争犯罪を裁く国際法廷』のための調査委員会告発状〈資料〉」法と民主主義260号（1991年）
リチャード・フォーク（大西仁訳）
　　　　「湾岸戦争は正義の戦いか―米国と国連のふりまく幻想」世界551号（1991年）
リチャード・フォーク
　　　　「国連システムにおける武力と戦争―湾岸戦争に関する考察」法学セミナー36巻11号（1991年）
――――　「イラク問題に関する国際法研究者の声明」INTERJURIST　No.142（2003年）；世界715号（2003年）
――――　『法学セミナー』49巻3号（2004年）「特集2：検証　アフガニスタン国際戦犯民衆法廷」
　　　　　　大久保賢一　「『アミカス』にみるアメリカの立場」
　　　　　　田場暁生　「パキスタン・アフガニスタン現地調査記録」
　　　　　　猿田佐世　「国際法主体としての市民」
　　　　　　猿田佐世　「争点一覧」
　　　　　　安藤泰子　「管轄権、個人責任、侵略の罪について」
　　　　　　新倉　修　「人道に対する罪、捕虜・難民について」
　　　　　　最上敏樹　「国際戦犯（刑事）法廷の意義と可能性」

イラク攻撃関連年表

(作成：山田寿則)

90. 8. 2　イラク、クウェートに侵攻。国連安保理決議660採択、「国際の平和および安全の破壊」が存在すると決定し、イラク軍の即時無条件撤退を要求
90. 8. 6　安保理決議661採択、包括的経済制裁を決定
90. 8. 9　安保理決議662採択、イラクのクウェート併合を無効と宣言
90. 8.25　安保理決議665採択、経済制裁を確実にするため海上封鎖の実施要請
90. 9.25　安保理決議670採択、空域封鎖の決定
90.11.29　安保理決議678採択、91年1月15日までにイラクがクウェートから撤退しない場合には、国際の平和と安全を回復するために加盟国に対して「必要なすべての手段をとる権限」を付与
91. 1.17　米国を中心とする多国籍軍がイラクに対する軍事行動を開始
91. 2.17　クウェートの解放が宣言され戦闘は停止
91. 4. 3　安保理決議687採択、イラクに停戦条件を示す。イラクが履行する義務（イラク・クウェート国境の尊重、抑留者の帰還、大量破壊兵器（WMD）の廃棄、賠償の支払い等）を規定
91. 4.10　イラクが停戦条件を受諾。米軍、北緯36度以北に飛行禁止区域設定
91. 4.11　安保理がイラクの受諾を確認して湾岸戦争の停戦は正式に発効
92. 8.26　米軍、北緯32度以南に南方飛行禁止区域を設定（96年に33度以南に拡大）
98.10.　　イラク、国連イラク特別委員会（UNSCOM）による査察を拒否
98.11. 5　安保理決議1205採択。イラクに対する非難と査察への協力再開を求める
98.12.17　米英が、イラク国内の軍事目標に対する爆撃を実施。日本は支持を表明
01. 9.11　米国で同時多発テロ発生
02. 1.29　米ブッシュ大統領一般教書演説で「悪の枢軸」発言
02. 9.12　米ホワイトハウス、「欺瞞と反逆の10年」公表、イラク政権による兵器開発の具体例を詳述し非人道的側面も告発。ブッシュ米大統領、国連総会一般演説、「単独攻撃」を示唆
02.10. 1　イラクと国連監視検証査察委員会（UNMOVIC）の協議終了。現行安保理決議に従い即時・無制限・無条件査察を受諾で正式合意
02.10.10　米下院、対イラク武力行使容認決議を採択、翌日、上院も決議
02.10.11　イラク政府、UNMOVICと国際原子力機関（IAEA）に対し、査察の実務的取極めを確認する書簡を送付。現行の安保理決議による査察再開を求める
02.11. 8　安保理決議1441。全会一致で採択
02.11.13　イラク、事務総長への書簡において同国への武器査察を求める安全保障理事会の決議1441を受諾する旨を明らかに
02.11.27　UNMOVICとIAEAの査察再開

02.12. 7　イラク、開発計画申告書を国連査察団現地本部に提出。イラクのサダム・フセイン大統領、国営テレビを通じてクウェート国民に向けた書簡を発表し、クウェート侵攻・占領について初めて謝罪
03．1.20　安保理外相級会合で、宣言を採択。決議1456、全会一致。ブリクス UNMOVIC 委員長とエルバラダイ IAEA 事務局長が安保理で報告
03．2．5　安保理で外相級公式会合。米国務長官、イラクの決議違反の証拠を開示
03．2．6　ブッシュ大統領声明
03．2．9　ブリクス委員長とエルバラダイ事務局長、イラクとの協議を終了。イラク側が大量破壊兵器文書を新たに提出
03．2.10　イラク、偵察機による査察を受け入れる意向を書簡で UNMOVIC に伝える。仏ロ独3ヶ国共同宣言を発表。査察継続・強化を訴える
03．2.14　米ホワイトハウス、テロとの戦いに関する新戦略文書発表
03．2.19　イラク情勢に関する安保理公開会合
03．2.24　仏独ロが総括的継続的な国連査察を主張、米英西がイラクが決議1441で与えられた「最後のチャンス」獲得に失敗したと理解する決議案提出
03．3．7　米英西が、安保理にイラクに対し3月17日を最終期限として武装解除を要求する修正決議案を提出
03．3.10　アナン事務総長、安保理の支持なくして米国がイラク攻撃実施すれば、国際法への侮辱であり、国連憲章違反と警告
03．3.11-12　イラク情勢に関する安保理公開会合
03．3.17　米英西が修正決議案を取り下げると発表。ブッシュ米大統領演説
03．3.19　ブリクス委員長、安保理で報告
03．3.20　米英によるイラク攻撃開始
03．3.21　安保理議長報道声明。事務総長がイラクに対する緊急人道援助として、石油食糧交換プログラムに修正を加えるよう要請したことを受け、専門家チームが検討を開始すると表明
03．3.26-27　安全保障理事会公開会合
03．3.28　安保理決議1472、全会一致で採択。ジュネーヴ諸条約、ハーグ諸条約遵守を求める
03．5．1　ブッシュ米大統領、戦闘終結宣言
03．5.22　安保理決議1483採択、賛成14、反対0、投票不参加1（シリア）。米英の「占領国」としての国際法上の権限、責任、義務を認識
03．7.13　イラク統治評議会発足
03．8．5　アラブ連盟、イラク統治評議会にイラク代表権を認めることを拒否
03．8.14　安保理決議1500採択。賛成14、棄権1（シリア）。統治評議会設置を歓迎し、国連イラク支援団 UNAMI を設置
03．8.19　バグダッドで国連事務所爆破事件。デメロ事務総長特別代表等が死亡
03．9．9　アラブ連盟定例外相会議開催、連盟事務局、イラクの統治評議会をイラク代

03．9.25　アナン事務総長はイラクからの国際職員の一時的な移動を命令
03.10. 9　世銀と国連の共同報告書。イラク復興事業予測、消化可能額初年度は52億ドル
03.10.16　安保理決議1511採択全会一致
03.10.17　IAEAは、イラク戦争・占領のなかで進めてきた査察について、核兵器開発プログラムの証拠が発見されなかった旨の報告書を発表
03.10.23-24　日本で、イラク復興支援国会議
03.10.30　アナン事務総長は、イラクに駐在する国連職員チームに対し、他国で催す治安協議のため暫定的に、バグダッドを離れるよう指示
03.11. 3　米上院本会議、イラク関連追加支出法案を可決。総額875億ドルの支出
03.11.21　1996年に開始され、多くのイラク人に食糧を提供してきた石油食糧交換プログラムが、7年間の活動を終了
03.11.24　統治評議会タラバニ議長発安保理宛書簡。来年6月末までの暫定政権樹立による占領終結など、政治日程を示す。新決議採択を要請
03.12.10　イラク統治評議会、フセイン元大統領とその支持者を裁く特別法廷を設置
03.12.13　米軍、フセイン元大統領を拘束
04．3. 8　「移行期間のためのイラク国家施政法」（基本法）がイラク統治評議会メンバーにより原案のまま署名
04．5. 5　米英兵士によるイラク人拘束者虐待事件について、国連人権委の恣意的拘束作業部会は深刻な懸念を表明し、CPA（暫定行政当局）およびイラク統治評議会が国際人権法を尊重し、拘束者に対し、アクセスを認めるよう求める
04．5. 8　米大統領ラジオ演説。イラク人虐待は米国法とジュネーヴ条約に違反すると認める
04．6. 1　イラク暫定政府が就任式を行い正式発足。統治評議会は解散
04．6. 8　安保理決議1546採択、全会一致、暫定政権を歓迎し、多国籍軍の地位を定め、国連の役割を規定
04．6.28　CPA、イラク暫定政府に主権を移譲
04．7.14　英調査委員会報告書。イラクのWMDに関する情報の真偽を調べ、情報の欠陥を認定
04．8.24　ラムズフェルド米国防長官指名の独立調査委員会がアブグレイブ刑務所虐待事件で組織の監督責任欠如を指摘するも長官らの指示奨励はないとする報告書を発表
04．9.13　パウエル米国務長官、米上院政府活動委公聴会でイラクで大量破壊兵器発見の見込みなしと言明
04．9.15　アナン国連事務総長、BBCに対して「イラク攻撃は安保理で決定すべきであり、単独で決定すべきでなかった」との考えを明確に
04.10. 1　安保理、国連イラク支援団（UNAMI）のための安全対策に関する事務総長

提案を歓迎するとともに、加盟国に対し、国連活動に貢献するよう促す
04.10. 6 米大量破壊兵器調査団（チャールズ・ドルファー団長）、WMDはイラクに存在せず具体的核開発計画もなしとする最終報告書を発表。フセインが脅威だったとの見方にも一定の理解
04.10.11 エルバラダイIAEA事務局長、安保理に核関連施設解体で機器の所在不明とするイラク定期報告を提出
04.10.20 バクダッドの国連施設内警備に関し、フィジー政府が130人の部隊派遣に同意
04.11. 1 05年1月を目標実施期限とする国民議会選挙の有権者登録が開始
04.11. 7 暫定政府のアラウィ首相、北部クルド人地域を除く全土に60日間の非常事態を宣言
04.11. 8 アラウィ首相、ファルージャの武装勢力掃討のため、多国籍軍とイラク治安部隊に対し作戦開始を許可。ファルージャへの総攻撃が開始
04.11.15 米海兵隊司令官、ファルージャ解放を宣言。残存武装勢力の掃討作戦は継続
04.11.16 米軍・イラク治安部隊、ライフラインの復旧作業を開始。国連人権高等弁務官、イラクのファルージャにおける戦闘によって被害を受ける一般市民の状況について深い懸念を表明し、全当事者に対し、その保護を訴える
04.11.18 国連人権高等弁務官、イラクにおけるNGO職員殺害事件について、最も強い調子で非難するとともに、同国で拘束されている全人質の即時解放、および武装勢力による市民に対する無差別攻撃の停止を求める
04.11.21 イラク独立選挙管理委員会、05年1月30日に国民議会選挙投票日と発表
04.11.30 国連安保理、公式会合でアナン事務総長への書簡を承認、イラクにおける国連プレゼンスを警護する部隊の財政支援のための信託基金を設置
04.12. 3 国連監視検証査察委員会（UNMOVIC）、安保理に報告書を提出。イラクの兵器プログラムに関して、米中央情報局（CIA）が発表した報告の結論が、UNMOVIC調査分析結果に信頼を与えるものであるとの旨述べる
04.12.13 イラク情勢に関する国連事務総長報告、発表
04.12.14 イラク国民議会選挙の選挙戦が公式に開始
04.12.17 米イラク債権協定署名。米が対イラク債権41億ドルを放棄
05. 1. 6 アラウィ首相、北部クルド人地区を除くイラク全土に出されていた非常事態宣言の30日間延長を発表
05. 1.12 マクレラン米大統領報道官、イラクでの米調査団による大量破壊兵器捜索活動が04年12月に終了したとのワシントン・ポスト紙の報道を確認。調査団長のドルファーCIA特別顧問が2月に最終報告書を発表する予定であることを明らかに

i

索　引

この索引は、日本語版への序文から第III部の末尾に掲載されている付録までを対象に作成した。

人名については、原則として、姓を優先したが、通称等が一般に確立していると思われるものについては、通称等をそのまま掲げた。例、マザー・テレサ

あ行

アイゼンハワー，ドワイト
　………95,97,148,149,152
アヴィセンナ …………128
アヴェロエス …………128
アダムズ，ジョン ……122
アナン，コフィー …………v
アパルトヘイト ……120,140
アフガニスタン……27,67,87
アムネスティ・インターナショナル ……………xxvii
アメリカ…16,60,75,90,118,119,123,125,132,144,146,149,155
　国防総省 ………xv,xxiii
アメリカ合衆国憲法 ………7
　6条………………………23
アメリカの平和運動………13
アリアス・サンチェス，オスカル ……………………151
アルマゲドン（世界最終戦争）……………………156
アレクサンドロス大王 …104
イギリス……75,90,118,119,125
　ゴールドスミス法務総裁の意見……………………46
　上院（貴族院）…………48
イスラエル ……35,38,58,73
イスラム教 ……12,101,134,136,142
イスラム文明………86,128
一方的武力行使……7,33,39,71,76,97

イラク侵攻 ………………vi
イラク戦争 ……………126
　違法性……………………33
　正統性 ………………xii
イラクの文民 ……………xx
イラン ……………………42
イラン・イラク戦争………60
ウィリアムズ，ベティ …135
ウィルソン，ウッドロー
　………………15,83,97
ウェルズ，H・G …………124
埋め込み取材 …………126
エラスムス ……101,152,173
オーストラリア ……123,143

か行

カーター，ジミー…42,75,81
外交 ………………58,92
カウティリヤ………………12
化学兵器 ………xxxi,59,91
核軍縮 ………………37,92
核軍縮・議員ネットワーク（PNND）……………147
核時代平和財団 …………152
学者 ……………………141
核戦争防止国際医師の会（IPPNW）…………25,142
核不拡散条約（NPT）6条
　………………………92,151
核兵器………………58,60,90
　第1使用…………………91
核兵器勧告的意見…69,71,91
核抑止政策 ………………92
カナダ …………………146
環境の保護………………79

環境破壊…………………70
ガンジー …………140,143
監視システム …………106
カンタベリー大主教 ……134
カント，イマヌエル……111,170
飢餓と栄養失調の根絶に関する世界宣言 …………164
企業道徳 ………………111
企業倫理 ………………163
北大西洋条約機構（NATO）
　…………………………55,70
北朝鮮……………38,42,58
キッシンジャー，ヘンリー
　…………………………96
旧ユーゴスラヴィア国際刑事裁判所（ICTY）………158
強行規範（ユス・コーゲンス）
　…………………………39,51
ギリシャ正教会 ………134
キリスト教………12,100,136
キング，マーティン・ルーサー ……………141,143
クウェート ………vi,49,50
クエーカー教徒 …………13
グッドハート ……………48
クラーク，ラムゼー
　………………23,56,127,158
クラウゼヴィッツ……11,111
クラスター爆弾 ………56,79
クリーン・ハンズの原則
　…………………………37,91
グリーンピース …………145
グローバリゼーション …168
グロチウス，フーゴ

索引 ii

……………………14,101,128
軍国主義 ………145,150,151
軍縮 ………………148,151
軍需産業 ……………111,149
軍隊の強化 ………………107
経済的・社会的権利に関する
　　ニューヨーク・センター
　　（CESR）………………25
ゲーリング，ヘルマン …106
ケネディ，ジョン・F
　　………………96,136,173
検閲 ……………………106
合意は拘束する……………14
孔子……………………93,132
交渉…………………………36
拷問等禁止条約 …………159
国際規模の法の支配 …3,17,
　　71,100,102,123,141
国際刑事裁判所（ICC）
　　…………………xxvi,158
国際持続可能開発法研究所
　　（マッギル大学）………166
国際司法裁判所（ICJ）…59,
　　69,71,91,157
国際人権法 ………………159
国際人道法 ……viii,39,159
国際反核法律家協会
　　（IALANA）…25,142,152
国際法……21,42,75,117,159
　　イスラムの国際法 ……101
　　適用の一貫性……………52
国際連合……………75,102
国際連合憲章 ……vi,14,21,
　　33,41,51,54,60,118,120,
　　154,159
国際連盟 ……………15,75
国連安全保障理事会…29,33,
　　41,54,156
　　拒否権 ………………120
　　決議487号 ……………35
　　決議678号 ……………45

決議687号……………45,63
決議1441号………………45
国連改革 ……………120,154
国連環境計画（UNEP）
　　…………………………166
国連教育科学文化機関
　　（UNESCO）……………86
国連経済社会理事会………25
国連総会 ………………v,156
コスタリカ ………………151
国家平等…………………52
子ども ……………25,67
子どもの権利宣言…………41

さ行

サウジアラビア……………29
サラディン…………………30
シーア派 …xii,xxviii,73,81
示威行為（デモ）…107,119
自衛 ……………34,52,104
持続可能な開発 …………165
持続可能な開発に関するサミ
　　ット ……………145,165
司法的解決…………………36
市民………………26,123
シャーマン…………………95
宗教……………11,12,99,139
集団的措置…………………22
ジュネーヴ諸条約 …xxvii,
　　12,39,78,80,159
　　第1追加議定書……79,159
　　第2追加議定書……159
　　第4条約（文民条約）…78
シュバイツアー，アルバート
　　…………………119,152
軍需産業 ………………149
上官命令 ………………137
「衝撃と畏怖」（shock and
　　awe）…………………xxii
常設国際司法裁判所（PCIJ）
　　…………………………15

植民地支配 ………………xxxii
シリア………………………42
人権デー …………………143
新国際情報秩序 …………126
審査…………………………36
信託………………78,82,83
　　国際的信託統治…………83
　　受託者の義務……………82
　　文明の神聖な信託………83
人的被害……………………56
人道的規則…………………12
人道に対する罪 …xxix,159
人民間の平和並びに相互の尊
　　重及び理解の理念を青年の
　　間に促進するための宣言
　　…………………………41
人民の力 …………5,117,120
侵略…………………38,39
侵略者 ……………………xxiv
スマート爆弾………………67
スリランカ ………………123
スンニ派 ……xii,xxviii,73
政権批判 …………………105
生物兵器 …………60,91
世界教会協議会 …………134
世界文明 …………………xxix
世界貿易機関（WTO）…169
世界水フォーラム ………166
赤十字 ……………12,28
赤十字国際委員会（ICRC）
　　……………………xxv,80
石油 ……………xxix,43,82,83
世論 ………………………xxiii
先制攻撃 ………vii,34,52,97
先制的自衛…………………34
先制的武力行使……………35
先制ドクトリン ………35,97
戦争における法（jus in
　　bello）…………………12
戦争に対する権利（法）（jus
　　ad bellum） …………12

索引

戦争の違法化……………13
戦争犯罪 ……ix,xxx,xxxi,
 159
戦争法規 ……………xxxii
戦争防止グローバルアクション（GAP）……………152
戦費支出 ……………105
占領国の義務 ………xxiv,78
占領地の行政 …………xxxii
ソルフェリーノの戦い……12

た 行

第1次世界大戦 …………119
第2次世界大戦 …………119
対弾道ミサイル条約（ABM条約）………………92
大量破壊兵器 ……viii,xiv,
 xxviii,xxxi,37,52,59,69,
 82,90
大量破壊兵器のない地帯…63
ダナパラ，ジャヤンタ …146
タリバン………………87
ダンバートン・オークス提案
 ……………………55
地域的機構……………36
チャーチル，ウィンストン
 ……………………97
仲介……………………36
中国……………………45
仲裁裁判………………36
調停……………………36
抵抗運動 ……vii,viii,ix,xii
帝国主義 ……………xxxi
敵対行為 …………xxxii,87
哲学……………………11
テニスン，アルフレッド
 ……………………101
デュナン，アンリ…………12
テロリスト …………v,vii
テロリズム……………70,125
伝染病…………………26

ドイツ…………………45
同権（大小各国の）………21
東方正教会 ……………134
図書館…………………30
トマス・アキナス ………128
トランボ，ドルトン …xv,73
トルストイ ……………13,136

な 行

ナチス…………………39
ナポレオン戦争…………12
ニコライ2世……………13
日本国憲法9条 …v,xxxiv
ニュールンベルク国際軍事裁
 判所………………35

は 行

ハーグ平和アピール ……152
ハーグ行動会議 …………149
ハーグ諸条約 …………12,78
　ハーグ陸戦条約…………79
　文化財保護条約…………87
ハーグ平和会議…………13
バード，ロバート…34,70,99
バグダッド ……26,29,30,85
バグダッド博物館 ……31,88
バスラ …………………30,85
パックス・アメリカーナ …81
発展の権利 ……………164
発展の権利に関する宣言
 ……………………151
ハマーショルド，ダグ……96
ハムラビ法典……………86
パレスチナ………………73
バンチ，ラルフ …………162
ピース・コーカス ………145
非合法戦闘員 …………xxvii
非暴力…………………140
ヒューマン・ライツ・ウォッチ……………………80
ヒンズー教 …12,99,134,136

付随的損害……………67
フセイン，サダム ……xxx,
 59,60,61
復讐 ……………ix,xxxi
仏教 …………100,134,136
ブッシュ，ジョージ・W
 ……………xi,xx,45,81
不必要な苦痛……………73
普遍的管轄権 …………159
フランクリン，ベンジャミン
 ……………………17
フランス…………………45
フランス，アナトール …105
フランスの宗教界 ………134
ブラント，ウィリー ……163
ブリテン・アイルランド・チャーチズ・トゥギャザー
 （CTBI）……………134
武力紛争及び非常事態における女性と子どもの保護に関する宣言………………40
ブレア，トニー ………x,81
文化財の保護……………85
文化的側面………………29
紛争の早期警告制度 ……159
紛争の平和的解決
 ……………12,69,100
文明の衝突 …………128,129
兵器研究 ………………109
兵器産業 ………………110
米国ベトナム戦争退役軍人会
 ……………………xvii
兵士の精神的苦痛 ……xvii
平和運動………………13
平和と自由のための国際女性
 連盟（WILPF）………144
平和に対する人民の権利宣言
 ……………………40
平和のための結集決議 …156
ペイン，トマス ……122,142
ベルギー ………………159

ベンサム，ジェレミー……13
包括的核実験禁止条約
　（CTBT）……………92
法と秩序　………xii, xxviii,
　xxix, xxxiii, 79
法の週間　………………143
法の適用の一貫性…………63
法の日　…………………143
ポーリング，ライナス…117
補償　……………………xxii
ホッブズ……………………16
ホロコースト　…………134

ま行

マキアヴェリ…………12, 111
マクナマラ，ロバート……92
マザー・テレサ　………143
マッカーサー，ダグラス
　………………………95, 173
マンデラ，ネルソン………99
南アフリカ　…………120, 135
ミュルダール，アルヴァ 169
民主主義　………xxviii, xxxi
民主主義過程　……………xiv
メソポタミア文明…………86
メディア　………………125
モスル………………………29

や行

有志連合　…………xiii, 38, 80
　連合国の非軍事要員…xix
ユゴー，ヴィルトル………13
ユダヤ教　………………101
ヨーロッパの反対運動…146

ら行

ラッセル，バートランド
　…………………………96, 136
ラッド，ウィリアム………13
良心的兵役拒否　………136
リンカーン，エイブラハム
　………………………………133
倫理規範　………………133
ルワンダ国際刑事裁判所
　（ICTR）………………158
レインボー・ウォリアー号事
　件　……………………146
レヴァイアサン……………16
劣化ウラン（DU）…xxii, 79
労働組合　………………139
ロシア………………………49
ローマ条約（国際刑事裁判所
　規程）……………………62
ローマ法王　……………134
ロスチャイルド，エマ…150
ロッカービー事件…………54
ロック………………………16

わ行

若者　………………140, 173
われら連合国の人民………21
湾岸戦争　…23, 25, 27, 28, 56,
　67, 126

訳者紹介（50音順）

伊藤　勉（いとう・すすむ）
翻訳家。共訳書にジョン・ボローズ著『核兵器使用の違法性―国際司法裁判所の勧告的意見』（早稲田大学比較法研究所、2001年）などがある。

小倉康久（おぐら・やすひさ）
明治大学法学部非常勤講師。博士（法学）

城　秀孝（じょう・ひでたか）
神田外語大学外国語学部非常勤講師（国際法）。明治大学法科大学院補助講師

元　百合子（もと・ゆりこ）
大阪女学院大学助教授。主要論文に「マイノリティの権利宣言の意義に関する一考察」国際人権10号（1999年）などがある。

山田寿則（やまだ・としのり）
明治大学法学部非常勤講師。共訳書にジョン・ボローズ著『核兵器使用の違法性―国際司法裁判所の勧告的意見』（早稲田大学比較法研究所、2001年）などがある。

著者紹介
C.G. ウィーラマントリー
　スリランカ出身。ロンドン大学法学博士、同名誉文学博士。スリランカ最高裁判事、オーストラリア・モナシュ大学教授、国際司法裁判所判事を歴任。現在、国際反核法律家協会会長。邦訳書に『核兵器と科学者の社会的責任』（中央大学出版部、1987年）などがある。

編訳者紹介
浦田　賢治（うらた・けんじ）
　早稲田大学名誉教授、国際反核法律家協会副会長。編著書に『恒久世界平和のために』（勁草書房、1998年）、『非核平和の追求』（日本評論社、1999年）などがある。

国際法から見たイラク戦争
　　ウィーラマントリー元判事の提言

2005年3月25日　第1版第1刷発行
2006年8月30日　第1版第2刷発行

　　　　　　著　者　　C.G.ウィーラマントリー
　　　　　　編訳者　　浦　田　賢　治
　　　　　　発行者　　井　村　寿　人

　　　　発行所　株式会社　勁　草　書　房
　　112-0005　東京都文京区水道2-1-1　振替 00150-2-175253
　　　　　（編集）電話 03-3815-5277／FAX 03-3814-6968
　　　　　（営業）電話 03-3814-6861／FAX 03-3814-6854
　　　　　　　　　　　三協美術印刷・鈴木製本

©Kenji Urata　2005

ISBN 4-326-40230-X　　Printed in Japan

JCLS　＜㈱日本著作出版権管理システム委託出版物＞
　本書の無断複写は著作権法上での例外を除き禁じられています。
　複写される場合は、そのつど事前に㈱日本著作出版権管理システム
　（電話 03-3817-5670、FAX03-3815-8199）の許諾を得てください。

＊落丁本・乱丁本はお取替いたします。
　　　　http://www.keisoshobo.co.jp

山内　進 編
「正しい戦争」という思想　　四六判　2,940円
　　　　　　　　　　　　　　　　　45078-9

加藤陽子
戦争の論理　日露戦争から太平洋戦争まで　四六判　2,310円
　　　　　　　　　　　　　　　　　24835-1

小林正弥 編
戦争批判の公共哲学
　　　「反テロ」世界戦争における法と政治　Ａ５判　3,780円
　　　　　　　　　　　　　　　　　60159-0

深瀬忠一・杉原泰雄・樋口陽一・浦田賢治 編
恒久世界平和のために
　　　　　　　日本国憲法からの提言　Ａ５判　17,850円
　　　　　　　　　　　　　　　　　40193-1

村瀬信也・奥脇直也 編
国家管轄権　国際法と国内法
　　　　　　　山本草二先生古稀記念論文集　Ａ５判　12,600円
　　　　　　　　　　　　　　　　　40190-7

松井芳郎
現代日本の国際関係
　　　　　　　安保体制の法的批判　四六判　1,680円
　　　　　　　　　　　　　　　　　49805-6

佐藤哲夫
国際組織の創造的展開　Ａ５判　9,450円
　　　　　　　　　　　　　　　　　40155-9

杉原泰雄・山内敏弘・浦田一郎・渡辺　治・辻村みよ子 編
日本国憲法史年表　Ａ５判　8,400円
　　　　　　　　　　　　　　　　　40188-5

―――――――――――――――――――― 勁草書房刊

表示価格は2006年８月現在、消費税が含まれています。